Thomas Ebersberg
Briefe ins Nichts?

Zum Autor:

Thomas Ebersberg, Jahrgang 1945, trat nach dem Abitur in den Jesuitenorden ein. Nach drei Jahren verließ er den Orden und studierte Pharmazie und Psychologie. 1987 veröffentlichte er die ironisch-polemische Zeitkritik »Zarte Stachel – Süße Ohrfeigen, Ein Kulturstrip ohne Scham und Traurigkeit«, 1990 »Abschied vom Absoluten, Wider die Einfalt des Denkens«, das Plädoyer für ein polares Weltbild, 2014 »Christentum adieu! Das leise Sterben eines Mythos«, die kritische Auseinandersetzung mit Inhalt, Geschichte und Auflösungserscheinungen des Christentums, und 2016 »Kritik des Manifests des evolutionären Humanismus«, in Form eines offenen Briefs an Michael Schmidt-Salomon. 2020 folgte »Vom Urknall zum Gottesmythos, Utopie und Evolution«, eine Antwort auf die drei klassischen Fragen der Philosophie, mit kritisch vergleichendem Blick auf das christlich transzendentale und das humanistisch säkulare Weltbild.

Thomas Ebersberg

Briefe ins Nichts?

Bibliographische Information der Deutschen Nationalbibliothek
Die Deutsche Nationalbibliothek verzeichnet diese Publikation in
der Deutschen Nationalbibliographie. Detaillierte bibliographische Daten sind im Internet über http://dnb.de abrufbar.

Website des Autors:
www.abschied-vom-absoluten.de

ISBN: 978-3-7543-8457-2
© 2022 Thomas Ebersberg
Herstellung und Verlag: BoD – Books on Demand,
Norderstedt
Printed in Germany

Umschlaggestaltung: Thomas Ebersberg

Inhalt

Vorbemerkung

Für jemanden, der gerne Briefe schreibt, stellen sich die Fragen: Was macht den Reiz meines Schreibens aus, an wen richte ich mich, wer ist mein nächstes »Opfer«? Und weiter – wenn es nicht um den Austausch relativ banaler persönlicher Erlebnisse geht – welche Themen treiben mich an, wie erkläre ich mein Anliegen, meine Argumente dem Gegenüber? Und wenn ich geschrieben habe – wie nimmt mein Gegenüber das auf, ist der Angesprochene bereit, sich auf meine Argumentationen einzulassen und womöglich in einen Dialog einzutreten? Daraus folgernd: Hat mein Schreiben überhaupt einen Sinn, eine Wirkung oder verlieren sich meine Worte im Nichts?

Der Reiz des Briefschreibens ist das persönliche Gegenüber, jemand, den man sich vorstellen und auf dessen Argumente man sich einlassen kann. Der stilistische Reiz ist die Gesprächsform. Sie ist lebendiger als jede sachliche Abhandlung, veröffentlicht in einem »Medienorgan«. Hinzu kommt der Zwang, die eigene Position für sich selbst zu schärfen und sie überzeugend verständlich zu machen.

Vorliegende Briefe wandten sich an ein breites Spektrum von Adressaten. Anknüpfungspunkte waren deren Aussagen in Zeitungen oder Interviews, die zu kritischen Anmerkungen reizten. Vorwiegend – aber nicht nur – ging es um weltanschauliche Fragen, meistens bezogen auf Positionen des christlich religiösen Weltbilds und dessen humanistisch säkularer Gegenseite. Zugleich war es der Versuch, den eigenen Gegenentwurf eines »polaren Weltbilds« einzubringen, schmackhaft zu machen..

Was waren die Reaktionen? Nur selten kam es zu einem Dialog. Die meisten Angesprochenen schweigen. Müßig, dieses Schweigen zu interpretieren. Desinteressiertes Schweigen? Betroffenes Schweigen? Sprachloses Schweigen…?

Wer in eine Diskussion eintritt, weiß oder sollte wissen, dass gerade bei weltanschaulichen Fragen das angesprochene Gegenüber nicht aus seiner bewährten Trutzburg aufzuschrecken oder gar zu vertreiben ist. Sollte man deshalb grundsätzlich auf solche Aktionen verzichten? Bleibt dem Schreibenden nicht die – wenn auch vage – Hoffnung, einen zarten Stachel gesetzt zu haben, der den Angesprochenen zumindest in Momenten des Selbstzweifels nicht mehr loslässt und einen Denkprozess in Bewegung setzt? Ist das Schreiben von Briefen also vielleicht doch nicht völlig wirkungslos? Sind es vielleicht doch nicht nur »Briefe ins Nichts«?

1. Journalisten

Thomas Assheuer

26.05.2015
Anmerkungen zum Ihrem Artikel in der ZEIT vom 21. Mai 2015:»Das Ich ist die Sonne«

Sehr geehrter Herr Assheuer,

ich weiß, dass es wagemutig bis zwecklos ist, mit einem Gläubigen über etwas zu diskutieren, was ihm heilig ist. Da aber Sprachlosigkeit zu nichts führt und ich mich als ehemals gläubiger Jesuit einigermaßen gut in Ihre Gedanken- bzw.»Glaubenswelt« einfühlen kann, unternehme ich doch den Versuch, Sie auf einige Fragwürdigkeiten Ihres Artikels»Das Ich ist die Sonne« aufmerksam zu machen.

Mit Ihrer Kritik an dem kapitalistisch bedingten Egokult bin ich völlig einverstanden. Die Frage ist nur, ob wir diesen und die kultur- und machtbedingten kriegerischen Konflikte unserer heutigen Welt mittels des»Pfingstwunders« überwinden können. Die Chance dazu bestand ja schon seit zweitausend Jahren. Doch zunächst sind es ein paar Punkte in Ihren Ausführungen, die ich *so* nicht stehen lassen kann.

Sie beginnen Ihre historischen Anmerkungen zu der Situation des Pfingstereignisses mit der»schiefen« bis falschen Feststellung, Pilatus habe Jesus hinrichten lassen,»nachdem ihm dessen Friedensbotschaften gefährlich geworden waren«. Sie sollten die Passionsgeschichte noch einmal nachlesen. Pilatus hielt Jesus für einen eher harmlosen Eiferer, der sich als»Messias« oder»König der Juden« sah. Er hätte

ihn sogar im Zuge einer traditionellen Amnestie frei-
gelassen, wenn die Hohepriester und das aufgehetzte
Volk ihn nicht zu dessen Verurteilung gedrängt und
seine Kreuzigung gefordert hätten. Nicht seine »Frie-
densbotschaft«, sondern der Konflikt mit der hierarchischen Elite wurde jenem Jesus von Nazareth zum
Verhängnis. Pilatus ließ ihn, um den Hohepriestern
einen Gefallen zu tun, kreuzigen, obwohl er selbst ihn
für unschuldig hielt.

Zweiter Punkt: Sie nennen Jesus einen »charismatischen Intellektuellen«. Ich weiß nicht, wie Sie das
»Charisma« und den »Intellektuellen« definieren. Ein
Charisma, d.h. eine Ausstrahlungskraft, die auf die
Emotionen seiner Zuhörer wirkt – diese gewissermaßen in Verzückung setzt – darf man jenem Jesus sicher zugestehen. Ihn aber als einen »Intellektuellen«
zu betrachten, der seine Sendung »intellektuell« zu
ergründen und erklären suchte, das erscheint mir
mehr als gewagt. Nennen Sie Ihn einen charismatischen *Prediger*, *Propheten*, *Utopisten* oder *Moralis-
ten*, nicht aber einen charismatischen *Intellektuellen*!

Als Messias und Heilsbringer sah jener Jesus sich
nicht als einen »Philosophen«, der die Welt verstehen
möchte. Und wenn er die »Armen im Geiste« selig
pries oder forderte: »Wenn Ihr nicht werdet wie die
Kinder…«, dann beweist das, dass er auf Seiten naiver Gutgläubigkeit, nicht aber auf Seiten kritischer
Reflexion stand. Jener Jesus sprach in Bildern, er er-
zählte »Gleichnisse«, Geschichten mit anrührenden
oder provokanten Inhalten; aber er erklärte nicht, ana-
lysierte nicht, wie Sie es als Intellektueller in Ihren
Artikeln tun.

Nächster Punkt: Wie Sie das Pfingstwunder »wörtlich genommen«, quasi als reales Ereignis beschrei-

ben, zeigt, dass Sie sich mit der Interpretation der biblischen Texte ziemlich weit hinter den Standards moderner Exegese befinden.

Kein Exeget glaubt heute noch ernsthaft, dass die Apostel in verschiedenen, ihnen selbst fremden Sprachen gesprochen haben. Ja, diese wundersame Erzählung soll die Botschaft eines die Kulturen und Sprachen übergreifenden Glaubens versinnbildlichen. Aber sie ist nicht der dokumentarische Bericht eines historischen Ereignisses. Wenn Sie die Bibel so naiv und wörtlich auslegen, dann dürfen Sie sich nicht darüber beklagen, wenn die Muslime ihren Koran »wörtlich« nehmen, Wort für Wort vom Engel Gabriel dem Propheten »geoffenbart«.

Ob so oder so, ob wörtlich oder bildlich gemeint – es stellt sich die Frage, warum das »Pfingstwunder« trotz der erfolgreichen Christianisierung, von den bescheidenen Anfängen in Rom und Kleinasien bis zu dem geschichtsmächtigen »christlichen Abendland«, historisch nicht wirksam wurde, warum das, wovon Sie träumen, die »Differenz ohne Feindschaft und Gewalt«, nicht stattfand. Weiter stellt sich die Frage, warum die hoffnungsvolle Utopie der »Gleichheit und Brüderlichkeit«, der »Demokratie und Menschenrechte« nicht vom Christentum, sondern von einer eher antiklerikalen, »säkularen« Revolution herbeigeführt wurde. Der Vatikan mit Papst Franziskus hat jene UNO-Menschenrechts-Resolution bekanntlich noch immer nicht unterschrieben, weil er das »jus divinum« durch ein »jus humanum« gefährdet oder infrage gestellt sieht.

Wer hat den »Schritt nach vorn« in eine sozialere Gesellschaftsordnung gemacht, das Christentum oder die »Säkularen«? Und auch der moderne Sozialstaat ist nicht die späte Frucht christlicher Nächstenliebe. Er wurde mit Streiks und Revolutionen erkämpft.

Ich fürchte, wir werden die derzeitige »Differenz *mit* Feindschaft und Gewalt« zwischen Menschen und Kulturen, die sich zum Teil noch auf Offenbarungen mit absolutem Wahrheitsanspruch berufen, mit einer transzendental begründeten Argumentation und der Hoffnung auf eine Wiederholung des »Pfingstwunders« wohl kaum überwinden. Sollten wir es nicht lieber mit »säkularen«, d.h. human begründeten und für jedermann nachvollziehbaren Argumenten versuchen, den Egokult und die Differenzen, wenn nicht auszuhebeln, so doch wenigstens auf ein annehmbares Maß zu relativieren?

Die »hyperempathische« Botschaft der undifferenzierten Nächsten- und Feindesliebe des Jesus von Nazareth hat dies offensichtlich trotz der Unterstützung des Heiligen Geistes bisher nicht geschafft. Ich denke, die Gläubigen – die Naiven und die »Aufgeklärten« – müssen sich auf eine andere als die transzendentale Argumentationsebene begeben, wenn sie gehört und verstanden werden wollen.

Sie werden sich damit abfinden müssen, dass sich die Transzendenz aus dem Bewusstsein der von Ihnen so genannten »religiös unmusikalischen Zeitgenossen« verflüchtigt hat. Den Begriff »religiös unmusikalisch« halte ich übrigens für eine unerträgliche Mischung aus Mitleid und Arroganz. Auch halte ich es für »intellektuell« nicht überzeugend, dem religiösen, einem angeblich »essenziellen Bedürfnis« des Menschen eine besondere Begabung, eine Art »Musikalität«, zugrunde zu legen.

Das Verschwinden der Transzendenz, beginnend mit *Säkularisation* und *Aufklärung,* wird sich wohl

fortsetzen, solange Evolution und das damit einherge-
hende unvollendete Projekt *Aufklärung* am Werk
sind.

Auch Sie hoffen wohl eher auf ein »säkulares
Pfingsten« als auf die Wiederholung jenes biblischen
Ereignisses. Ja, die Sehnsucht nach jener Utopie »Differenz ohne Feindschaft und Gewalt« ist da. Sollten
Sie nach einer philosophischen Lösung des Problems
suchen, gründend auf einem Weltbild, das auch jenem
»Das Ich ist die Sonne« widerspricht, dann empfehle
ich Ihnen – nicht unbescheiden –, in mein Buch »Abschied vom Absoluten – *Wider die Einfalt des Denkens*« hineinzuschauen.

Meine kritische Auseinandersetzung mit dem
Christentum: »Christentum adieu! – *Das leise Sterben
eines Mythos*« habe ich vor einiger Zeit Ihrer Redaktion GLAUBEN & ZWEIFELN zur Ansicht geschickt.
Wenn ich allerdings Ihre Rubrik GLAUBEN &
ZWEIFELN über mehrere Ausgaben betrachte, muss
ich leider feststellen, dass Sie dem *Glauben* offensichtlich mehr Raum und Gewicht geben als dem
Zweifeln. Zweifel, die *nicht* in den Glauben einmünden, sollten, denke ich, doch wohl erlaubt sein. Ich
kann nur hoffen, dass die ZEIT nicht zu einem Kon-
kurrenzblatt von »Christ & Welt« mutiert.

Zu Pfingsten hätte man z.B. auch den »Heiligen
Geist«, den extra-personifizierten Geist eines als
»Geist« definierten Gottes inklusive Heiliger Dreifal-
tigkeit zur Debatte stellen können. *Gott-V*ater, *Gott-
Sohn*, der schon *vor* seiner Zeugung *von Ewigkeit zu
Ewigkeit* bei seinem Vater thront, und über beiden als
»dritte Person« der *Heilige Geist* (der Geist Gott-Va-
ters) – dieser männlich dominierte, patriarchalische
Drei-Personen-in-Eins-Gott ist schon ein bizarres

Konstrukt, für einen denkenden Menschen eine schiere Zumutung. Aber da sind wir wieder bei einem jener »Glaubensgeheimnisse«, die nur den »religiös musikalischen« Zeitgenossen zugänglich sind und jenen Hasardeuren des Glaubens, die fröhlich trotzig sagen: »Credo, quia absurdum…«, ich glaube, gerade *weil* es absurd ist!

Nach Ihrem etwas »schwärmerisch überhitzten« Ausflug in die religiösen Gefilde wünsche ich Ihnen und mir, dass Sie wieder zur kühlen, gewohnt intellektuellen, wohlformulierten Analyse des Zeitgeschehens zurückfinden.

In diesem Sinne grüße ich Sie

31.5.2015

Sehr geehrter Herr Assheuer,

erschrecken Sie nicht. Ich möchte Sie keinesfalls in eine Endlosdiskussion verwickeln, zumal ich annehme, dass Sie mit genügend Themen geistig beschäftigt sind. Nur zur abschließenden Klärung ein paar Anmerkungen zu Ihrer Mail.

Wie Sie auf die »jesuanische Kritik der antiken Mythologie« kommen, ist mir rätselhaft. Ich kenne keine Passage in den Evangelien, wo Jesus sich mit der »Antike« und deren Mythen auseinandersetzt. Wenn er Kritik übte, dann an der formalistischen Fixierung der Schriftgelehrten und Pharisäer auf die Einhaltung der Regeln und des Kultes. Die »blasphemische« Gleichsetzung der *Nächstenliebe* mit der *Gottesliebe* war ja für die hierarchische Elite *das* Sakrileg, *die* Häresie schlechthin. Zugleich war sie seine eigentliche historische Leistung innerhalb der Mythengeschichte oder – wenn Sie »Mythos« und »Religion« auseinander halten wollen – der Religionsgeschichte. Ja, dieser Jesus von Nazareth war in Ansätzen »säkular« ausgerichtet, zumindest in seiner verkündeten Moral und Blickrichtung. Dass er den »Mühseligen und Beladenen« keine Besserstellung im Diesseits, sondern den Lohn im Jenseits in Aussicht stellte, zeigt aber, dass er letztlich kein diesseitiger »Sozialrevolutionär« war, sondern immer noch gefangen im Blick auf seinen »Vater im Himmel« und auf ein Reich, das »nicht von dieser Welt« sein sollte. Da war er noch Kind seiner Zeit. Dennoch könnte man die »Säkularisation«, etwas provokant gedeutet, durchaus mit jenem Jesus von Nazareth beginnen lassen. Geistige Entwicklungen geschehen ja nicht unbedingt in Brüchen, schlagartig und radikal, sondern zumeist im »Überblendverfahren«.

Die christlichen Kirchen sind übrigens längst »teilsäkularisiert«. In der Verkündigung konzentrieren sie sich nicht mehr auf die Themen *Sünde* und *Vergebung*, auf Lohn oder Strafe im Jenseits, sondern auf Frieden, soziales Engagement, fairen Umgang mit der Dritten Welt etc. Insofern sind sie, von einigen Fundamentalisten abgesehen, natürlich wesentlich harmloser als Religionen, die den »Gottesstaat« postulieren und ihren »Märtyrern« einen phantastischen Lohn im Jenseits versprechen.

Dass das Christentum es heftig ablehnt, sich in die Evolution der »Mythen« einordnen zu lassen, in eine Reihe mit dem »heidnischen Aberglauben« seiner Vorgängermythen/-religionen gestellt zu werden, ist verständlich, aber etwas naiv. Die von Ihnen genannte »unendliche Differenz zwischen Mythos und Monotheismus« zu postulieren, erscheint mir gewagt. Es sei daran erinnert, dass jener Gott *Jahwe*, den sich die jü-

dischen Nomaden aus dem vorhandenen Götterange-
bot als ihren Stammesgott aussuchten, vor der Nieder-
legung des Alten Testaments noch eine Partnerin, die
Göttin *Aschera* hatte. »Monotheismus«? Oder nur die
patriarchalisch bereinigte Fassung eines Götterpaares?

Natürlich meint jede Religion, die »letzte« und die
mit der finalen »absoluten Wahrheit« zu sein. Mit
dem Gedanken einer Evolution des menschlichen Bewusstseins und der Weltbilder über hunderttausend
und mehr Jahre Kulturgeschichte des Homo sapiens
kann ein statisches Weltbild, das auf der Idee einer
einmalig und *für alle Zeiten* geoffenbarten Wahrheit
gründet, nichts anfangen. Sich irgendwo in einem
Entwicklungsprozess zu befinden, der keineswegs abgeschlossen ist, das beleidigt den, der sich im Besitz
der Wahrheit und womöglich noch von seinem Gott
»auserwählt« wähnt. Mit dieser Art von Selbstrelati-
vierung oder Selbstbescheidung können Heilsutopien
nichts anfangen. Sie haben immer einen apokalyptischen Aspekt: Ob es das »Reich Gottes auf Erden«
oder ein säkularer Heilsmythos wie der Kapitalismus
bzw. die Marktideologie ist, immer herrscht der Glaube, dass die Geschichte auf ein paradiesisches Happyend zusteuert – Geschichte, gedeutet nicht als Entwicklungsgeschichte, sondern als Heilsgeschichte.
Wer soll es dem naiven Gläubigen verdenken, sich einer »von allem Übel erlösenden« Utopie hinzugeben?

»Die Erfolglosigkeit von Ideen ist kein Beweis für
ihre Unwahrheit« sagen Sie. Ich würde sagen, sie ist
ein Beweis für ihre utopische Unmöglichkeit. Das
Gebot der undifferenzierten Nächsten- und Feindesliebe *kann* keinen Erfolg haben, weil sie der Natur –
ja, der Natur – des Menschen widerspricht. Man kann

16

zwar versuchen, die natürlichen Impulse der menschlichen Empathie z.B. im Lauf der Erziehung zu trainieren, ihnen ein positives Image zu verleihen und dadurch dem »Egokult« Paroli zu bieten oder ihn zumindest zugunsten eines Gemeinschaftsgefühls zu relativieren; aber damit verlassen wir die utopische, »übernatürliche« Sphäre der von Jesus geforderten Moral und bescheiden uns mit einer »natürlich« begründbaren humanen Fassung. Und – über die »Wahrheit« von Ideen, die in »Ideale« einmünden, darf trefflich gestritten werden. (s. »Abschied vom Absoluten,,,«) Vielleicht sind gerade diese Verabsolutierungs- und Idealisierungsversuche einzelner Aspekte des Menschseins die Wurzel unnötiger menschlicher Konflikte und historischer Katastrophen.

»Säkularisten« wie der von Ihnen zitierte George Steiner sind für mich kein Vorbild. Auch den dezidierten Atheisten – Gläubige mit umgekehrtem Vorzeichen – stehe ich skeptisch gegenüber, es sei denn, sie lehnen »nur« die Existenz eines gütigen »Gottes der Liebe« als Schöpfer oder Urprinzip dieser unserer Wirklichkeit ab. Das Problem der Theodizee unter der Kategorie der »Glaubensgeheimnisse« per Denkverzicht zu lösen, halte ich für wohlfeil und eines denkenden Menschen unwürdig. Zumal die Negativseite der Wirklichkeit ihre Logik und damit ihre Berechtigung hat. Nur mit der tabuisierten Prämisse eines »Gottes der Liebe« hat man Schwierigkeiten, das »Ganze« dieser Welt zu verstehen und zu akzeptieren. Aber das ist ein anderes Thema.

Säkulare, »entspannte« Agnostiker verzichten auf apodiktische Aussagen über die Existenz einer »höheren Macht« oder eine »anderen Welt«. Ja, sie lassen sich gerne überraschen – ob nach dem Tod oder auch schon hienieden; sie halten alles für möglich. Aber die Angebote der Mythen/Religionen schauen sie sich schon genauer an. Unstimmigkeiten, intellektuell und emotional nicht Nachvollziehbares, sind für sie Grund genug, der jeweils angebotenen Antwort auf existenzielle Fragen eine Absage zu erteilen. Soviel »Stolz«, oder sagen wir: »berechtigtes Selbstwertgefühl« darf sein, *muss* sein!

Wenn Sie das christliche Gottesbild als eines personalen Gegenübers, mit dem sie Zwiesprache halten können und der es mit *allen* Menschen »nur gut meint«, in Ihrem Innersten überzeugt, dann erübrigt sich jedes weitere Wort. Dann gehören Sie in der Tat zu jenen wenigen Auserwählten: »Viele sind berufen, aber nur wenige sind auserwählt!« Auch so eine der jesuanischen, elitär angehauchten »Frechheiten«.

Solange Sie Dinge glauben, die Ihnen nicht nur *rational*, weil von einer Koryphäe geschrieben (»rationalisieren« kann man, s. Freud, alles), sondern auch *emotional*, ihren innersten *Instinkten* entsprechen, einleuchten, Ihnen »schmecken« – solange sehe ich keine Probleme für Sie. Das einzige Problem allerdings aus einer *überindividuellen Sicht* heraus dürfte die Unterschiedlichkeit der Bewusstseinsstufen sein.

Ja, dann hapert es mit der Einigkeit, mit der »Differenz ohne Feindschaft und ohne Gewalt«. Wir sind nun mal keine homogene Masse Mensch. »Den« Menschen gibt es nicht. »Mit den Unterschieden leben« ist ja wohl auch so eines der von Papst Benedikt als »relativistisch« bezeichneten und heftig bekämpften Lebensprinzipien. Ich persönlich habe kein Problem mit dem bunten Gewimmel. Wenn ich allerdings die weltweiten Konflikte sehe, zum Teil begründet mit Argumenten aus der Welt der Mythen/

18

Religionen, dann hoffe ich doch, dass dieser Homo sapiens irgendwann einmal zu einer gemeinsamen, allen verständlichen Weltanschauung und Weltordnung findet – es muss ja kein Paradies sein! Eine »utopische« Hoffnung?

Vermutlich arbeiten auch Sie mit derselben Hoffnung im Hintergrund. Ich wünsche Ihnen dabei Erfolg und nicht nachlassendes Engagement und grüße Sie mit den besten Wünschen

Joachim Fest

19.11.90

Sehr geehrter Herr Fest,

Sie sagten einmal vor längerer Zeit in einem Fernsehinterview mit Gero von Boehm. Sie würden gerne ein Buch über die Utopien und deren unheilvolle Folgen schreiben – über »den Ursprung aller menschlichen Tragödien aus dem Geist der Utopie«... Und Ihr Essay »Schweigende Wortführer« in der FAZ Ende letzten Jahres (Nr.302/S.25) machte Ihre utopiekritische Einstellung einmal mehr ebenso eloquent wie vehement deutlich. Die im Weiteren angeführten Zitate stammen aus eben jenem Essay.

Die – vermutete – Kongruenz unserer Denkungsart hat mich dazu animiert, Ihnen mein Buch »Abschied vom Absoluten« vorzustellen. Es ist ein Buch über Utopie und durchleuchtet die »gesellschaftlichen Beglückungsprojekte«, die »Projekte der imaginären Paradiese«, wie Sie die Ziele des utopischen Denkens so trefflich nennen. Ich habe versucht, der fatalen Faszination dieses Denkens auf die Spur zu kommen und zugleich dessen Absurdität aufzuzeigen.

19

Welches Bewusstseinsmuster, welches Weltbild liegt ihm zugrunde? Wo beginnt es historisch? Stellt es eine – womöglich unvermeidliche – Entwicklungsstufe der kulturellen Evolution, die *auch* Bewusstseinsevolution ist, dar? Gibt es Analogien zwischen der Onto- und Phylogenese des Homo sapiens? Derlei Analogien sind ja mehr als amüsante Spielerei. Durch die Entdeckung der *Fraktale* wurden sie neuerdings »mathematisch abgesegnet«.

Was ist die Mechanik des utopischen Denkens? Warum *muss* es geradezu zwanghaft scheitern, warum ist es zerstörerisch? Zitat (Fest):»Denn die Utopien haben durchweg in einem jener Unterjochungssysteme geendet, die gerade nicht eine Abirrung, sondern die unvermeidliche Logik aller verwirklichten Ismen sind.«

Ich möchte Ihnen die Lektüre meines Buches nicht per Kurzinhaltsangabe »ersparen«. Die nachfolgende grobe Skizze meiner Gedankengänge sind eher als Appetitmacher zu verstehen.

Das Fundament des utopischen *Erlösungsdenkens* scheint mir das *monistische Weltbild* und dessen *Utopie des Absoluten* zu sein, erstmals manifestiert im *Monotheismus*. Die Wurzeln der von Ihnen angeführten politischen und ökonomischen Heilsutopien des neunzehnten Jahrhunderts dürften also sehr weit zurückliegen. Das Absolute tauchte im Lauf der Geschichte in den verschiedensten Metamorphosen auf. Ich nenne diese Periode das *monistische Intermezzo*.

Als individualpsychologisches Pendant aus der Ontogenese bietet sich das Phänomen des infantilen Größenwahns und Narzissmus auf einer egoemanzipatorischen Entwicklungsstufe des Kindes an. Das omnipotente, sich selbst verabsolutierende Ich – der *absolute Gott* und sein *vollkommenes Paradies* – ist die illusionäre Zielprojektion dieses Bewusstseinsstadiums.

Monistische Utopie versucht ja gewöhnlich, von der »Negativseite des Seins« zu erlösen. Sie verstößt damit gegen die *Polarität* – in meiner Diktion – gegen die »Meta-Struktur« des Seins.

Diese »einfältige« Sicht der Dinge bestimmt neben der simplifizierenden ontologischen Deutung der Welt auch die Taktik der monistischen Utopien, sprich *Ideologien*. Ihre negativen Folgen und ihr Scheitern sind vorprogrammiert. Die verkündete »Erlösung« erweist sich, in Wirklichkeit umgesetzt, als *Auflösung*, als *Zerstörung*.

Infantiler Größenwahn und Narzissmus werden gewöhnlich von den Realitäten des Lebens zurechtgestutzt. Im individuellen Reifungsprozess – wenn er denn stattfindet – folgt auf die Phase der emanzipatorischen (Selbst-)Verabsolutierung die der emanzipierten (Selbst-)Relativierung.

Parallel zu den individuellen Entwicklungsprozessen ließe sich also historisch, in Form einer »Triade«, die Entwicklung des Bewusstseins vom unbewusst *polar-pluralen* Weltbild des Mythos (politisches Pendant sind Polykratie und Oligarchie) über das *monistische* der monotheistischen Religionen und Ideologien (Monarchie/Absolutismus/Faschismus) zum bewusst *polar-pluralen, postideologischen* Weltbild der Gegenwart (Demokratie, offene Gesellschaft) diagnostizieren.

Vermutlich befinden wir uns an dem Punkt, wo die monistische Ur-Utopie, das *Absolute*, und dessen methodische Konsequenz, das *Verabsolutieren*, an ihr absurdes Ende gekommen sind – und zwar in allen ihren Varianten, von der Großideologie bis hin zu den kleinformatigen Ismen.

Den »Markt« beurteile ich vielleicht etwas kritischer als Sie, zumal ich ihm latent ideologische, d.h. totalitäre Tendenzen vorwerfe. Mir scheint, der naiv unreflektierte Glaube an die Allmacht des »freien Marktes« die letzte Variante monistisch utopischen Erlösungsdenkens zu sein. Verspricht nicht auch die Marktideologie die »Erlösung von allem Übel«?

Religiöse, philosophische (monistische »Primat«-Metaphysik auf der Suche nach dem *Einen/Absoluten*), politische und ökonomische Utopien liegen meiner Meinung nach auf der gleichen Linie. Die Geschichte hat ihnen, in der Tat, einen Strich durch die Rechnung gemacht. Nach dem Zeitalter der Verabsolutierungen scheint ein Zeitalter der Relativierungen anzubrechen.

Zitat (Fest): »Die manchem schmerzhafte Lektion der Epoche heißt am Ende wohl, dass die Utopie, die Sehnsucht nach einer Welt der Eintracht, Ordnung und Gerechtigkeit, überhöht vom spirituellen Glanz, nur ein Trugbild ist. Vielleicht wird man doch ohne Utopie leben müssen.«

Was nun wäre die Alternative zu »Utopie« ? Sollten wir den durch die monistische Tradition zerschlissenen Begriff auf die Sprachmüllhalde werfen oder einen revidierten Utopiebegriff, eine *Meta-Utopie*, ins Spiel bringen, der den positiven Aspekt von Utopie, die Verwirklichung des schlummernden *Noch-Möglichen* – nicht des *Unmöglichen*! – aufgreift und in konstruktive Bahnen lenkt?

Geschmackssache, gewiss! Ein solcher revidierter Utopiebegriff würde ein Entgegenkommen gegenüber jenen bedeuten, die glauben, »ohne Utopie nicht leben zu können«. Unabdingbare Voraussetzung allerdings wäre der Abschied vom monistischen Weltbild und, im Gegenzug, die Wiederentdeckung, das Weiterdenken des Phänomens oder »Seinsprinzips« *Polarität*, das eigentlich kein »Prinzip« ist, da es auch seinen Gegenpol, das Nichtprinzipielle, einschließt.

Das Nachdenken über die Polarität, die der Idee des Absoluten und allen monistischen Utopien widerspricht, hat zwar eine gewisse Tradition – von Heraklit über die fernöstliche Philosophie bis zu Goethe, es kommt jedoch, wie mir scheint, gerade in der aktuellen Diskussion über »Paradigmenwechsel« und »Postmoderne« zu kurz – mit der Folge, dass diese Postmoderne auf einen schon wieder als »ideologisch« zu bezeichnenden Plural*ismus* (»Beliebigkeit«) zusteuert.

Ansätze zu einem *postmonistischen* Zeitalter samt polarem Weltbild gibt es ja schon auf breiter Front: in Naturwissenschaft, Kunst, Ästhetik und Ethik bis hin zur Ökologiebewegung. Es käme darauf an, die heimlichen Querverbindungen der scheinbar getrennten Bereiche aufzuzeigen und die isoliert gewonnenen Erkenntnisse interdisziplinär zu einer universalen – nicht totalitären! – Theorie zu verknüpfen.

Genau das ist die Intention meines Buches »Abschied vom Absoluten«, konzipiert in einer Form, die nicht nur der »Elite«, sondern auch dem wissenschaftlich und philosophisch »unbedarften« Leser zugänglich ist. Kommunikation – horizontal *und* vertikal.

Vielleicht spricht Sie das Buch an und Sie halten es für wert, den Lesern Ihrer Zeitung vorgestellt zu werden.

Ich würde mich jedenfalls freuen, von Ihnen zu hören und grüße Sie

Justus Fetscher

Sehr geehrter Herr Professor Fetscher,

Sie erinnern sich noch an Ihren Besuch beim Donat-Verlag auf der Frankfurter Buchmesse, wo Sie von zwei hübschen Damen eingerahmt und mit Lebkuchen versorgt wurden? Ich nützte damals die Chance, Ihnen, dem prominenten und erklärten Ideologiekritiker, mein Buch »Abschied vom Absoluten« als Lektüre mit auf den Weg – nach Neapel und nach Cambridge? – zu geben.

Diesmal ist es Ihre Rezension in der *ZEIT* (Nr. 50) »Der Ethiker im Zweifel«, die mich veranlasst, Sie noch einmal auf mein Buch aufmerksam zu machen. Eine Passage Ihres Artikels erinnert an einen Grundgedanken, auf dem mein »Abschied vom Absoluten« aufbaut. Sie schreiben: »Es gibt keine Aussage über den Menschen, die nicht ambivalent, zweideutig wäre.«

Genau diese Ambivalenz ist eines meiner Hauptargumente gegen das monistische Weltbild, gegen die Einfalt des ideologischen Denkens. An der Ambivalenz scheitert alle monistisch totalitäre Metaphysik und Nach-Metaphysik – vom Philosophen-Logos über den Monotheismus bis zum Kommunismus und Kapitalismus, pardon, dem »freien Markt« – und was sonst noch an Heilsutopien angeboten wird.

Ich meine, es wäre an der Zeit, das Scheitern, den Verlust dieses Kindheitsmythos nicht nur zu diagnostizieren oder gar zu bedauern, sondern einen »sinnstiftenden« – was für ein hehrer Anspruch, ich weiß! – Gegen- bzw. Neuentwurf zu riskieren, will sagen: dem *monistischen* ein *polares* Weltbild gegenüberzustellen, mit dem sich zwar bescheidener, aber besser leben lässt als mit der grandiosen Utopie des Absoluten. Und mit dem sich manch ethisches Problem – z.B. der »verantwortliche Umgang mit der Natur« – in effizienterer, d.h. existentiell überzeugenderer Weise angehen ließe, jenseits von Lamento und sinnlosen moralischen Appellen.

Was halten Sie davon, den diversen Heilsgeschichten eine Entwicklungsgeschichte des Homo sapiens entgegenzusetzen, die nach folgendem Muster verläuft: mythischer Polytheismus, emanzipatorischer Monotheismus, aufgeklärter Polytheismus – oder: Polykratie, Monarchie (Ideologie), Demokratie (plurale Gesellschaft) – oder: unbewusst polar-plurales Weltbild, monistisches Weltbild (»Intermezzo«), bewusst polar-plurales Weltbild?

Klingen Ihnen solche »Triaden« nach simplifizierender Geschichtsphilosophie oder sehen Sie in ihnen Entwicklungsprozesse, die sich historisch großdimensional in den verschiedenen Kulturkreisen und analog – oder moderner: *fraktal* – in der Geschichte des Individuums abspielen?

Immerhin, eine solche Deutung der Geschichte ergäbe für die (Post-)Moderne, die sich auf Schlingerkurs zwischen Fundamentalismus und Beliebigkeit befindet, eine Perspektive.

Ich hoffe, Ihnen mit diesen wenigen Anmerkungen noch einmal Appetit auf den »Abschied vom Absoluten« gemacht zu haben und

grüße Sie

Mathias Greffrath

17.07.2020

Sehr geehrter Herr Greffrath,

In Ihrem Essay letzten Sonntag (12.07.2020) im DLF haben Sie sich redlich Mühe gemacht, all die schönen Träume und Utopien, die durch die Geschichte geisterten, aufzuzählen, immer mit einem Touch Melancholie und Enttäuschung darüber, dass aus den Träumen nichts oder nur sehr wenig wurde. Nur, die Antwort auf die Überschrift Ihres Essays »Warum Utopien scheitern« blieben Sie schuldig. Liegt es tatsächlich nur daran: »Die Ideen sind da, doch wir noch nicht so weit«? Wer oder was ist schuld daran, dass sich »die utopischen Bilder idealer Gesellschaften« als unerfüllbar erweisen?

Getreu dem Schema der meisten enttäuschten oder frustrierten Utopisten halten auch Sie den »bösen« Menschen für die Ursache allen Übels. Dementsprechend nennen sie das Anthropozän »die verdorbene Epoche«. Nur zu gerne wird dem Menschen als »Krone der Schöpfung« Hochmut vorgeworfen. Sie kennen vielleicht noch den Auftrag des Schöpfers in der Bibel: »Macht euch die Erde untertan!«

Diesen Auftrag hat der Mensch in der Tat erfüllt. Das war die logische Folge seiner ihm verliehenen Potentiale. Der Mythos ahnte die Dominanz des Homo sapiens, warnte ihn aber nicht vor den möglichen Folgen. Nur, nicht die Dominanz ist das Problem, sondern der Umgang mit ihr. Und in diesem Punkt, in der Folgenabwägung, ist Homo sapiens ja inzwischen ins Grübeln gekommen.

Ist wirklich nur der »böse, sündige Mensch« schuld am »Scheitern der Utopien«? Oder sind diese

Idealvorstellungen grundsätzlich fragwürdig, gehen sie an der Wirklichkeit vorbei? Liegt es womöglich an der Natur (des Menschen)? Ist diese anti-utopisch gestrickt, konzipiert? Hat sich – um in der Bildwelt des Mythos zu bleiben – der Schöpfer einen Konstruktionsfehler erlaubt? Kann eine Natur, die auf Konflikt, auf »natürliche Feindschaft«, auf Konkurrenz programmiert ist, ein Nährboden für ideale Vorstellungen von »Friede, Freude, Eierkuchen« sein?

Womit wir bei der polaren Struktur der Wirklichkeit wären, die allen Utopien, allen Idealen einen Strich durch die Rechnung macht. Diese »Schöpfung« gründet eben nicht auf Gleichheit, Gerechtigkeit, Harmonie, Frieden, ... Ja, auch diese positiven Elemente gibt es, aber niemals ohne ihre polaren Gegenspieler. Und das nicht ohne Grund. Denn ohne die Gegenspieler von Gleichheit, Gerechtigkeit, Harmonie, Frieden, Glückseligkeit... wären diese nicht vorstellbar, nicht existent, sie machten keinen Sinn. Man kann die Wirklichkeit nicht halbieren und auf das Positive reduzieren. Ideale, die auf der Verabsolutierung positiver Aspekte gründen, haben keine Chance zur Verwirklichung, sind zum Scheitern verurteilt. Das ist meine Begründung, »warum Utopien scheitern«.

Vielleicht sollten wir uns statt auf konfliktfreie Ideale auf die Abschwächung der natürlichen Konfliktpotentiale auf ein sozialverträgliches Maß konzentrieren. Da entstünden dann allerdings keine utopisch-paradiesischen Zustände, sondern »nur« Verhältnisse, die sich mit der »Natur des Menschen« vereinbaren lassen. Mit der »Übernatur« hat es bisher ja nicht geklappt.– weder mit der »christlichen Nächsten- und Feindesliebe« im »christlichen Abendland« noch mit dem kantischen »ewigen Frieden« der Aufklärung. Vielleicht sollten wir die Träume vom Paradies auf das Jenseits, in die »andere Welt«, an die noch ein paar Menschen glauben, verschieben. Vielleicht gelten dort andere Regeln als im Diesseits. Sorry, das war leicht polemisch.

Mit der »Heimat« als »Gegenbegriff zur Utopie« versuchen Sie den Spagat zwischen dem derzeitigen »heimelig« anmutenden Heimat-Hype und dessen globaler Ausweitung auf die Erde als unser aller gemeinsamen Heimat. Das ist ein etwas überstrapazierter Heimatbegriff. Denn zur Heimat gehört im allgemeinen Verständnis als polarer Gegenspieler die »Fremde«. Die können Sie nicht wegzaubern. Ebenso gut oder schlecht könnten Sie die »Familie« ins Spiel bringen als die eine, große »Menschheitsfamilie«.

Sie wissen aber, weder die Heimat noch die Familie sind Orte ungetrübter, harmonischer Idylle. Den natürlichen Konfliktpotentialen entkommen Sie nirgends und diese werden Sie auch niemals auflösen können. Auf den Traum von der »Erlösung von allem Übel« wird der Mensch wohl schwerlich verzichten. Er wird die ewige, nicht einlösbare Utopie bleiben.

»Vier Stunden Regelarbeitszeit... der Lebenskunst untergeordnet... in einer solaren Weltgesellschaft...« *Glauben* Sie, Herr Greffrath, noch an derlei Träume oder *hoffen* Sie nur darauf? In meinem »Abschied vom Absoluten« entwarf ich die »Meta-Utopie« eines »postideologischen Zeitalters« und einer »pluralen Weltgesellschaft«. Inzwischen bin ich dreißig Jahre älter geworden und meine Zweifel an der Verwirklichung dieser Meta-Utopie mehren sich.

Wenn Sie meine Argumentation etwas genauer kennenlernen möchten, empfehle ich Ihnen, neben dem »Abschied vom Absoluten«, mein neues schma-

28

les Büchlein: »Vom Urknall zum Gottesmythos, *Utopie und Evolution*«. Dort geht es um den Vergleich der transzendentalen und säkularen Utopien, um deren Charme und Scheitern.
Beste Grüße

Ulrich Greiner

12.04.2015
Anmerkungen zum Ihrem Artikel in der ZEIT vom 1. April 2015: »Gott opfert sich selbst«

Sehr geehrter Herr Greiner,

ich habe es mir lange überlegt, ob ich Ihnen – gemäß dem Ausspruch: »Verschwende deine Zeit nicht mit Andersdenkenden!« – schreiben soll. Nun, bestimmte Aussagen, zumal wenn sie öffentlich vorgetragen werden, sollte man doch nicht unkommentiert lassen, wenn sie zum Einspruch reizen.
»Gott opfert sich selbst« – schon die Überschrift Ihres Artikels ist »schief« bis reichlich fragwürdig. »Gott«, im Verständnis des durchschnittlichen abendländischen Christen als Schöpfergott oder »Gott Vater« betrachtet, opfert gemäß der Bibel nicht »sich selbst«, sondern seinen Sohn. Von *ihm* verlangt er das Opfer, das übrigens entgegen Ihrer späteren Behauptung ein klassisches, grausames »Menschenopfer« ist. Das »Selbstopfer Gottes« können Sie nur mit dem bizarren Konstrukt der Dreifaltigkeit teilweise retten: »Gott Sohn« thront schon vor seiner Zeugung bei »Gott Vater«, zusammen mit dem Heiligen Geist, dem personifizierten Geist eines als Geist definierten Gottes, »von Ewigkeit zu Ewigkeit«. Aber auch unter

dem Aspekt der »Heiligen Dreifaltigkeit« opfert sich nur »Ein-Drittel-Gott«, die zweite Person dieses männlich patriarchalischen göttlichen Triumvirats. In der Tat ein »Glaubensgeheimnis«!

Dieser Gottessohn schien – laut zitiertem Text von Chesterton – in seiner Gottverlassenheit »eine Sekunde lang Atheist zu sein«. Das klingt provokant, aber wenig überzeugend. Wenn ein Mensch an Gott zweifelt – und das tat jener Jesus von Nazareth vermutlich –, ist das verständlich. Aber den Zweifel eines Gottes an der eigenen Existenz zu konstruieren – dazu gehört schon eine Portion kecker Dreistigkeit und die Ausschaltung jeglicher Reflexion. Es sei denn, jener Jesus hätte eine schizophrene Persönlichkeitsstruktur gehabt.

Ebenso bizarr die Vorstellung, dass Gott (welche der drei Personen auch immer) »augenblicksweise die ganze menschliche Erbärmlichkeit erleidet«. Das hätte er nicht müssen, wenn er als Schöpfer des Universums dieses anders konzipiert hätte. Ja, wenn man alles Leid dieser Welt inklusive Krankheit, Tod und Naturkatastrophen der »Erbsünde«, dem sündigen Menschen zuschreiben könnte, wie dies die christliche Lehre tut...

Der Kreuzestod des Jesus wird übrigens von der christlichen Lehre nicht als solidarischer Akt Gottes mit den Menschen und seinem Leiden gedeutet, sondern als Sühneopfer »zur Vergebung der Sünden«. Ein Opfertod für wen? Für so harmlose Sünder wie Sie und mich und die Mehrzahl unserer Mitmenschen? Halten Sie ein solches Opfer tatsächlich für angemessen oder nötig? Verbirgt sich hinter der Idee eines für die Menschheit geopferten Gottes nicht sogar etwas wie menschlicher Größenwahn?

Die von Ihnen zitierte »Unermesslichkeit irdischen Leids« hätte ein »Gott der Liebe«, wie er vom Christentum emphatisch gepriesen wird, zu verhindern gewusst. Die Sünden der Menschen hätte er in einem einfachen Akt barmherziger Liebe vergeben können. Nein, der Christusmythos ist nicht völlig neu und anders als die anderen Mythen. Er reiht sich ein in die Tradition der transzendentalen Opferkulte und führt sie mit der Vorstellung des »geopferten Gottessohnes« an einen scheinbar grandiosen, aber absurden Höhepunkt. Und vermutlich an ihr Ende. Nicht mehr Gott, sondern der Mensch, die »Erlösung des Menschen« steht im Mittelpunkt der Geschichte.

Weil die Passion des Jesus dem Modernen fremd und abstrus anmutet (wie Ihnen als Junge), wird sie in Ländern wie Spanien zwar noch als folkloristische Tradition zelebriert. Aber selbst die »Auferstehung von den Toten« interessiert den gläubigen Zeitgenossen weniger als ein »gutes Leben« im Diesseits. Und auch die ebenfalls »teilsäkularisierten« Verkünder der Frohen Botschaft versuchen eher mit dem Blick auf das Diesseits, mit *sozialer Gerechtigkeit, Bewahrung der Schöpfung, fairem Umgang mit der Dritten Welt etc.* zu punkten als mit den Themen *Vergebung der Sünden* und *ewiger Glückseligkeit.*

Die christliche Religion ist nicht so »überaus komplex und nicht immer so leicht zu verstehen«, wie es Ihnen zuweilen vorkommt. Sie ist im Gegenteil überaus einfach gestrickt. Sie hat eine Erklärung für alle Übel dieser Welt: den per »Erbsünde« prinzipiell sündigen Menschen. Die Erlösung bringt der Opfertod des »Menschensohnes«, und als Heilsversprechen winkt das ewige Leben, die »ewige Glückseligkeit«, letztendlich die Unsterblichkeit. Gott wurde Mensch, damit der Mensch Gott werde oder zumindest Gott-ähnlichkeit erlange. Und die christliche Moral, die in der ebenso »sülzigen« wie utopischen Nächsten- und Feindesliebe gipfelt, ist auch nicht gerade Ausbund eines differenzierten Umgangs mit den komplexen Realitäten dieser Welt.

So tragisch der Kreuzestod für jenen Wanderpredi-ger Jesus von Nazareth gewesen sein mag, es gab schlimmeres menschliches Leiden. Und »heimatlosen Trauerüberschuss bei öffentlichen Katastrophen« zu konstatieren, nur weil die Passion als Ritual nicht mehr »zum festen Bestand der Christenheit« gehört, eine solche Deutung erscheint mir mehr als gewagt. Der Trauer bei »öffentlichen (und wohl auch priva-ten) Katastrophen« als erste und oberste »Heimat« den Karfreitag zuzuordnen und sie damit quasi tröst-lich umzuleiten oder auf ein »beheimatetes« Maß zu reduzieren, das erscheint mir, mit Verlaub, etwas »billig«, oder sagen wir »wohlfeil«. Aber diese Art von Trost ist allen Mythen gemein.

Ihre Redaktion GLAUBEN & ZWEIFELN hat auf den zwei Seiten zu Ostern leider nur Glaubende zu Wort kommen lassen. Obwohl die Zahl der Zweifeln-den zum Leidwesen der Kirchen doch täglich zu-nimmt. Die Interpretation der Osterbotschaft fiel denn auch ziemlich einseitig aus. Schade!

Vielleicht lohnt es sich hin und wieder doch, »sei-ne Zeit mit Andersdenkenden zu verschwenden«?

7.5.15

Sehr geehrter Herr Greiner,

vielen Dank für Ihren Brief und dass Sie sich noch einmal die Mühe gemacht haben, auf einige Punkte einzugehen. Um einem Missverständnis vorzubeugen – ich habe nicht das geringste Bedürfnis, einem Gläubigen seinen Glauben zu nehmen. Was »Glauben« heißt, kenne ich aus meiner eigenen Geschichte. Schließlich war ich einmal, wenn auch nur für relativ kurze Zeit, Mitglied des Jesuitenordens. Ich weiß also, wovon ich spreche. Warum sollte ich einem Menschen, der in seinem Glauben Trost in seinem Leid, die Hoffnung auf eine »bessere Welt« und eine fantastische Perspektive, die Aussicht auf Unsterblichkeit, auf die »ewige Glückseligkeit«, findet und sich in seinem Glauben »aufgehoben« fühlt, warum sollte ich ihm diesen Glauben madig machen?

Homo sapiens hat schon in den hunderttausend Jahren *vor* Christ Geburt auch mithilfe seiner »Mythen« überlebt. Dass das Christentum glaubt, quasi am Ende dieser Mythengeschichte zu stehen, und sich im Besitz der absoluten, »finalen« Wahrheit wähnt, erscheint mir zwar etwas gewagt, aber diese Überzeugung hat und hatte jeder echte Gläubige. Und wenn sie Ihn durch die Wirren des Lebens trägt, no problem!

Aus individueller Sicht könnte man auf die Weiterführung des unvollendeten Projekts *Aufklärung* verzichten und jeden seinen privaten Mythos in seinem Kämmerlein ausleben lassen. Mit zunehmender Globalisierung, mit dem Zusammenwachsen und Vermischen der Kulturen sieht das jedoch anders aus. Da bieten die »Offenbarungsmythen« mit ihrem Anspruch auf absolute Wahrheit soviel Konfliktpotential, dass man vielleicht doch diese absoluten Wahrheiten, indem man sie hinterfragt, relativieren und auf ein humanes, menschliches Maß zurückstutzen sollte. Das ist zwar schon im Gange, indem sich das Christentum auf Nächstenliebe, Friede, Gerechtigkeit etc. und der Islam sich auf die »Barmherzigkeit« Allahs reduziert, sprich »teilsäkularisiert«; aber mit solchen im Grunde oberflächlichen Korrekturen oder Neuinterpretationen wird das Problem nicht wirklich gelöst. Erst der »zweite Schritt« der Säkulariserung, der Diskurs auf einer menschlich nachvollziehbaren Ebene, jenseits transzendental begründeter Argumentation, bietet die Chance zu einem »vernünftigen« Zusammenleben.

Nur kurz zu Ihrer Opfertheorie. Dass nach dem Ende des Menschenopfers, s. Abraham, dieses nun *noch einmal* ausgerechnet durch den Opfertod des Jesus, ob er nun Mensch oder Gott war, »aufgehoben« werden musste, dass der Vater in jenem Garten auf das Flehen seines Sohnes, diesen »Kelch an ihm vorübergehen« zu lassen, nicht einging und auf dem Opfer bestand, diese Idee mit einem »Gott der Liebe« in Einklang zu bringen, das können inzwischen nicht einmal mehr eine Menge protestantischer Theologen.

Das ist so einer der elementaren Punkte, die manchen Gläubigen zum Fragen und Zweifeln bringen. Und wenn jener Jesus für die *wirklichen Sünder*, die skrupellos Mächtigen, die Mörder und Mafiosi starb, die mangels »Reue, Buße und Besserung« ohnehin kein Chance auf das Himmelreich haben, dann war sein Opfertod ein tragischer Irrtum.

Sie haben Recht – das institutionalisierte und »theologisierte« Christentum ist nicht mehr so »simpel«, wie jener Jesus von Nazareth seine Botschaft gedacht und gepredigt hatte. Seine Heilsbotschaft wäre aber durchaus ohne hochgestochene Philosophie und Theologie ausgekommen. Sie hätte weder eines Plato noch eines Aristoteles bedurft. Eine Menge kluger Leute – Gläubige sind nicht durchweg primitiv oder dumm – haben nun aber versucht, vorgegebene oder eigene Gedanken über Gott und die Welt mit ihrem eigentlich »einfachen« Glauben in Einklang zu bringen. Die »hohe Theologie« begann schon mit Paulus. Die eigenen existenziellen Ängste und Wünsche (s. Kierkegaard) mittels einer Heilsutopie zu lösen, ist ein urmenschliches Bedürfnis. Den Glauben an diese Utopie auch mit Argumenten der Vernunft (s. Thomas von Aquin und seine »Gottesbeweise«) zu begründen, auch das ist »urmenschlich«.

Nur, das Problem gläubiger Denker ist: ihr Denken *muss* wegen den Prämissen ihres Glaubens letztendlich in die »geoffenbarten Glaubenswahrheiten« einmünden. Ihr Denken ist gewissermaßen »Erfüllungsgehilfe« ihres Glaubens, sie kommen aus ihrem Korsett nicht heraus. Und ihre hochkomplexen Gedankengebäude ändern an der relativ »einfach gestrickten« Botschaft des Jesus nichts. Komplex wird es nur für intellektuell begabte Menschen, die diese Gedankenspiele nachvollziehen möchten. Im Sinne jenes Jesus, der bekanntlich sagte: »Wenn ihr nicht werdet wie die Kinder...«, waren und sind diese Bemühungen gewiss nicht.

Letztendlich sind es Rationalisierungsversuche, die bei entscheidenden Problemstellungen zum Scheitern verurteilt sind. Wenn z.B. die tägliche Erfahrung ihrem Glauben an einen »Gott der Liebe« Hohn spricht – z.B. die Tatsache des Leids, nicht nur im Bereich der menschlichen Kultur, sondern in der gesamten »Schöpfung« –, dann bleibt den Theologen nur noch die Flucht in das »Glaubensgeheimnis« (das »Geheimnis des Bösen«). Dabei wäre, wenn man auf die Prämisse des »absolut guten« Schöpfergottes verzichten würde, die Negativseite der Welt verständlich und sogar »sinnvoll«. Einer der klugen Kirchenväter (Tertullian«) sagte: »Credo, quia absurdum«, ich glaube, gerade *weil* es absurd ist! Ein Hasardeur des Glaubens. Und der logisch denkende Mathematiker Pascal wusste sich mit seiner »Wette« immer auf der Gewinnerseite: Glauben kann auf keinen Fall schaden, auch wenn er sich im Nachhinein als Illusion erweisen sollte!

Ja, es gab viele kluge Männer, die ihren Glauben rational oder wagemutig sich intellektuell verweigernd (Kierkegaards »Paradox des Religiösen«), trotzig oder clever opportunistisch (Pascal'sche Wette) zu begründen wussten. Dennoch, denke ich, der Gläubige sollte seinen Glauben mit den *eigenen* Erfahrungen und der Kraft seines *eigenen* Denkens abgleichen und sich nicht nicht auf die oft widersprüchlichen Erkenntnisse kluger Leute verlassen. Das war wohl mit dem »Sapere aude!« der Aufklärung gemeint.

In der Osterausgabe der ZEIT hätte man neben dem Bekenntnis eines Gläubigen die Zweifel eines skeptischen Agnostikers – nicht eines »Atheisten«, das sind Gläubige mit umgekehrtem Vorzeichen – an der Idee dieses grausamen Schuld-und-Sühne-Spektakels, die Zweifel an dem Sinn der »Auferstehung« und eines »ewigen Lebens« jenseits von Raum, Zeit und Geschichte, jenseits also jeglicher »Conditio humana«, zu Wort kommen lassen können. Solche Gedanken würden auch den Gläubigen nicht schaden. Sie könnten sich ihrer Vorstellung vom Sinn des Lebens als einem »Vorspiel zum Eigentlichen« vergewissern. Sie könnten sich fragen, warum sie als »Sünder« nicht mehr zur Beichte gehen und warum ihr Sündenbewusstsein trotz und angesichts dieses blutigen »Selbstopfers Gottes« so wenig entwickelt ist und über ein Seufzen am Karfreitag nicht hinausreicht.

Zweifel können ansteckend sein, zumal wenn sie unbewusst schon in dem Gläubigen schlummern. Sie können aber ebenso der Selbstvergewisserung und damit stabilisierend wirken. Die Redaktion GLAUBEN und ZWEIFELN bräuchte also, wenn sie religionskritische Texte veröffentlicht, keine Angst zu haben, sich zum Handlanger eines vermeintlichen »Antichristen« zu machen. Entspannte Agnostiker verzichten ohnehin auf apodiktische Aussagen über Existenz oder Nichtexistenz einer »höheren Macht« oder »anderen Welt«. Das Angebot der Religionen an Antworten auf existenzielle Fragen schauen sie sich allerdings genau an.

Und die Moral von der Geschicht'? Lassen wir die Gläubigen – egal, ob sie einem transzendentalen oder säkularen Heilsmythos anhängen – in ihrem von Kindheit an gewohnten, »selbstverständlichen« Glauben! Der kleine Rest der kritisch denkenden Menschen, der sich weder für das eine noch für das andere Glaubensbekenntnis begeistern kann, ist ja wohl nicht zu beneiden. Oder vielleicht doch? Hat der ehemals altmodisch betitelte »Frei-Denker« den Gläubigen vielleicht doch etwas voraus?
Mit dieser Frage und in diesem Sinne
grüße ich Sie

16.5.2015

Sehr geehrter Herr Greiner,

ich möchte gewiss nicht, dass wir uns in einem Endlosgespräch »verhaken«, da ich annehme, dass Sie sich mit genügend anderen Themen geistig auseinandersetzen und Ihre Energie entsprechend einteilen müssen. Dennoch, quasi als Schlusswort meinerseits:

Sie haben auf meine Argumente gut »pariert«. Und ich respektiere natürlich Ihre Geistes- bzw. »Glaubenshaltung«, zumal sie nun alles andere als gesellschaftsschädlich ist. Sollten Sie aber irgendwann einmal in Versuchung geraten, sich mit dem Weltbild eines denkenden Menschen zu befassen, das, auf Heilsutopien verzichtend, mit dieser Welt inklusive Negativseite klarkommt und deren »Sinnhaftigkeit« begreift, dann schauen Sie einmal in meinen »Abschied vom Absoluten – *Wider die Einfalt des Denkens«* hinein. Dass Hässlichkeit, Bosheit, Krankheit, Tod... – und was es sonst noch an Schrecklichkeiten gibt – *»Sinn machen«,* will dem naiv und harmlos Denkenden nicht einleuchten. Denn Sinn wird gemeinhin mit einem *positiven* Sinn gleichgesetzt, der auf ein erlösendes Happyend zusteuert. Wozu ist das *Leid,* das *Unglück,* der *Tod* »gut«? fragt man. Ich sage verkürzt: »damit es die *Freude,* das *Glück,* das *Leben* gibt; das eine ist ohne das andere nicht zu haben, nicht vorstellbar und damit »sinnlos«.

In meiner Denkweise sucht »Sinn« nicht die Auflösung von Widersprüchen, sondern erklärt diese, macht sie begreiflich. Das ist eine andere Art von »erlösendem« Einverständnis als die Suche nach einem »höheren« Sinn, der das scheinbar Sinnlose im utopischen Irgendwann und Irgendwo wegzuretuschieren sucht. Dass diese Welt trotz oder gerade wegen ihrer Widersprüchlichkeit »Sinn macht«, das zu verstehen und zu akzeptieren, halte ich auch für eine überzeugendere »Demut« gegenüber der Wirklichkeit als die demütigende Selbstunterwerfung des Denkens – der Denkverzicht – mittels Flucht in ein »Glaubensgeheimnis«, nur um sich eine tabuisierter Prämisse (den »Gott der Liebe«) zu erhalten und auf eine Erklärung des scheinbar Unerklärlichen im Jenseits, inklusive »ewiger Glückseligkeit«, zu hoffen. Diese Geisteshaltung des Gläubigen lehnt letztlich die Wirklichkeit, so wie sie ist, ab und hofft auf eine »andere«, von allem Übel bereinigte Wirklichkeit. Übrigens – kein Kompliment für den Schöpfer dieser Wirklichkeit!

Also, wenn Sie jemals in Versuchung geraten, nicht den »Sinn des Sinns«, sondern den »Sinn des (scheinbar) Sinnlosen« zu suchen – nicht den Sirenengesängen des Wunschdenkens folgend, sondern immer hart an der Wirklichkeit entlang... Wenn Sie sich das aber nicht »antun« möchten – man weiß ja nie, wo es hinführt –, auch gut. In jedem Fall wünsche ich Ihnen weiterhin Neugier, Wachheit, Esprit und die gewohnte Freude an der guten Formulierung. Sie haben einen ebenfalls neugierigen, wachen... Leser.

Dieser grüßt sie mit den besten Wünschen

Jens Jessen

12. Februar 2011

Zu Ihrem Artikel »Staunen ist der Anfang« in der *ZEIT* N° 4 vom 20.01.2011

Sehr geehrter Herr Jessen,

in Ihrem Artikel schreiben Sie von der Enttäuschung bei der Begegnung mit der Philosophie »durch kaum lesbare Bücher, bizarre Gedankengänge, grobe Verstöße gegen den intuitiven Weltzugang...« Und weiter konstatieren Sie die »Mühsal. die etwa die Lektüre Kants oder Hegels oder Heideggers bedeutet...« Und ein letztes Zitat, das mich animiert, Ihnen mein Buch zu schicken: »Natürlich kommt es gelegentlich vor, dass ein Philosoph sein Ideengebäude noch einmal von Grund auf neu hochzieht.«

In der Tat beginne ich in meinem »Abschied vom Absoluten – *Wider die Einfalt des Denkens*« noch einmal ganz von vorne, mit einer »Verführung zum Denken«, und schließe mit der etwas gewagten Utopie einer »pluralen Weltgesellschaft«. Aber, es geht mir, wie Sie anmahnen, nicht um konkrete »Lebenshilfe«, sondern um ein Hinschauen auf die Welt und ins eigene Ich, um eine gemeinsame Struktur zu erkennen. Dabei versuche ich, den »intuitiven Weltzugang« z.B. über emotionale und ästhetische Erfahrungen des Lesers in meine Gedankengänge mit einzubeziehen. Und dass das Ganze auch noch lesbar ist, dafür sorgt vielleicht die Tatsache, dass hier zwar ein denkender Zeitgenosse, nicht aber ein akademischer Philosoph am Werk war. Kurz gesagt: keine Lebenshilfe, keine Erlösungsutopie, aber doch etwas mehr als eine »Denkschule« – ein paar mögliche Antworten auf die »Fragwürdigkeit« der Welt.

Schön, wenn Sie mal in einem Augenblick philosophischer Neugier in das Buch hineinschauen. Vielleicht gibt es Ihnen etwas und animiert Sie zu einer Kritik. Ich würde mich freuen, von Ihnen zu hören...

Robert Jungk

24.10.90

Sehr geehrter Herr Professor Jungk,

vielleicht erinnern Sie sich noch an unser kurzes Treffen auf der Frankfurter Buchmesse nach Ihrer Lesung im Lesezelt. Es war gewiss nicht der Ort, um in einen näheren Kontakt zu kommen. Wie versprochen, schicke ich Ihnen also mein Buch »Abschied vom Absoluten« für Sie persönlich oder für Ihre *Internationale Bibliothek für Zukunftsfragen.*

Wie Sie immer wieder betonen, brauchen wir für die Lösung der Zukunftsprobleme den Mut zur Utopie und Phantasie. Phantasie nicht nur bei der Suche nach technologischen Lösungen, sondern auch, wie ich meine, beim perspektivischen Entwurf eines gewandelten, neuen Bewusstseins. Andernfalls bleiben die Lösungen an der Oberfläche und es wird im Grunde im alten Stil weitergemacht. Die Korrekturen sind dann eher Pflästerchen oder Symptombehandlung als wirkliche Kurskorrekturen.

Die Misere, in die sich die Menschheit manövriert hat, beruht ja nicht nur auf den erweiterten destruktiven technischen Potentialen, sondern ebenso auf der »Selbstverabsolutierung«, auf der Negation der gegenseitigen *Bezogenheit*, d.h. auf der Leugnung der planetarischen Ökologie. Diese zentrische Selbstverabsolutierung hat eine lange Tradition und ist den Menschen gewissermaßen »in Fleisch und Blut« übergegangen. Immer höher, immer besser, immer mehr...

Die Wurzeln dieses Denkens/Bewusstseins sind – das ist meine These – die Utopien des Absoluten, vom Monotheismus bis zur Marktideologie. Dieses verabsolutierende, die Zusammenhänge leugnende »ideologische« Denken aufzubrechen, wäre, neben den eher praxisorientierten Ansätzen der Technologen, die Aufgabe einer ökologisch orientierten Philosophie. Keine esoterische Weltflucht also und keine philosophische Nabelschau, sondern kämpferische

Auseinandersetzung mit verkrusteten Denkmustern und deren Institutionen bzw. »Eliten«!

Damit die Zukunft eine Chance hat, sollte *auch* ein geistiges Klima und ein weltanschaulicher Background geschaffen werden, die die alten Mechanismen durchbrechen und der vielzitierten Eigendynamik der Selbstzerstörung des Homo sapiens ein Ende setzen. Und genau das ist die denkerische Stoßrichtung meines Buches.

Ich würde mich freuen, wenn es zu einem Dialog zwischen uns käme
und grüße Sie herzlich

Christian Matthiesen

11.4.91

Sehr geehrter Herr Matthiessen,

ein bisschen spät, ich weiß, aber nicht zu spät für das Thema der von Ihnen veranstalteten »Ersten Freiburger Kulturgespräche«, an denen ich wegen eines Auslandsaufenthaltes leider nicht teilnehmen konnte. Die paar Brocken aus der *BZ* (Nr.15,28,29) müssen mir als Anknüpfungspunkte für einen – möglichen – Dialog genügen. Mein Buch »Abschied vom Absoluten« mag Ihnen meine Argumente »wider die Einfalt des Denkens« detaillierter und anschaulicher unterbreiten, als dies in einem Brief geschehen kann. Dennoch – ein paar Anmerkungen als »Appetitmacher« seien erlaubt.

»Was macht das Denken nach der großen Theorie?« Vielleicht sollte es, anstatt dem (philosophischen) Blick auf das Ganze endgültig abzuschwören und nur noch »kleine Brötchen zu backen«, erst einmal die Gründe für das Scheitern der sogenannten großen Theorien analysieren?

Da stößt man womöglich auf einen gemeinsamen Nenner, der den klassischen Theorien – Utopien, Heilsmythen – zugrunde liegt und deren Scheitern geradezu programmiert. Ich würde ihn als »monistisches Weltbild« bezeichnen. In seinem Drang, die Wirklichkeit von ihren Widersprüchen zu »erlösen«, trägt dieses Weltbild offensichtlich eher zur Auflösung, sprich *Zerstörung* der Wirklichkeit bei. Auch die derzeit aktuelle Variante der monistischen Heilsmythen, der »Markt«, dürfte ganz in dieser Tradition stehen.

Vielleicht hätte man also das Thema präziser und provokativer mit »Ist der *Markt* noch kritisierbar?« umreißen sollen. Und wenn die Diskussionen dazu beitragen wollten, »den heute für universell und dominant gehaltenen Charakter des Ökonomischen zu relativieren...« (*BZ*, Nr.15), hätte es dann – für den Philosophen – nicht reizvoll sein müssen, Absolutheitsansprüche *jeglicher* Machart, schlichtweg *das Absolute*, aufs Korn zu nehmen und kritisch zu durchleuchten? Doch damit wäre man wieder beim Denken im Stil der »Großen Theorie« angelangt, und wer traut sich solches heute noch zu?

Sloterdijks Herleitung der »Großen Theorie« aus der Nachahmung der allwissend und beobachtend in der Höhe thronenden Götter erscheint mir, mit Verlaub, etwas oberflächlich. Zudem ist die Nachahmung der Götter keine »Form der Frömmigkeit«, sondern der Unfrömmigkeit. Verantwortlich für das Hineingleiten in ein totalitäres Systemdenken scheint mir eher die Verwandlung der (projizierten) polytheistischen pluralen Götterwelt in die monistische Welt des *absoluten, einen* Gottes zu sein. Das philosophische Pendant zur religiösen Utopie des Absoluten wäre der Primat des Logos. Vom Monotheismus zur Ideologie, gleich welcher Couleur, führt kein weiter Weg.

Vermutlich war die große Theorie in den »instinktiven« Anfängen des Denkens (Heraklit und Co.) näher an der Wahrheit, sprich Wirklichkeit, als in der darauffolgenden emanzipatorischen Phase der Bewusstseinsgeschichte, von mir in einem Anflug von Optimismus als »monistisches Intermezzo« bezeichnet. »Monistisch« im Sinne des Sieges des *einen* über das *andere* – oder – verstanden als »Erlösung« vom sogenannten Negativen, wie immer man dies definiert. Derlei *einfältige* Denkweise dürfte an ihr absurdes Ende gekommen sein.

Was kann, soll das Denken »nach der großen Theorie?« Vielleicht sollte es die Wirklichkeit noch einmal genauer anschauen – egal ob mit den Mitteln der Logik, der Naturwissenschaft oder der Ästhetik –, die polare Grund- oder *Meta*-Struktur erkennen und als un(er)lösbar anerkennen, *Meta*-Utopien jenseits der klassisch monistischen Utopien entwerfen und auf die evolutionären, noch schlummernden Potentiale des menschlichen Bewusstseins hoffen. Denn das ist das Schöne und das Tröstliche: Geschichte, sprich Evolution geht weiter, ob mit oder ohne »große Theorie«. Und Bestand hat nur, was der Grundstruktur der Wirklichkeit angepasst ist. Dem großen und kleinen Denken bleibt nicht viel anderes, als den »Handlanger« der (Bewusstseins-)Evolution zu spielen.

Ich könnte mir denken, dass mein Buch »Abschied vom Absoluten« für die Arbeit Ihres Instituts – zumindest als Diskussionsbeitrag – von Interesse ist. Denn das Gelingen der Antworten auf die sozialen und ökologischen Gegenwartsfragen scheint mir in erster Linie vom Wandel des Bewusstseins bzw. Weltbildes abzuhängen. In dieser Richtung kann das Denken auch *nach* – oder gerade *wegen* der großen Ernüchterung noch einiges leisten.

Vielleicht kommen wir in ein Gespräch. Ich würde mich jedenfalls freuen, von Ihnen zu hören.

2. Redakteure / DLF

Christiane Florin

19.1.18

Liebe Frau Florin,

erst einmal danke für Ihre Antwort. Sie fiel wesentlich angenehmer und menschlicher aus als die von Frau Rahner. Ich werde deren unrühmliche Mail und meine Antwort darauf anhängen.

Ja, Sie haben Recht, es macht wenig Sinn, Gläubige »existenziell« infrage zu stellen. Meine Bücher richten sich eher an Zeitgenossen, die »zwischen den Stühlen sitzen« oder ihren »Unglauben« reflektiert begründet haben wollen. Und ja, Kirchenkritik ist allemal besser als gar keine Kritik. Fortschritte innerhalb der Kirche machen den Gläubigen das Leben ja schließlich leichter.

Was meinen vermeintlichen »Glauben an die Vernunft« angeht, da liegen Sie mit Ihrer Vermutung etwas schief. Ausgangspunkt all meiner Überlegungen waren immer »Gefühle«, oft ungute Gefühle, man nennt sie »Zweifel«. Ich glaube nicht an die *Vernunft*, denn ihr Gegenspieler *Unvernunft* ist immer auch am Werk, s. mein »polares Weltbild«. Sie werden in kaum einem anderen philosophischen Werk soviel Auslassungen über sinnliche Phänomene, über Geschmack, Ästhetik und Emotionen finden wie in meinem »Abschied vom Absoluten«. Ich zitiere: »Wir wollten ja mit dem ganzen Körper denken«. Nein, ich glaube nicht an die Vernunft, ich benütze meinen *Verstand*, um eben diese sinnlichen Phänomene und guten oder unguten Gefühle zu analysieren, ihnen einen Sinn zu geben. Ich will – oder wollte – diese Welt verstehen, ohne den Zwang, in eine »andere Welt« flüchten zu müssen und einem Glauben zu huldigen, der allen meinen Erfahrungen widerspricht. Womit wir bei Ihrer Frage wären, »warum Menschen glauben«.

Ich denke, hinter jedem Glauben steckt ein Überlebenswille und ein Versprechen. Für beides haben die Religionen ein perfektes Angebot – auf den kurzen Nenner gebracht: »ewiges Leben« und »ewige Glückseligkeit«. Welcher Mensch könnte dem widerstehen? Das ist nicht zu toppen und dem haben säkulare Weltbilder wenig und nur bescheiden Attraktives entgegenzusetzen. Ja, da darf man auf eine gewisse höhere Lebenserwartung, auf Konsum- und Freizeitparadiese hoffen, von manchen Humanisten als Pflege des Hedonismus angepriesen. Die Ehrlichen unter ihnen müssen die Menschen mit der Akzeptanz alles unvermeidlich Negativen, inklusive Krankheit und Tod, »vertraut« machen. Verstehen Sie jetzt, warum Menschen lieber an eine »andere«, »bessere«, womöglich »jenseitige Welt« glauben, wo sich alle Probleme in einem finalen Happyend auflösen? Ich denke, man kann es ihnen nicht einmal übel nehmen.

In meinem neuen Werk, so es denn zustande kommen sollte, vergleiche ich die transzendentalen und säkularen Utopien. Denn bei allem Glauben – es geht doch wohl immer um Utopien, um Gratwanderungen zwischen Möglich und Unmöglich? Oder sehen Sie das anders?

Zum Schluss noch die befremdliche Mail von Frau Rahner und meine zugegeben etwas »emotionale«, zugespitzte Antwort darauf. Sie sehen, Ihre Sendung sorgt doch hin und wieder für »Sprengstoff«.
Herzliche Grüße

25. Jan. 2018

Liebe Frau Florin,

über etwas haben wir in den letzten Mails nicht gesprochen, über den Stil. Jeder hat einen, *seinen* Stil in der Kommunikation mit anderen. Da gibt es die absolut sachlichen, rationalen Argumentationen, möglichst emotionslos, die dann entsprechend langweilig wirken, wie Trockenfutter oder Graubrot. Mein Stil ist das nicht. Sie haben beim Lesen meiner Bücher sicher gemerkt, dass da oft ein leicht ironischer, provokanter bis polemischer Unterton mitklingt.

Sie haben mir ein Buch über »Gefühle« empfohlen. Die Frage stellt sich doch, wie komme ich an mein Gegenüber heran, rein sachlich rational oder vielleicht doch eher provokativ? Wie locke ich ihn aus der Reserve? In Ihren Interviews sind Sie am besten, wenn Sie leicht provokante Fragen stellen. Sie tun das zwar in einem angenehm freundlichen Tonfall, aber Sie rücken dem Gegenüber eben doch irgendwie »auf die Pelle«. Und, ich finde, das ist gut so. Mit Akklamation und seichtem Geplätscher kommt man in einem Gespräch nicht weiter, den Problemen nicht auf den Grund.

Um zum Fall Rahner zurückzukommen – bei Ihrem Interview merkte ich sofort, dass dieser Frau nicht »beizukommen« ist. Sie wirkte wie »Teflon«. Von Küngs rebellischem Geist, um den es ja auch irgendwie ging und den Sie in dem Gespräch gerne heraufbeschworen hätten, war nichts zu spüren. Die Antworten waren glatt und schnell, niemals konkret. Genau das hat mich provoziert, meinen Tonfall etwas provokanter als gewöhnlich zu gestalten. Ich hätte wissen müssen und habe es auch geahnt, dass ich von dieser sehr selbstüberzeugten Dame eine »Abfuhr« bekommen würde. Manchmal tut man Dinge wider besseres Wissen. Es könnte ja doch einmal sein, dass…

Und was ist die Moral von der Geschicht? Sich nur mit Gleichgesinnten austauschen? Immer schön sachlich bleiben, damit beim Gegenüber keine negativen Emotionen aufkommen? Im Zweifelsfall schweigen oder abwinken und sich zurückziehen?

Bleiben Sie in Ihren Interviews wenigstens »sachte« provokant, rücken Sie Ihren Gesprächspartnern auf die Pelle, wenn sie um den heißen Brei herum reden! Gönnen Sie sich und Ihren Zuhörern das, was Sie mir empfohlen haben (»Gefühle«), zarten Biss und wenigstens gemäßigten Schlagabtausch! Das wollte ich Ihnen in fortgeschrittener Nacht, vor meinem Aufbruch in den Urlaub doch noch sagen.
Herzliche Grüße

1. März 2018

Liebe Frau Florin,

in Ihrer gestrigen Sendung zum Thema »Kirchenaustritte« stellte Ihre Kollegin Susanne Fritz dem Herrn

Etscheid-Stams die vielleicht entscheidende Frage nicht: »Könnte es nicht sein, dass die Leute ihre Kirche nicht nur wegen deren taktisch unklugen Verhaltens, s. die »sieben Dimensionen«, verlassen, sondern schlichtweg, weil ihnen der Glaube abhanden gekommen ist?« Bei einer Umfrage wird das natürlich nicht offen zugegeben, man versteckt den Glaubensverlust lieber hinter der Kirchenkritik. Wer will schon als »gottloser Gesell« dastehen? Statt strategischer Überlegungen zur Attraktivitätssteigerung sollte man in Kirchenkreisen ruhig einmal diesen schmerzhaften Grund des Mitgliederverlusts in Betracht ziehen. Dass man das nicht unbedingt wahrhaben will, ist »psychologisch« nur zu verständlich, hilft aber nichts. Das habe ich dem Herrn Etscheid-Stams übrigens auch in einer kurzen Mail geschrieben.

Also – Mut zu direkten, unbequemen, schmerzhaften Fragen, das haben Sie mir in Ihrer letzten Mail vor meinem Urlaub, für die ich mich bedanke, versprochen. Übrigens – den »Wahrheitsanspruch«, den Sie mir bisweilen unterstellen, habe ich nicht. Nicht umsonst habe ich im »Abschied vom Absoluten« ein Kapitel mit der Überschrift »Die vielen Wahrheiten« geschrieben, was nicht bedeutet, dass ich Leuten nicht »auf den Zahn fühle«, wenn sie schwadronieren und ihre inneren Widersprüche oder Argumentationslücken nicht bemerken. Ihre Sendungen geben mir immer mal wieder Anlass dazu, auch wenn ich weiß, dass ich, um meine Oma zu zitieren, ebenso gut einem »Ochsen ins Horn pfetzen« könnte.

Auf die leicht provokante Frage von Frau Fritz an Arek Platzek, ob er sich nicht über den Mitgliederschwund freue, war der zu feige, »ja« zu sagen, »ja«, nicht im Sinne einer Schadenfreude, sondern Freude darüber, dass sich das säkulare Weltbild, für das die Humanisten ja stehen, allmählich durchsetzt. Entweder glauben sie selbst nicht mehr an den Bewusstseinswandel oder es ist ihnen die Gleichstellung mit den transzendentalen Weltanschauungen als »Körperschaft öffentlichen Rechts« mitsamt und wegen deren Privilegien wichtiger und sie verzichten deshalb auch auf die von Frau Fritz zu Recht nachgefragte konsequente Trennung von Kirche und Staat. Ich werde auch Herrn Platzek mit dessen opportunistischer »Feigheit« und »Inkonsequenz« konfrontieren.

Vielleicht regen Sie sich jetzt wieder über meine »direkte« Ausdrucksweise auf. Ich weiß, als Moderatorin ist Ihnen eine gewisse Zurückhaltung gegenüber den Interviewpartnern geboten. Ich darf etwas drastischer zu Werke gehen, zum Glück!
Herzliche Grüße

9. Mai 2018

Liebe Frau Florin,

schön, dass wieder einmal einer »von der Gegenseite« zu Wort kam. Ich selbst bin zwar kein »leidenschaftlicher Atheist«, sondern »nur« ein »offener, entspannter Agnostiker«, offen für alles, aber auch als solcher denke ich, ein kräftiger Schuss kontroverse Meinung von »Ungläubigen« kann Ihrer Sendung nicht schaden.

Die heutige Kontroverse über die »richtige« Namensgebung für das Alte und Neue Testament zeigte mal wieder, dass da nur »Gläubige« zu Gange waren. Die einen hatten Angst, den Juden mit dem Begriff »alt« gleich »veraltet« zu nahe zu treten, das wäre ja schon beinahe »antisemitisch«, die anderen lavierten ziemlich hilflos zwischen den Begriffen. Was die Herren Theologen zu dem Thema Namensgebung des AT und NT zu sagen hatten, blieb, mit Verlaub, an der Oberfläche der »religious correctness«, ohne inhaltliche Substanz. Sie bemerkten dabei nicht oder umschifften bewusst oder unbewusst die eigentliche Problematik der beiden »Testamente« oder »Bünde«, nämlich deren inhaltliche Widersprüche. Die Frage stellt sich doch: Warum musste ein »neuer« Bund geschlossen werden? Hielt der »alte Bund« nicht mehr? Taugte er nicht mehr? Waren seine Inhalte plötzlich fragwürdig geworden? Mussten neue Inhalte, ein »neues Testament« geschrieben werden?

In der Tat, die beiden »Testamente« sind in vielen Punkten widersprüchlich. Nicht ohne Grund ist jener Jesus von Nazareth nach jüdischer Auffassung bestenfalls ein irregeleiteter Rabbi, keinesfalls jedoch der versprochene Messias, und schon gar nicht einer mit einer neuen »Frohen Botschaft« für die Juden, das »auserwählte Volk Gottes«. Und in den christlichen Kirchen werden sonntags zwar hin und wieder aus dem Alten Testament ein paar fromme Psalmen zitiert, würde man jedoch Lesungen z.B. aus dem Deuteronomium vortragen, den Kirchenbesuchern würden sich die Haare sträuben und mancher würde unter Protest den Gottesdienst verlassen.

Nicht umsonst setzte sich ja jener Jesus von dem Alten Testament ab. Er provozierte die Schriftgelehrten z.B. mit dem Gleichnis vom barmherzigen (ungläubigen) Samariter. Er verhinderte die Steinigung der Ehebrecherin, was nach jüdischer Vorschrift geboten gewesen wäre. Er wandte sich gegen jenes »Auge um Auge, Zahn um Zahn...« Sein Ausspruch: »Euch wurde gesagt, ich aber sage euch...« zeigt ja deutlich die Gegensätze zwischen den beiden Testamenten. Was war da passiert? Hatte der Gott des Alten Testaments zwischenzeitlich seine Meinung, Haltung und seine moralischen Forderungen geändert?

Auch die Gottesbilder der beiden Testamente sind widersprüchlich. Der alttestamentliche Gott Jahwe, der vor der Niederschrift des AT noch eine Gattin, die Göttin Aschera, hatte (was ihn in meinen Augen wesentlich sympathischer machte als dieser männliche »Single-Gott«) – dieser Gott hatte noch menschliche Züge; er war zornig, eifersüchtig, nachtragend... Seinem »auserwählten Volk« hätte er niemals ein Opfer, schon gar nicht das Opfer seines eigenen Sohnes gebracht. Von einer Menschwerdung war ohnehin niemals die Rede. Dieser Gott des AT wurde nun in einen »liebenden Vatergott« umgewandelt.

Und schließlich, die bizarre Vorstellung eines »Drei-Personen-in-Einem«-Gottes, einer »Heiligen Dreifaltigkeit«, ist dem AT, dem Judentum und dem Islam, der sich auf den gleichen Gott beruft, völlig fremd. Dieses Konstrukt muss ihnen schon fast als Gotteslästerung erscheinen.

Zwei Testamente mit widersprüchlichen Inhalten, mit widersprüchlichen Gottesbildern – das bekommt kein Theologe »begrifflich« glattgebügelt. Natürlich ist das Neue Testament mythengeschichtlich ein Fortschritt. Die horizontale Blickrichtung des Jesus – mit der Gleichsetzung von Gottes- und Nächstenliebe – das war fast schon das Heraufdämmern der Säkularisation. Die genannten Widersprüche stellen das Konzept des Alten und Neuen Testaments als ein Kontinuum infrage.

Und was erwartet uns auf dem katholischen Kirchentag? Ja, fromme Appelle zu Friede, Ökologie,

Gerechtigkeit und ja, natürlich, Appelle wider die Fremden- und Islamfeindlichkeit. Das aktuelle Problem der Ökumene, die gemeinsame Kommunion »konfessionsunterschiedlicher« Eheleute wird außen vorgelassen.

Papst Franziskus hat wie gewohnt den Schwarzen Peter an die deutschen Bischöfe zurückgegeben. Ich frage mich, ob eine protestantische Gattin oder Gatte unbedingt zur katholischen Kommunion gehen wollte, wenn sie/er wirklich wüsste, was da passiert, dass nämlich sie/er nach katholischer Auffassung mit der »Hostie« realiter den Leib Christi verspeist. Vielleicht würde ihr/ihm der Appetit auf diese »heilige Kommunion« vergehen.

Jetzt habe ich Sie, liebe Frau Florin, womöglich nachdenklich gemacht? Sorry, aber Sie wissen ja, ich höre Ihnen ganz gerne zu, insbesondere, wenn Sie »leidenschaftlichen Atheisten« oder wortklaubenden, wenig überzeugenden Theologen eine Bühne bieten. Letzteres hat auch mich wieder einmal zum Nachdenken und zu einem »ketzerischen« Kommentar angeregt.

Herzliche Grüße

22.5.18

Liebe Frau Florin,

alle Achtung! Gerade aus dem Urlaub zurück und schon diese »kniffligen« Themen: »Frauen in der Kirche«, »Missbrauch«, »Glaube«... Ihre Fragen waren wie immer »trefflich«, die Antworten der Journalistin ebenfalls. Und – Sie beide haben mich zum »Mitdenken« animiert. Ich versuche mal, die Themen auseinanderzuklamüsern.

1. »Missbrauch«. Das Thema wird von den kirchlichen Obrigkeiten unter »Kirche der Sünder« abgehakt. Der Missbrauch ist zwar kein Argument gegen das Christentum, nur gegen die Glaubwürdigkeit der Institution Kirche, aber es bleibt unbegreiflich und unverzeihlich. Für mich als Exjesuiten hat die Nachricht von den Missetaten ehemaliger Mitbrüder in Berlin fast »eine Welt einstürzen lassen«. Ich konnte es einfach nicht fassen! Meine Mitnovizen, alles idealistisch gesonnene junge Männer – wie war so etwas in diesem Orden möglich?

2. »Die Rolle der Frau in der Kirche«. Das Problem Patriarchat haben wir ja nicht nur in den Religionen. In Politik und Wirtschaft sieht es nicht anders aus. Ich fürchte, da wird ein Kampf mit den Genen oder Instinkten geführt, die sich im Lauf der Evolution über hunderttausend Jahre und mehr gebildet haben. Die Primaten lasse ich mal außen vor. In früheren Religionen spielten die Frauen, vornehmlich als Muttergöttinnen, noch eine gewichtigere, manchmal sogar beherrschende Rolle. Vatergott, Muttergöttin – die Ahnenverehrung zu Beginn der Religionsentwicklung konzentrierte sich auf beide Eltern als Schutzgottheiten, mal war der Vater, mal die Mutter im Vordergrund.

Neben dem Sieg des Patriarchats spielte im Monotheismus etwas anderes eine, die vielleicht entscheidende Rolle: der unbewusst ich-emanzipatorische Hang zur *Verabsolutierung*. Denken Sie an das heutzutage propagierte »autonome Ich«. An den fatalen Folgen des Absoluten und des Verabsolutierens habe ich mich ja im »Abschied vom Absoluten« abgearbeitet. Hätte sich jener Gott Jahwe mit seiner Gattin Ashera arrangieren müssen, hätte er seine Absolutheit verloren. Dass er durch die Beziehung zu den Menschen die Absolutheit ebenfalls verlor, wird schweigend hingenommen. Eine bipolare (Mann-Frau-)Gottheit wäre heutigem Denken annehmbarer, zumindest von Seiten der Frauen.

Die größtmögliche Beleidigung für eine Frau stellt in meinen Augen das Konstrukt »Heilige Dreifaltigkeit« dar. Wenn man schon, wie die Theologin in Ihrer Sendung forderte, die Glaubensinhalte aus ihrer Zeitbezogenheit verstehen und für heutige Menschen nachvollziehbar machen, d.h. uminterpretieren sollte, dann müsste man an dieses »männliche Triumvirat« – »Vater, Sohn und Heiliger Geist« – Hand, sprich Verstand anlegen. Patriarchat plus monistische Verabsolutierung des Prinzips Mann – das zu knacken wäre die theologische Aufgabe zur Rettung der Attraktivität des christlichen Glaubens für die Frau. Die *menschliche* »Gottesmutter« Maria als Trostpflaster für die Frau stützt ja nur den patriarchalen Anspruch des *göttlichen* Vaters.

3. Die »Hostie«. Bei der Vertiefung dieses Themas, das Sie bei Beginn des Interviews kurz andeuteten, wären Sie ans Eingemachte des Christentums gekommen: der archaische Gedanke des Blutopfers zur Versöhnung eines erzürnten oder beleidigten Gottes. Man hat es an den Äußerungen der Journalistin bemerkt, sowohl die »Wandlung« in der katholischen Messe als auch die »Opferung« und »Kommunion« – dieser »blutrünstige« bis »kannibalische« Gedanke ist für den Zeitgenossen kaum mehr nachvollziehbar, sowenig wie Tieropfer, die noch von einigen Religionen praktiziert werden. Die Protestanten haben das Abendmahl zu einer Erinnerungsfeier verharmlost, die *tatsächliche* Opferspeise in eine *symbolische* ver-

wandelt. Der Opfergedanke passt auch nicht mehr so recht zum Wandel des sogenannten »christlichen Menschenbilds«. Das definiert sich nicht mehr als die Vorstellung vom sündigen, erlösungsbedürftigen Menschen, sondern eher als ein irgendwie der »Nächstenliebe« verpflichteter »Mitmensch« – oder zugespitzt gesagt – »Gutmensch«. Die katholische Beichte hat denn auch mangels Sündenbewusstseins längst keine Konjunktur mehr. Und auch Papst Franziskus droht nicht mehr mit der Hölle, sondern beschwört regelmäßig seine Liebes- und Friedensappelle.

Die Frage stellt sich ja, ob jener Jesus von Anfang an das Ziel seines »Opfertodes« im Auge hatte. Was, wenn er dank einer größeren Anhängerschaft erfolgreich gewesen und nicht gekreuzigt worden wäre? Was wäre seine letztgültige Botschaft gewesen? Vielleicht doch »nur« die Botschaft eines liebenden Vatergottes und die Betonung des Mitmenschlichen gegenüber dem rigorosen Ritualismus der jüdischen Elite? Die Deutung seines Todes als Opfertod – war das vielleicht nur der verzweifelte Versuch, seinem Scheitern einen höheren Sinn zu geben? Für mich ist seine Kreuzigung eher ein tragischer »Märtyrertod« (vgl. Sokrates) für eine Lehre, die von den Eliten abgelehnt wurde und durch deren Konfliktpotential mit den Eliten der römische Statthalter die politische Ruhe bedroht sah.

Von der Kirchenkritik zur Religionskritik – der Weg wird nur zögerlich gegangen. Ihre Interviewpartnerin ließ diskret durchblicken, dass ihr der Kern der Religion fremd geblieben ist. Auf der menschlichen, empathischen Ebene würdigte sie ihren »Franziskus« dank dessen Glaubensüberzeugtheit und seiner Predigt des »Halts«, den der Glaube bietet. Und das ist ja auch für viele Menschen die durchaus positive Funktion ihres Glaubens. Hinzu kommt bei den Kirchenbesuchern das Gemeinschaftsgefühl, das in Zeiten des gepredigten Individualismus zu verkümmern droht.

Die an die Moderne angepasste »soziale Liebesbotschaft« und der tröstliche Aspekt des Christentums machen es ja – ausgenommen die fundamentalistischen Evangelikalen! – zu einer relativ »harmlosen« Religion. Beim Islam, der politisch nur zu gerne auf eine Theokratie zusteuert, sieht das anders aus. Aber das ist ein anderes Thema.

Liebe Frau Florin, danke für Ihre Geduld, wenn Sie bis zum Schluss dieser Mail durchgehalten haben. Aber – wenn Sie zum »Mitdenken« animieren, dürfen Sie sich nicht wundern, wenn manchmal umfangreiche Mails von Mitdenkenden bei Ihnen eintreffen. Herzliche Grüße

29.3.19

Liebe Frau Florin,

schön, dass Sie noch auf meine Mails reagieren. Die Sendung vom Montag habe ich tatsächlich verpasst, weil ich beim Arzt zur Blutentnahme war und danach nicht weiter nachgeforscht habe. Wenn ich gewusst hätte, dass Sie... Danke für den Hinweis. Ich habe die Sendung natürlich nachgehört und ich muss sagen: Alle Achtung!

Zum einen wegen des Themas, das genau in die Richtung ging, für die ich in meiner Mail, s.u., plädiert habe. Zum anderen, Sie haben sich als Gläubige tapfer auf dünnes Eis begeben und sich wacker geschlagen. Mit den beiden Herren sind Sie gut klargekommen und haben die passenden Fragen gestellt.

Glauben Sie mir, das ist keine Lobhudelei. Mit Ihren Fragen oder Äußerungen zum »liberalen Christentum« und dem »Ladenhüter Erbsünde« haben Sie einen Großteil der Gläubigen als ziemlich »kirchenfern« geoutet.

Die beiden Herren am Montag waren theologisch nicht gerade auf dem neuesten Stand. Der Big Bang und die Evolution sind in Theologenkreisen schon längst kein Argument mehr gegen einen Schöpfergott. Die Evolution ist theologisch bestens »integriert«. Das einzige theologisch unlösbare Problem ist und bleibt das Theodizeeproblem. Wie kann der »gute Gott« oder der »Gott der Liebe« Schöpfer einer Natur sein – wenn wir den »bösen« Menschen einmal außen vor lassen –, die unter dem grausamen Gesetz der »natürlichen Feindschaft«, des Fressen-und-gefressen-Werdens steht? Zur Erfindung eines solchen Konzepts gehört schon eine Menge destruktive Energie. Wie überhaupt die emphatische Rede von der Natur als (einer rein kreativen) »Schöpfung«, unter Missachtung des innewohnenden destruktiven Potentials, sich als äußerst euphemistisch entpuppt.

Nein, die Frage oder das Problem ist nicht, ob es einen Gott gibt oder nicht – das ist reine Spekulationssache –, sondern die Tatsache, dass die christliche Gottesvorstellung zur Realität, zu dieser »Schöpfung« nicht passt. »Geheimnis des Glaubens«!?

Mit der Vernunft können Sie in der Tat weder die Existenz noch die Nichtexistenz eines Gottes oder einer höheren Macht beweisen. Es ist aber auch durchaus legitim, darüber zu spekulieren, z.B. über den »letzten Grund«. Das ist die Domäne spekulativ veranlagter Menschen. Der normale Mensch setzt mehr auf Erfahrung. Und da hat er bekanntlich Probleme mit der »Gotteserfahrung«. Meist bleiben nur noch das »erhebende Gefühl« z.B. bei einem Sonnenuntergang, das »spirituelle« Bedürfnis nach Geborgenheit in einem »höheren Ganzen« oder das Gefühl, dass das, was man erlebt, »nicht Alles sein kann«, oder die Hoffnung auf die »finale Gerechtigkeit« am Ende aller Tage und auf ein glückliches, ewiges Happyend im Jenseits. Schließlich endet jeder Krimi mit dem Sieg der Gerechtigkeit und jede Schmonzette mit einem Happyend. Man muss diese Bedürfnisse nur auf eine höhere Ebene hieven und schon sind wir bei den sog. »spirituellen Bedürfnissen«.

Diese Bedürfnisse oder Hoffnungen muss man den Leuten auch gar nicht ausreden, wenn sie nur damit glücklich werden. In meinem Berlin-Vortrag habe ich, im Sinne der »Ungläubigen«, vom »Recht auf Erfahrung« gesprochen, und als Anwalt der »Gläubigen« vom »Recht auf Illusion«, sofern ihr Glaube wirklich nur Illusion sein sollte, was zu behaupten ich mir nicht anmaße. Als Agnostiker habe ich keine Lust, die Möglichkeit einer »Gottheit« – wenn sie denn »polar strukturiert« wäre – auszuschließen. Dann übrigens würde sie zur »Schöpfung« inklusive »Zerstörung« passen.

Für mich als einen mit diversen Sinnen ausgestatteten Menschen steht allerdings die »Erfahrung« an oberster Stelle. Dinge, die jenseits meiner Erfahrungen liegen, haben für mich keine existenzielle Bedeutung. Die persönliche Erfahrung als Grundlage von Überzeugungen halte ich gewissermaßen für ein »Menschenrecht«, unabdingbar für die Conditio humana. Und einen Sinn meines Lebens kann ich auch innerhalb dieser Welt finden, ohne einen »höheren« oder »letzten« Sinnbezug. Aber, wie gesagt, Spekulationen sind durchaus legitim und seien jedermann zugestanden.

Zurück zur Sendung. Ich glaube nicht, dass die Erbsünde ein »Ladenhüter« ist. In den Mythen steckt ja bekanntlich oft auch eine gewisse Wahrheit. Auch wenn wir die Sünde oder Sündhaftigkeit nicht von Adam und Eva »geerbt« haben – die Versuchung zu »sündigen«, d.h. Regeln zu übertreten, steckt bekanntlich im Menschen drin.

Und dass Homo sapiens es weiß, wenn er »sündigt«, das kommt ja wohl daher, dass er vom »Baum der Erkenntnis von Gut und Böse« gekostet hat – ein mythisches Bild für seine Bewusstwerdung. Damit hat er sich vom scheinbaren »Paradies« der Tierwelt verabschiedet (die »Vertreibung aus dem Paradies«). Die Folge dieser Bewusstwerdung waren auch Selbstbewusstsein und Selbstreflexion: »Sie erkannten, dass sie nackt waren.« Ein Tier erkennt seine Nacktheit nicht und es »schämt« sich auch nicht. Also, in den Mythen steckt jede Menge Wahrheit, man kann sie auch »säkular« deuten.

Und zum »Sündenbewusstsein«. Hat der Moderne nicht ständig ein schlechtes Gewissen, nicht etwa wegen seiner sexuellen Freizügigkeit, sondern wegen seiner »Sünden« gegen die Natur, die Umwelt, das Klima? Das alles sind doch die säkularisierten Formen der Erbsünde oder Sündhaftigkeit. Gerade wir Deutsche sind dank des lutherisch-protestantischen Sündenbewusstseins eifrige Vorreiter der Moral und des schlechten Gewissens in der Welt. Wenn *wir* nicht anfangen und es dem Rest der Welt nicht vormachen, dann... Die anderen lachen womöglich über uns und nehmen die Sache mit den Umwelt- und den Klimasünden jedenfalls nicht so ernst.

Und zum Thema »liberale Christen«. Damit kommen wir zur heutigen Sendung, ebenfalls ein Highlight, obwohl Sie bei den streitlustigen beiden Herren kaum zu Wort gekommen sind: 97 Prozent – ich denke mal, »liberale« Protestanten, bei den Katholiken ist es auch nicht viel besser –, die nicht mehr am Sonntag in die Kirche gehen. Warum wohl? Weil sie, ich spekuliere mal, in der Kirche, dem Ort der vermeintlichen Gottesbegegnung, des direkten Gegenübers zu ihrem Gott, nichts mehr »fühlen«, keine »Gotteserfahrung« machen. Diese ehemaligen Kirchenbesucher haben gemerkt, dass ihre Gebete in der Kirche »Monologe ins Nichts« sind. Und im privaten Kämmerlein sieht es mit der Gotteserfahrung auch nicht besser aus.

Die Behauptung des Buchautors, die Nicht-Kirchgänger würden ihren »spirituellen Gottesbezug« privat pflegen, scheint mir mehr als gewagt. Ich denke, dass die kirchenmüden, »liberalen« Christen schlichtweg »teilsäkularisierte« Christen sind, die längst ihr Schäfchen im Diesseits ins Trockene bringen und das »ewige Leben« und die »ewige Glückseligkeit« nur noch als Plan B in der Tasche haben. Diese 97 Prozent sind nun mal in ihre Kirche und deren Glauben hineingetauft worden und ein Grund für sie zu bleiben ist: »es könnte ja doch etwas dran sein«, an dem ewigen Leben...

Im praktischen Leben spielt dieser Glaube keine Rolle mehr. Ja, einigermaßen anständig und sozial sollte man sein und sich nicht gegen die Umwelt, das Klima und vor allem nicht gegen die eigene Gesundheit »versündigen«.

Die Botschaft der Kirchen hat sich ja auch längst vom Jenseits, von der Himmel-Hölle-Predigt verabschiedet. Man produziert hauptsächlich soziale Appelle, predigt die »Bewahrung der Schöpfung« – entsprechend den Topthemen »Umwelt und Klima« – und verkündet an erster Stelle natürlich die »Gottliebt-dich«-Beschwörungsformel.

Wer lässt sich nicht gern von einer Liebesbotschaft in Verzückung setzen! Nur, sind die Gläubigen, von den Pfingstlern und Evangelikalen abgesehen, wirklich verzückt? Ich fürchte oder vermute mal, auch diese Liebesbotschaft geht an den liberalen Christen ziemlich spurlos vorbei.

Sorry, liebe Frau Florin, jetzt bin ich dank Ihrer Sendungen richtig in Fahrt gekommen und könnte noch manchen Punkt aufgreifen, z.B. die etwas naive Freiheitsvorstellung der beiden Herren des »Freiheitsdialogs«, nach dem Motto: »Ich denke, also bin ich frei.«

Da sollten sich die Herren mit den Neurowissenschaften auseinandersetzen und realisieren, dass zwischen dem Gefühl der Freiheit und der tatsächlichen »Entscheidungsfreiheit«, sprich: dem »freien Willen«, eine ziemliche Kluft besteht. Einige der hier angesprochenen Themen bearbeite ich derzeit in meinem neuen »Werk«. Wenn es denn soweit sein sollte, bekommen Sie natürlich ein Exemplar.

Aber, ich will Sie jetzt nicht weiter strapazieren. Bleiben Sie am Ball der anspruchsvollen, manchmal auch prekären Themen – das ist Ihr Terrain, das machen Sie gut – und werfen Sie sich mit Ihren Fragen beherzt zwischen die gesprächigen, redseligen Herren. Die kochen auch nur mit Wasser und merken nur zu oft nicht, dass sie sich in fragwürdigen Thesen verhakeln.

Herzliche Grüße

4. April 2019

Zu Ihrem Freiburg-Vortrag

Liebe Frau Florin,

Freiburg ist immer eine Reise wert. Schön, dass wir uns einmal persönlich begegnet sind und ich Sie live und in natura »erleben« konnte. Dass Sie Ihre Sache sehr gut gemacht haben – lockerer Vortrag, süffige Formulierungen, gepaart mit einer kräftigen Dosis Ironie und Polemik – brauche ich Ihnen nicht zu sagen. Der anhaltende, starke Beifall des Publikums zeigte Zustimmung, Anerkennung und die Aufforderung, weiter zu machen mit Ihrem Kampf gegen die patriarchalischen Strukturen der katholischen Kirche.

Natürlich habe ich mir Gedanken zum Thema gemacht und möchte sie Ihnen, wie gewohnt, nicht vorenthalten. Vielleicht bekommen Sie dadurch ein paar Anregungen und neue Aspekte.

Sie kämpfen für die Gleichstellung der Frauen, wie es andere auf fast allen gesellschaftlichen Gebieten versuchen. Die katholische Kirche hat da in unseren Breiten wohl am meisten Korrekturbedarf. Nur, wenn man Institutionen verändern will, muss man sich manchmal das theoretische Fundament dieser Institutionen anschauen. Es stellt sich die Frage: *warum* dieses starre Beharren der katholischen Kirche auf dem Patriarchat? Was sind die *theoretischen* und was die *praktischen* Hindernisse, diesem Patriarchat beizukommen?

Beginnen wir mit dem zugrundeliegenden Lehrgebäude, mit den Grundaussagen des Katholizismus. Ich behaupte jetzt einmal respektlos: Die abrahamitischen Religionen sind von Männern für Männer gemacht worden. Das beginnt schon beim zentralen Bezugs-punkt, bei jenem Gott Jahwe. Diesen Jahwe haben die jüdischen Nomadenstämme aus der damaligen Göt-terwelt übernommen, vermutlich war er ein Wetter-gott. Und dieser Jahwe hatte eine Partnerin, die Göttin Aschera, eine Fruchtbarkeitsgöttin. Anfangs wurde auch sie verehrt. Bis dann in einem Akt des strikten, rigiden Patriarchats Aschera verbannt, ausgeschlossen wurde. »Ich, der Mann, bin dein Gott, du sollst keine fremden Götter, erst recht keine Göttinnen neben mir haben!« Wäre die Gottesvorstellung eines Paares nicht wesentlich sympathischer und auch der polaren Wirklichkeit entsprechender als dieser einsame Män-nergott? Und wäre die Rede von der »Ebenbildlich-keit« nicht überzeugender?

Die modernen Theologen versuchen das als »Ent-sexualisierung« zu deuten. Dieser Gott soll eben kein Geschlecht haben. Das funktioniert aber nicht, weil Menschen sich Personen immer nur anthropomorph, mit einem Geschlecht verbunden vorstellen können. Mit apersonalen Gottesvorstellungen im Sinne etwa eines höheren, diffusen »Kraftfeldes« kann man erst recht nichts anfangen. Und so wurde und blieb der Gott Jahwe erst ein Kriegsgott, dann eine Art Vater-gott. Er, bzw. sein »Heiliger Geist« zeugte natürlich einen Sohn, keine Tochter. Der Messias konnte, durf-te nur ein Mann sein.

Und, bei allem Respekt vor Jesus, er umgab sich mit Männern, seinen »Jüngern«. Frauen spielten auch bei ihm nur eine untergeordnete Rolle. Da gab es die »Ehebrecherin«, der er verzieh, dann die »Sünderin«, die ihm die Füße salbte und küsste, dann Maria Mag-dalena, die seinen Worten lauschte, und schließlich Veronika, die ihm das Schweißtuch reichte. Es wurde schon darüber spekuliert, ob Maria Magdalena seine Frau oder »Lebensgefährtin« war. Ich wünschte es ihm, dass es so gewesen wäre, aber die Belege dafür sind ziemlich schwach. Und, bei seinem Abschiedsessen, beim »letzten Abendmahl« waren keine Frauen dabei. Dort mit dabei zu sein, das hätten sie, wenn sie ihm wichtig waren, schon verdient! Man kann es ihm nicht verdenken, schließlich war er ein »Kind seiner Zeit« und die war nun einmal streng patriarchalisch geprägt.

Jesus war kein Diesseits-Revolutionär, weder politisch (»Gebt dem Kaiser...) noch sozial – die Armen rief er nicht zum Aufstand auf, ihnen versprach er den Lohn im Jenseits. Auch wenn er mit den Frauen »menschlich« umging, die »Gleichberechtigung« der Frau war überhaupt kein Thema für ihn. Sein Gottesbild war ebenfalls das eines »Vaters« im Himmel.

Liebe Frau Florin, versuchen Sie nicht, Jesus als Kämpfer für die Gleichberechtigung der Frau hochzustilisieren. Einen interessanteren Ansatz gegen das patriarchalische Gottesbild haben feministische Theologinnen versucht, indem sie Weiblichkeit in die Gottesvorstellung projizieren wollten. Sie sind mehr oder weniger gescheitert. Es macht übrigens auch keinen Sinn, den Mann durch die Frau zu ersetzen. Das Matriarchat ist keine Alternative zum Patriarchat.

Die Krönung patriarchalischer Gottesvorstellung stellt die »Heilige Dreifaltigkeit« dar: Vater, Sohn und Heiliger Geist. Dieses Männertriumvirat, ich habe es Ihnen schon geschrieben, halte ich für den Gipfel patriarchalischer Selbstüberschätzung, eine Beleidigung für jede Frau.

Damit habe ich die theoretischen, im christlichen Glaubensfundament begründeten Hindernisse für die

Überwindung des Patriarchats skizziert. Kommen wir zu den eher praktischen und psychologischen Hindernissen.

Da ist zum einen das extrem hierarchische Prinzip der katholischen Kirche. Sie stellt quasi einen religiösen »Absolutismus« dar, mit dem Papst als »Sonnenkönig«. Aufrechte Demokraten unter den Gläubigen müssten heutzutage ebenfalls einen »Aufstand« proben. Auch diese antidemokratische Struktur der katholischen Kirche passt nicht mehr in unsere Zeit.

Und auch da werden von Seiten der Kirche alle demokratischen Ansätze hartnäckig blockiert. Das absolutistische Papsttum bleibt erhalten und das liegt nicht einmal nur an der Institution. Es übt eine heimliche Faszination aus. Die Gläubigen jubeln diesem Papst zu, würden sich gerne vor ihm niederwerfen und seinen Ring küssen. Diese Menschen jubeln auch Königinnen zu. Sie lassen demokratische Präsidenten in Schlössern residieren und neuerdings bekommen autoritäre Führerfiguren wieder vermehrt Zulauf. Die Geschichte legt in mancherlei Hinsicht den Rückwärtsgang ein. Kommt da womöglich der »Schimpanse in uns« wieder zum Vorschein? Der stellt ja das »patriarchalische Urproblem« des Homo sapiens dar.

Kommen wir nach dem hierarchischen Prinzip zum Problempunkt »Papst Franziskus«. Dieser Papst, auf den sich alle Hoffnungen der frustrierten Gläubigen richten, erfüllt die Erwartungen nicht. Er ist ein Mann der vagen Andeutungen und Symbolik. Er wählt in seiner »Bescheidenheit« den Namen »Franziskus«, aber er wird nicht wirklich ein »Bruder Franziskus«, ein Bettelmönch. Ja, er fährt einen kleineren Wagen, er zieht in ein kleineres Zimmer des Vatikans um, aber diese Symbolik ist auch alles. Wenn er konsequent und ein »Reformpapst« sein wollte, müsste er auf den Unfehlbarkeits- und Machtanspruch verzichten (»Wer von euch der Erste sein will...«), er müsste den Vatikanstaat auflösen (»Mein Reich ist nicht von dieser Welt...«), er müsste die Vatikanbank auflösen (s. die Vertreibung der Geldwechsler aus dem Tempel) und den Reichtum der katholischen Kirche unter die Armen der Welt verteilen. Ein paar Dusch- und Toilettenhäuschen für Obdachlose auf dem Petersplatz – das ist dürftig, das ist reine Symbolik, ebenso wie die päpstliche Fußwaschung von Sträflingen im Gefängnis am Gründonnerstag. Das kann nicht darüber hinwegtäuschen, dass die Institution Kirche die Botschaft des Jesus von Nazareth in zentralen Punkten schlichtweg pervertiert hat. Ein »Reformpapst« könnte manches davon korrigieren.

Von diesem Papst Franziskus dürfen Sie, liebe Frau Florin, keine wirklich wesentlichen Veränderungen erwarten. Hinzu kommt, dass er als »alter Mann«, pardon, als »älterer Herr« von lauter älteren Herren der Kurie, über Jahrzehnte in ihren Überzeugungen verkrustet, umgeben ist. Alle diese zölibatär lebenden Männer – wenn sie denn nicht nachts in Rom zu Orgien mit Strichjungen ausziehen – so etwas soll es geben, das ist kein bösartiger Fake – solche Männer haben Angst vor Frauen und Angst vor dem Verlust ihrer Privilegien. Das sind klassische Männerbünde. Aber das brauche ich Ihnen nicht zu sagen, das haben sie in Ihrem Vortrag prima geschildert.

Bleibt ein letzter Problemfaktor. Gibt es überhaupt noch genügend junge Frauen, die sich für das Priesteramt interessieren? Oder sind das, ähnlich wie bei den männlichen Bewerbern, nur noch wenige »Exoten/innen«? Und wenn ja, sollte auch für sie der

Zwangszölibat gelten? Was man den Priestern zumutet, sollte man ja auch den Priesterinnen zumuten. Unter der Zölibatsprämisse würde sich die Zahl der Bewerberinnen, wie bei den männlichen Bewerbern, vermutlich noch einmal deutlich reduzieren. Zuerst wäre also der Zölibat abzuschaffen. Und das haben Sie ja auch in Ihren Schlussbemerkungen gesagt, da sehen Sie den Hauch einer reellen Chance.

Was wären die Strategien für Ihren Kampf? Aus der Kirche austreten, das wollen Sie nicht. Sie wollen lieber »von innen nichts verändern« als »von außen nichts verändern«. Kann ich verstehen. Das patriarchalische Grundkonzept, s. oben, wird man schwerlich umkrempeln, bestenfalls etwas relativieren können, s. die Diskussionen um die Diakonin...

Einem kritischen Gläubigen bleibt vermutlich nur, die Institution aus dem eigenen Fokus zu rücken und sich auf jenen Jesus und seine Botschaft zu konzentrieren – das wäre so eine Art »innere Emigration«. Ich weiß, das ist nicht Ihr Stil, und deshalb schließe ich mich der Aufforderung meiner Frau vorgestern Abend an, als sie sagte: »Machen Sie weiter so, kämpfen Sie!« Manchmal muss man wider besseres Wissen weiterkämpfen. Mir geht es mit meinen Projekten auch nicht viel anders.
In diesem Sinne herzliche Grüße

6.5.19

Liebe Frau Florin,

das war heute *mein* Thema, s. meine Kapitalismuskritik vor dreißig Jahren in »Zarte Stachel...« (4. *Wie sie dich belohnen*, 5. *Woran sie glauben*) und im »Abschied vom Absoluten« (*S. 72 > Ideologische Muster, S. 170 > Masse, Mythen und Eliten*).

Zu den in Ihrem Interview angesprochenen Themen ein paar kurze Sätze. Religiöser Fundamentalismus und Kapitalismus haben etwas gemein. Sie versuchen, ihr Weltbild bzw. ihr System zu verabsolutieren. Der religiöse Fundamentalismus verabsolutiert sein »Fundament«, die vermeintliche »Offenbarung Gottes«, die »Heilige Schrift« in ihrer wörtlichen Bedeutung – der Kapitalismus verabsolutiert seinen »Erfolg« durch permanente Effizienzsteigerung und totale Kommerzialisierung des menschlichen Lebens. Er predigt das Ego, die »Konsum- und Freizeitparadiese« und natürlich auch die »Leistungsmoral«.

Mit zunehmendem Wohlstand verliert das in seinem Heilsversprechen jenseitsorientierte Christentum seine Attraktivität. Der Mensch will ein »Paradies zum Anfassen«, was natürlich die Versuchung zu krassem »Materialismus« mit sich bringt. Die Grundthesen des Christentums – der Mensch ist ein Sünder, er wird durch das Blutopfer des Jesus erlöst, das Heil bekommt er dann im Jenseitsparadies – diese Thesen sprechen den Modernen nicht mehr an. Das Heilsversprechen wurde säkularisiert.

Jesus und Kevin Kühnert, die passen nun wirklich nicht zusammen. Jener Jesus von Nazareth war kein Diesseitsrevolutionär. Deshalb ist der Versuch, ihn mit den Thesen von Kevin Kühnert in Verbindung zu bringen, absurd. Soziales Verhalten gegenüber den Armen und Schwachen war bei Jesus rein empathisch begründet, das sollte nicht staatlich geregelt werden.

Dass den Bürgern per Steuern ein gewisses »Sozialverhalten« abverlangt wird – und zu Recht, auf Freiwilligkeit würde Sozialverhalten nicht oder nur sporadisch funktionieren – wird gern vergessen. Die Zähmung, sprich Relativierung des Kapitalismus kann die

Kirche mit ihrer »Liebesbotschaft« nicht erreichen. Das geht nur durch staatliche Regulierung.

Was Herr Bucher über »Freiheit« und »Gnade« sagte, tat weh. Offensichtlich leben Theologen in ihrer eigenen, meist privilegierten Welt. Die schauen sich weder Naturfilme an, bevor sie über die »Schöpfung« schwadronieren, noch schauen sie sich die Menschen an, bevor sie die »Freiheit« und »Gnade« und die »Liebe Gottes zu jedem Menschen« beschwören. Was dabei herauskommt, darf man getrost »Realitätsverlust« nennen. Wenn ein Kleinkind Leukämie bekommt – und ich könnte schlimmere Beispiele anführen –, wie viel »Freiheit« hat es dann noch, was hat das mit »Gnade« oder gar »Liebe« zu tun? Und auf das »Geschenk des Lebens« könnten viele, sehr viele Menschen mit Blick auf ihr Leben verzichten.

Hinter dem, sorry, »Liebesgequatsche« der Kirchenvertreter schimmert eine Empathielosigkeit mit Mensch, Tier und Pflanze durch, die ich diesen Leuten nicht verzeihen kann. Denkfaulheit mit der Flucht in allerlei Glaubensgeheimnisse (Mysterium des Bösen, Mysterium der Gnade...) zu übertünchen, tut mir leid, dem kann ich nichts abgewinnen.

Liebe Frau Florin, säkulare Probleme lassen sich nur mit säkularen, emotional und intellektuell einleuchtenden Argumenten lösen. Die »Übernatur« hat die Politik im »christlichen Abendland« nie bestimmt. Papst Franziskus, Bedford Strohm und Kardinal Marx mögen appellieren, soviel sie wollen – es schadet nichts, es nützt auch nichts. Schön, wenn die Herren auch einmal vor der eigenen Haustür kehren würden.

Aber das ist ein andere Geschichte, mit der Sie sich noch endlos auseinandersetzen dürften. Einfach weitermachen!

Liebe Frau Florin,

zu dem Großereignis »Evangelischer Kirchentag« kann ich mir ein paar Bemerkungen nicht verkneifen. Nicht um Sie zu ärgern, Sie können ja nichts dafür, dass Sie sich und die Zuhörer durch dieses Event hindurchnavigieren und dem Ganzen etwas Positives abgewinnen müssen. Der »Blick von außen« kann, denke ich, nicht schaden.

»Was für ein Vertrauen«. Da hat sich vermutlich eine von der Kirche beauftragte Werbeagentur einen Slogan ausgedacht, der prima in die derzeitige deutsche Gemütslage passt. Irgendwie scheint er mir den Grünen und ihren Wahlerfolgen abgeschaut. Statt moralisch erhobenem Zeigefinger die positiv gefärbte Beschwörungsformel: »Was für ein Vertrauen«. Und nicht umsonst leuchten allüberall hoffnungsvoll grüne Schals als Fan-Abzeichen und grüne Luftballons, für ein »Gemeinschaftsgefühl« wie im Fußballstadion und im Kindergarten.

Das Positiv-Image sagt: »Nicht nörgeln, nicht verbieten... positiv in die Zukunft schauen, wir schaffen das!«. Eine Veranstaltung also wider die Verunsicherung, wider alle Zukunftsängste. Fehlt nur noch das Jesuszitat: »Sehet die Vögel unter dem Himmel an: sie säen nicht, sie ernten nicht...«

Das Thema Gerechtigkeit darf natürlich nicht fehlen. Da sagte doch der Theologe gestern in Ihrer Sendung voller Überzeugung: »Gott schenkt uns Gerechtigkeit...« und man fragt sich, in was für einer Welt lebt dieser Mann?

Ein anderer sagte: »Gott vertraut uns...« – »uns«, wer ist das? Vertraut er uns, den Menschen, allen

Menschen? Ist dieser Gott, pardon, tatsächlich so naiv? Hat der keine Ahnung z.B. von der organisierten Kriminalität? Ja, die Theologen und ihr ausgeprägter Realitätssinn...

Und dann der beklagte »Vertrauensverlust« gegenüber – inzwischen auch – der evangelischen Kirche, inklusive Mitgliederschwund. Den Begriff »Glaubensverlust« scheint es in diesen Kreisen nicht zu geben. Den meidet man wie der Teufel das Weihwasser. Da wird zwar hin und wieder die fortschreitende »Säkularisierung« genannt, dass diese aber nichts anderes als »Glaubensverlust« bedeutet, scheint man nicht zu begreifen, nicht begreifen zu wollen.

Mit der »Säkularisierung« kann man nur konkurrieren, wenn man sich ebenfalls mehr um die Probleme des säkularen Lebens im Diesseits bemüht als um das Seelenheil, die Vergebung der Sünden und die Erlösung in der ewigen Glückseligkeit. Mit diesen altbackenen christlichen »Essentials«, so ahnt man, kann man nicht mehr »landen«. Also nimmt man sich der Ängste an, der Angst vor der Digitalisierung, der Angst ums Klima, der Angst um oder vor... Hab' Vertrauen und alles wird gut! – lautet die Frohe Botschaft. Früher hieß das einmal: Denke positiv und alle Probleme werden sich lösen!

Und wenn dann auch noch der Bundespräsident, die deutsche Ausgabe von Papst Franziskus, wie dieser mit ebenso wohlformulierten wie wirkungslosen Appellen das Wort erhebt, dann hören die Gläubigen ehrfürchtig zu. Politische Prominenz als Glanzlichter der Veranstaltung, gut für die Volksseele, gut für die politischen »Eliten«. Denn schließlich sind diese Zuhörer das Wahlvolk, da lohnt es sich, schon mal seinen Glauben vor sich herzutragen.

An Veranstaltungen wird nicht gespart. Über zweitausend sollen es sein und das in vier Tagen! Und wieder fragt man sich: »Sind die noch ganz bei Trost?« Herrscht hier der Wahlspruch »Quantität statt Qualität«? Oder stärkt womöglich dieses bombastische Programm Stolz und Selbstbewusstsein der Gläubigen? Wer so viel zu bieten hat, der ist noch lange nicht am Ende!? Der hat zu wirklich jedem Thema etwas Kompetentes zu sagen!?

Bei all den angesprochenen Themen, von jenem »Jesus« war nirgends die Rede. Der scheint keine Rolle mehr zu spielen. Was sollte er auch zur Digitalisierung und zur künstlichen Intelligenz sagen? Sein »Kümmert euch nicht allzu sehr..., mein Reich ist nicht von dieser Welt...« klingt so was von old fashioned oder »oldschool«, wie Ihre Tochter sagen würde, das kann man dem modernen Gläubigen nicht mehr zumuten. Denn bei aller Hoffnung auf die ewige Glückseligkeit, hier auf Erden, da muss es schon auch stimmen.

Moment mal, da habe ich doch im Fernsehen ein Plakat gesehen: »Würde Jesus heute twittern?« Natürlich würde er das. Er wäre ständig mit dem Smartphone unterwegs, würde jeden seiner Auftritte an seine Follower posten und bei den »Fridays-for-future«-Aufmärschen würde er ganz vorne mitmarschieren. Vergessen wären die Seligpreisungen und die »Sünden« – »Sünde«, was ist das? Das Klima würde Jesus mehr Sorge bereiten als das, was er einmal vor zweitausend Jahren auf dem Bildschirm hatte.

Ach ja, da gab es doch noch eine Veranstaltung »mit religiösem Anstrich«. Es ging um die heiligen Schriften, um die Bibel und den Koran. Man einigte sich auf »Gotteswort in Menschenwort«, die wahrlich perfekte Formulierung für jedermann, für die Historisch-Kritischen ebenso wie für die, die diese Schriften hartnäckig immer noch für »Offenbarungen« halten. Mit etwas theologischem Sprachwitz kann man so ziemlich alles retten.

Für den nächsten Kirchentag, als seelische »Wellness-Veranstaltung«, hätte ich einen Vorschlag. Der Slogan »Was für ein Vertrauen« wäre mit »Was für eine Liebe« noch zu toppen. An Liebe fehlt es überall. Ein Theologe wird dann unweigerlich sagen: »Gott liebt uns«, uns *alle* natürlich, auch wenn das viele oder die meisten Menschen nicht merken. Statt der Angst vor der Digitalisierung und der künstlichen Intelligenz würde man dann vielleicht über die allgemeine Lieblosigkeit oder die Selbstverliebtheit diskutieren.

Und wenn bei diesem »ökumenischen Kirchentag« Bedford Strohm und Kardinal Marx Arm in Arm wie ein Liebespaar voranschreiten, dann wird der Eucharistiezwist zwar immer noch nicht beigelegt sein, aber rosarote Schals und rosarote Luftballons in Herzform werden für das nötige »Gemeinschaftsgefühl« sorgen und alle werden einander lieben.

Jetzt aber Schluss! Liebe Frau Florin, ich hoffe, meine Anmerkungen haben auch Ihnen ein bisschen Spaß gemacht. Und, nichts für ungut, man darf das alles nicht so ernst nehmen. Die Leutchen, die sich dort versammeln, sind ja »Gott-sei-Dank« relativ harmlos und »guten Willens«. Und wenn sie gutgelaunt und voller Vertrauen auf Gott und die Welt nach Hause gehen, was will man mehr?

Oder sehen Sie das anders?
Herzliche Grüße

Andreas Main

Mo, 21. Jun. 2021

Hallo Herr Main,

das war heute ein interessantes Thema mit theologischem Sprengstoff, der leider nicht »gezündet« wurde. Sie beide haben die Untiefen erfolgreich umschifft. Inwiefern? Es wurde von der Corona-Krise gesprochen und der klassischen Frage, warum Gott diese Krise »zulasse«, warum er das Virus »machen lasse«. Es war die gewohnte Verharmlosung der Rolle Gottes als eines untätigen Zuschauers. Dass auch dieses Virus nach der Schöpfungstheologie ein »Geschöpf Gottes« ist, wurde wieder einmal ausgeblendet. Ein unüberwindliches Tabu. Aus gutem Grund. Denn dann wäre das christliche Gottesbild des »Gottes der (Nur-)Liebe« desavouiert, intellektuell nicht mehr kompatibel mit der Wirklichkeit. Die »intellektuelle Redlichkeit«, auf die sich Magnus Striet immer wieder berief, war hier ausgeschaltet.

Die Ursprungsidee, dass die Schöpfung vor dem Sündenfall »gut« war (z.B. die Wolf-Lamm-Idylle) und erst durch den Sündenfall des Menschen den negativen Touch bekam, hat Striet abgehakt. Immerhin. Dass Gott in dieser Welt in keinster Weise tätig ist, das hat er anerkannt. Immerhin. Diese für Gläubige ernüchternde Einsicht kenne ich von dem befreundeten Jesuiten Christian Kummer SJ: »Gott kommt in dieser Welt nicht vor.« Ja, das sind Anklänge von intellektueller Redlichkeit. Dass Bittgebete damit überflüssig sind, hat sich jedoch im »gemeinen Fußvolk der Gläubigen« noch nicht herumgesprochen. Es werden weiterhin zumindest im Gottesdienst mit Inbrunst Bittgebete zum Himmel geschickt. Mit der Erkenntnis der »Ungerührtheit Gottes« wird allerdings auch ein wesentliches Fundament der Religion, die ja auf den Glauben an »helfende Mächte« in einer anderen Welt setzt, infrage gestellt. Dieser Glaube gehört zum Ursprung der Religion.

Bonhoeffers paradoxes Nebeneinander der »Untätigkeit Gottes« und der geradezu trotzigen »Gottesgewissheit« könnte man als das »Credo, quia absurdum« und damit als einen heroischen Glaubensakt wider die Vernunft deuten: »Ich glaube, weil ich *will* und weil ich mir zumindest eine »finale Erlösung« erhoffe. Dieser Glaube wider alle Erkenntnis der Wirklichkeit – zwischen Verzweiflung und Hoffnung – sei jedem Menschen in Not zugestanden. Nur sollte man dann auf die Betonung der »intellektuellen Redlichkeit« verzichten.

Der christliche Gott darf als Schöpfergott nicht der Verursacher des Virus sein, das sich problemlos in das Prinzip »natürliche Feindschaft« einreihen lässt. Er wird also von der Letztverantwortung freigesprochen. Zudem lässt er den Dingen ihren Lauf, die Menschen müssen die Probleme selbst in die Hand nehmen – bleibt für Magnus Striet nur noch das Problem »Tod«, das dieser Gott dank Jesu Kreuzestod und Auferstehungsversprechen löst.

Was bedeutet das für den Gläubigen, der nach dem Tod in den Himmel, ins ewige Leben aufgenommen wird? Das Leben war nicht das Eigentliche, es war nur »Vorspiel«. Wenn der Mensch ein grausames Schicksal erlitt, müsste er das nach dem Tod im Angesicht Gottes vergessen, ansonsten wäre seine Glückseligkeit eingetrübt. Auch wäre er versucht, diesem Gott Vorwürfe zu machen. Doch was würde dieses Vergessen bedeuten?

Wer seine Geschichte und seine Gene per Vergessen »auslöscht«, verliert sein »Ich«, weil genau diese beiden Faktoren seine »Person« ausmachen. Er wird zu einem abstrakten Nichts. Dieses Jenseits wäre der Ort »apersonaler Seelen« ohne Gesicht, ohne Geschichte. Was das mit dem »Menschsein« noch gemein hat, darüber darf gestritten werden. Unter diesem Aspekt hätte »man« oder der »Schöpfergott« auf die Schöpfung, auf dieses fragwürdige Vorspiel zur ewigen Glückseligkeit verzichten können. Aus Empathie mit dem Leiden – nicht nur der menschlichen »Kreatur« – hätte er sogar darauf verzichten *müssen*.

Nein, nicht am Menschenbild – am Gottesbild sollte gearbeitet werden, wenn man diese »Schöpfermacht« retten will. In meinen Büchern löse ich das Theodizeeproblem mit meinem »polaren Weltbild«. Er, wenn es denn eine Schöpfermacht gibt, »konnte nicht anders.« Eine »monopolare« Welt ist nicht vorstellbar, »gut« macht ohne »schlecht« keinen Sinn. Allerdings wäre dann auch diese Schöpfermacht spiegelbildlich zu seiner Schöpfung »polar strukturiert«. Er wäre dann eben nicht *nur* gut, *nur* Liebe, *nur* Erbarmen. Der »späte« Monotheismus – *nach* dem Alten Testament, wo Jahwe u.a. noch grausam war – hat diesen noch sehr »menschlichen« Gott »monistisch idealisiert«, ihn dann letztlich zu einem reinen »Sehnsuchtsgott« verharmlost. In diese Richtung geht ja die Rechtfertigung Gottes des Magnus Striet, wenn er Gott nur noch zum Erlöser des »Problems Tod« reduziert – mit einem vagen Jenseitsversprechen »ewigen Lebens« oder »ewiger Glückseligkeit«.

Ja, wenn sich Wunschdenken, bzw. -glauben, und intellektuelle Redlichkeit in die Quere kommen, dann muss man sich entscheiden. Ich gestehe jedem zu, diesem auf eine »andere Welt« bezogenen Wunschglauben den Vorrang zu lassen. Denn dann ist »diese Welt« für viele Menschen, für sehr viele Menschen in der Tat eher erträglich.

Lieber Herr Main, bei der Ankündigung des Themas hatte ich erwartet, gehofft, gewünscht, dass Sie Magnus Striet die einfache, aber entscheidende Frage stellen würden: »Ist das Coronavirus nicht auch wie alle anderen Bakterien, Viren und sonstigen »natürlichen Feinde« des Menschen ein Geschöpf Gottes?« Damit hätten Sie Striet in die Knie gezwungen oder zumindest ins Wanken gebracht. Dann hätte er das christliche Gottesbild infrage stellen müssen. Dank der Unterlassung der Frage ist dieser Kelch an ihnen beiden vorübergegangen. Schade! Vielleicht nächstes Mal? Schonen Sie weder sich noch Ihre Gesprächspartner! Die Suche nach der »Wahrheit« kann sehr unbequem sein und man weiß nie, wohin sie führt.
Genug der guten Ratschläge!
Meine Anmerkungen zu dem Interview leite ich in Originalfassung an Magnus Striet weiter.

3. Moderatoren / TV

Jürgen Becker / Wolfgang Schmickler
15.11.2015
Lieber Herr Becker, lieber Herr Schmickler,

die »Mitternachtsspitzen« sind für mich »eigentlich« Kult. Doch seit einiger Zeit schmilzt meine Begeisterung leise dahin. »Warum?«, werden Sie fragen. Um es kurz vorweg zu sagen: Wenn in einer Kabarettsendung der moralische Zeigefinger die Oberhand über

Esprit und Witz gewinnt, dann wird sie langweilig. Manchmal frage ich mich, ob da ein Kabarettist oder ein Pastor zugange ist und warum Sie nicht mit dem Gedanken spielen, von der Wartehalle in den Kölner Dom umzuziehen und die Bühne gegen die Kanzel auszutauschen.

Konkret zu Ihrer letzten Sendung. Ihre Deutung des Römischen Reichs als eines »Horts der Toleranz« war ziemlich gewagt. Dass »*ein* Gott mehr oder weniger« in einem vom Polytheismus geprägten Weltreich kaum eine Rolle spielt, dürfte verständlich sein. Aber fragen Sie einmal einen Vertreter des Islam, wie er es mit den Göttern neben Allah hält, wo da seine Toleranzgrenzen sind. Und vielleicht ist Ihnen bei den Fernsehbildern auch aufgefallen, dass die »wandernden Flüchtlingshorden« sich nicht um Asyl »bewerben«, wie man erwarten dürfte, sondern es einfach erzwingen, indem sie sich durch nichts und niemanden aufhalten lassen. Das ist eine Art von »Gewalt ohne Waffen«, vielleicht doch vergleichbar mit einer »Völkerwanderung«?

Zum Thema »Empathie« und »Wir schaffen das!«, das Herr Priol erstaunlich schlicht und undifferenziert abgehandelt hat. Er verglich die durch den Weltkrieg vertriebenen Deutschen und unsere »Brüder im Osten« nach der Wiedervereinigung mit den Flüchtlingen aus Ländern, die dank ihrer Despoten und ihrer religiös begründeten Bürgerkriege ihr Heil in Deutschland, einem »Land der Ungläubigen« suchen. Ein ziemlich unpassender Vergleich. Und, Herr Priol kann – nach der moralisch einzig wahren, auf der unsäglichen »christlichen Nächstenliebe« gründenden Losung »Empathie für alle!« – den Unterschied im emotionalen Empfinden der Bevölkerung nicht nachvollziehen. Dass Menschen, die uns geografisch, kulturell und menschlich näher stehen, in einer Notlage eher Empathie erwarten können als »Fremde aus einer anderen Welt« und dass die Verpflichtung ihnen gegenüber auch eine andere ist – um das zu verstehen, bedarf es allerdings einer gewissen psychologischen und ethischen Kompetenz. Empathie verlangt als ausgleichenden Gegenspieler den Willen zur Selbstabgrenzung., Selbstbehauptung. Ja, wenn doch die Menschen so wären, wie es sich die Herren Becker, Schmickler, Priol und der Herr Jesus wünschen! »Kommet alle zu uns, die ihr mühselig und beladen seid …«

In dem derzeitigen Empathiegesülze der Politik, von den Kanzeln und nun auch von den Bühnen des Kabarett herunter geht kritisches, differenzierendes Denken offensichtlich den Bach hinunter. Erst wenn die »Stimmung kippt«, wie Sie, Herr Schmickler, entrüstet bemerken, und wenn die Wähler wandern, fragen sich die Verantwortlichen, ob an der grenzenlosen Aufnahmebereitschaft vielleicht doch etwas nicht stimmt. Was ist nur mit dem Volk, dem »Pöbel« los? Und wenn gar die ansonsten gutmütige und harmlose »bürgerliche Mitte« ins Grübeln gerät?

Die »Sorgen und Ängste« der Bürger anheizen oder sie mit einem fröhlich forschen »Wir schaffen das!« hinwegfegen – ist das wirklich die einzige Alternative? Sie, Herr Schmickler, haben sich großherzig für letzteres entschieden. Probleme, Konflikte, Spannungen aufgrund unterschiedlicher doktrinärer Weltanschauung und kultureller Wertesysteme oder sozialer Konkurrenz um Arbeitsplätze und Wohnungen? No problem! »Wir schaffen das!« Die Phantasie der Supertoleranten scheint mir in diesem Punkt eine begrenzte zu sein. Die konkreten Probleme werden wohl auch kaum auf die Kabarettbühnen überschwappen.

Ja, das ach so »reiche« Deutschland mit seinen zwei Billionen Schulden schafft das, nicht mit zusätzlichen Steuern oder Abgaben – das würde dem Bürger wehtun –, sondern mit ein paar Milliarden Schulden mehr. Das nenne ich die »Großzügigkeit eines Hochstaplers oder angehenden Pleitiers«, der sich auf Kosten der Gläubiger, in diesem Fall der nachfolgenden Generationen, etwas gönnt. Und kein Wunder, von den Ehrenamtlichen abgesehen, die Empathie der schwadronierenden Gutmenschen ist eine »virtuelle«. Der Staat soll es richten!

Sie werden kaum einen Politiker, Pastor, Journalisten oder Kabarettisten erleben, der eine Flüchtlingsfamilie bei sich zuhause aufnimmt. Das Schloss »Bellevue« unseres Oberpastors, die Immobilien der Kirchen, die Villen der Politiker sind für Flüchtlinge tabu. So direkt und hautnah ist das mit der Empathie nicht gemeint. Diese, nennen wir sie, »privilegierten« Leute wohnen auch selten in sozialen Brennpunkten. Ihre Pensionen sind gesichert und ihre Kinder schicken sie, wenn nötig, in Kindergärten und Privatschulen ohne Kinder mit Migrationshintergrund.

Von Seiten der Flüchtlinge werden Sie als Kabarettisten kaum Konkurrenz bekommen, schon gar nicht zum Thema Religion. Denn spöttische Religionskritik in muslimischen Kreisen kann tödlich sein. Da versteht man keinen Spaß. Über den Papst dürfen Sie, Herr Becker, Witze machen, aber versuchen Sie das einmal... Ich nehme an, Sie werden dieses wie andere für unsere neuen Mitbürger prekäre Themen in Zukunft immer mehr aus Ihrem Programm streichen.

Meinungsfreiheit kann sich auch ganz leise aus dem Staub machen.

Was war wieder einmal das Beste in Ihrer Sendung? Die unterschätzten Paare der Weltgeschichte, der Rentner Knebel und Ihre Parodie »Precht – von der Leyen«. Das war hintersinnig, köstlich komisch und ohne moralisch erhobenen Zeigefinger. Das Kabarett als »moralische Anstalt«? Wenn schon, dann bitte besser verpacken, nicht mit der Keule anrücken, sondern mit dem Florett! Etwas differenzierter und vielleicht auch etwas selbstkritischer gegenüber den eigenen hehren Moralvorstellungen. Sich selbst »auf den Arm nehmen« ist bekanntlich die höchste Kunst.

Ich bin gespannt auf die nächsten »Mitternachtsspitzen« und grüße Sie

Gero von Boehm

7. Dezember 2010

Sehr geehrter Herr von Boehm,

zuerst einmal großes Kompliment, Ihre Sendung mit Ulrich Tukur war ein Highlight. Das Ambiente war gut gewählt und Sie entlockten Ihrem Gesprächspartner einiges von dem, was ihn als Persönlichkeit interessant macht. Sie ließen ihn nicht genussvoll in kuriosen Anekdötchen schwelgen, was unter Schauspielern gemeinhin beliebt ist, sondern steuerten zielstrebig und schnörkellos auf den Kern Ihres Gegenübers und seine Geschichte zu.

Tukur hat, wie er sagt, »seine Mitte gefunden«, sich sein »Gefäß ohne Riss« erhalten können und lebt in *seinem* Konstrukt von Welt, dem Gegenentwurf einer besseren und schöneren als der tatsächlichen

82

Welt. Ein Schauspieler durch und durch, der die beiden Welten geschickt auseinander hält und sich die schöneren Seiten und Orte – Venedig und Toskana – zum Leben aussucht. Das ist die ästhetische Variante der »Erlösung von dieser Welt«. Und wenn er den finstern Schlussmonolog von »Macbeth« einen »funkelnden Sieg« über ein düsteres Schicksal mit eigentlich nihilistischer Deutung des Dichters nennt, dann weiß oder hofft er, dass er die dunkle Kehrseite des Lebens wenigstens durch die Kunst – oder sagen wir künstlerisch »bezwingen« kann. Wenn man einem grausamen Schicksal Stil und Form verleiht, ist es erträglich, dann hat man »gewonnen«. Klingt fast ein bisschen heroisch – auf jeden Fall ist diese Art von »Erlösung« mannhafter und weniger kindlich naiv als die klassisch religiösen Erlösungsangebote.

Als Pendler zwischen Künstlern und Wissenschaftlern tasten Sie sich bei Ihren Gesprächen gerne von den nüchternen Sachfragen zu den sensibleren, intimeren Bereichen Ihrer Gesprächspartner vor, zum Beispiel zu deren Ängsten und Zweifeln. Die dunkle Seite der menschlichen Existenz fasziniert Sie, und beinahe unweigerlich enden Ihre Gespräche mit der Frage nach dem Tod. Woran glaubt der Befragte, wie sieht er sein Ende, geht es »da drüben« irgendwie weiter?

Ulrich Tukur lehnte die Antwort der Religion auf diese Frage für sich persönlich ab. Er zählt sich nicht zu den Gläubigen, auch wenn er mit dem Gedanken spielte oder spielt, in die katholische Kirche einzutreten, weil der Pfarrer der italienischen Dorfgemeinde, in der er lebt, so ein wahnsinnig lieber Mensch ist und das ganze kirchliche »Brimborium«, wie er es nannte, dort irgendwie dazugehört. Ein Schauspieler sieht das alles spielerisch, nicht so ernst und eng. Auch die vielen schönen Kirchen möchte Tukur als ästhetische Bereicherung auf unserem Planeten nicht missen. Was sich hinter den erhabenen Kulissen der Religion abspielt, will er nicht wirklich wissen, das ist nicht seine Welt.

Und an ein Leben nach dem Tod, im religiösen Sinn – in der glückseligen Vereinigung mit Gott – daran glaubt er nicht. Ein Hintertürchen lässt er sich offen: Da wird es ganz bestimmt noch irgendeine Art von Weiterexistenz geben, sagte er, jenseits aller Vorstellungskraft. Sie beide einigten sich schließlich auf eine Art »Energie«, die bleibt – Energie kann ja bekanntlich nicht verloren gehen – und die nach Ihren Vorstellungen irgendwie »von oben auf uns herunterwirkt«. Die Verblichenen lassen grüßen!

Mit Verlaub, wenn auch das atomare Anhaften und Nachwirken von Ihnen auf Ihren Stühlen »naturwissenschaftlich bewiesen« ist, dieses Amalgam von Naturwissenschaft und Transzendenz klang dann doch ein bisschen naiv. Die Reduktion einer Person nach ihrem Ableben auf energetische Überbleibsel oder »Energiefelder« – ist das nicht ein bisschen bescheiden für eine Vorstellung von einer Existenz nach dem Tod? Auch Stubenfliegen und Frösche hinterlassen nach ihrem Ende »Energie«, die irgendwie ins große Ganze einfließt. Sind sie deshalb »unsterblich«? Ulrich Tukur war das mit der »Energie von oben« nicht so ganz geheuer und lachte etwas verlegen. »Ja, so ähnlich...« meinte er, um Ihnen entgegenzukommen.

Kunst und Naturwissenschaft sind Ihr Terrain. Und doch geraten Sie bei Ihren Gesprächen oft auf das Minenfeld der Philosophie oder Religion. Sie stellen ziemlich regelmäßig die Frage nach Krisen, Ängsten und Niederlagen der Interviewpartner und nach deren Einstellung zum Tod – als suchten Sie eine Lösung für die Negativseite der Welt und des Lebens. Ulrich Tukur bot *seine* Variante der Erlösung, die *Kunst* an – Sieg über das Schreckliche per ästhetischer Bewältigung. Ein tragischer Tod auf der Bühne kann ja »so schön« und erhebend sein…

Wissenschaftler suchen »Erlösung« auf dem Weg des Wissenwollens. Aus Sicht der Religion ist das die Erbsünde des Menschen. Und weiter – vom Wissen zum Machen und zum »Bessermachen«, zum Korrigieren und Basteln an den Genen. Das ist die Fortführung der Evolution in Menschenhand, bis der Mensch schließlich sagen kann: »Siehe, jetzt ist alles gut«.

Dass die Naturwissenschaft selbstbewusst die Schöpferrolle übernommen hat, bereitet einigen Leuten ethisches Bauchgrimmen. Aber aufzuhalten ist dieser von der Evolution womöglich gewollte Prozess – warum und wozu hat denn Homo sapiens all diese Potentiale? – nicht mehr. Der Mensch nähert sich seiner Gottprojektion »Allwissenheit und Allmacht«. Ja, liebe Religion, was nun?

Ob »kreatürliche« Erlösung mittels Verdrängung und unbewussten Drauflöslebens, ob künstlerisch-ästhetische, naturwissenschaftlich-technische oder metaphysisch-religiöse Variante – all diese Formen von Erlösung haben etwas Realitätsfeindliches an sich. Sie kommen mit der Negativseite des Seins nicht zurecht, sie möchten sie abschaffen oder überwinden. Religionen verwandeln Geschichte in Heilsgeschichte mit einem ewigen Happyend als Zukunftsversprechen – etwas, worauf auch Sie, Herr von Boehm, anscheinend hoffen, oder täusche ich mich? Auf eine zweite

Existenz, ein »second life« in einer *anderen* Welt zu hoffen ist Ihr gutes Recht. Aber trennt Sie da nicht etwas von dem, was diese unsere Welt ausmacht? Was ist so »falsch« an ihr? Sollten wir nicht versuchen, die uns vorgegebene Welt – begreifend – zu akzeptieren? Hat sie nicht das Vorrecht vor unseren Wünschen und Träumen?

Zur philosophischen »Unterfütterung« Ihrer Gespräche mit Künstlern, Wissenschaftlern und sonstigen Prominenten lade ich Sie ein, sich auf das Buch eines denkenden Menschen einzulassen, der als ehemaliges Mitglied des Jesuitenordens jene religiös spirituelle Welt, mit der Sie kokettieren, von innen kennt, der aber nach und durch seine »Säkularisierung« sich denkend an der »Zweigesichtigkeit« dieser Welt abgearbeitet hat und per »Abschied vom Absoluten« auf klassische Erlösungsutopien verzichtet. Die Welt *verstehen*, denke ich, heißt sie *akzeptieren*. Vielleicht bräuchten Menschen wie Ulrich Tukur keine eigenen Konstrukte einer »besseren Welt«? Und vielleicht könnten Sie, Herr von Boehm, den Tod als *tatsächlichen* Tod annehmen? Denn was würde »Leben« noch bedeuten, wenn es den Tod nicht *wirklich* gäbe?

Verstehen Sie mich nicht falsch. Natürlich sollen Sie bei Ihren Begegnungen weiterhin die Frage nach dem Tod stellen. Die Antworten animieren, den eigenen Standpunkt weiter zu klären. Denn dass wir keine endgültigen Antworten bekommen werden und dass jeder die für ihn gültige Antwort finden muss, das bestreiten nur noch die Wächter des Absoluten und der absoluten Wahrheit.

Habe ich Ihnen Anregungen geliefert, Sie neugierig gemacht? Es würde mich schon interessieren, ob Sie mit den Gedankengängen meines Buchs etwas anfangen können. Ich habe mich dort bewusst nicht akademisch abstrakt, sondern sinnlich nachvollziehbar, auch mit Blick auf naturwissenschaftliche und ästhetische Phänomene mit der Zweigesichtigkeit, sprich *Polarität* der Welt auseinandergesetzt und eine zwar etwas »kühle« Art von »Erlösung« gefunden, die aber denkende Menschen vielleicht besser trägt als vage Träume von einer anderen, »besseren«, transzendentalen Welt.

Mit Spannung erwarte ich Ihre Antwort und Ihre nächste *»Begegnung mit...«*

und grüße Sie

Gert Scobel

13. November 2010

Zu Ihrer Sendung »scobel« mit Charles Taylor vom 11.11.2010

Sehr geehrter Herr Scobel,

der Ort war unglücklich gewählt, aber eben auch bezeichnend für Ihr Gespräch mit Charles Taylor: eine Kirche mit mystischem Schimmer aus einer transzendentalen Welt. Sie haben versucht, die unwirkliche Stimmung durch Szenen von Rolltreppen in, ich weiß nicht wo, jedenfalls säkularen Gebäuden aufzulockern. Dabei sind Sie ein bisschen der Versuchung erlegen, sich in Szene zu setzen, das sei Ihnen verziehen. Die Einblendungen Ihres aufmerksam nachdenklichen Gesichts lenkten zwar ab, aber die Aussagen Taylors waren so diffus und schwammig, dass nichts an Inhalt verloren ging. Selten bekamen Sie von Taylor eine konkrete Antwort auf Ihre Fragen.

Ebenso gut oder schlecht hätten Sie in einer Partei-zentrale oder im Vestibül einer Bank, den Kathedralen der Macht und des Kapitalismus, diskutieren können. Unter einer religiösen oder ideologischen »Glocke« lässt sich wahrlich nicht »frei« philosophieren. Wenn schon in kulturell geprägtem Ambiente, dann vielleicht in einer Bibliothek, vor einer Bücherkulisse mit Werken von Menschen, die sich *denkend*, nicht *glaubend* an der Welt abgearbeitet haben, oder eben doch schlicht und einfach wie gewohnt in einem Studio mit blauem Hintergrund.

Charles Taylor – ein Philosoph und »bekennender Katholik«, wie kann das zusammenpassen? Da wird der kritische Zuschauer skeptisch. Ein Philosoph in unseren Tagen sollte doch wohl der Gilde der Agnostiker angehören, die ihre Gehirnzellen ganz dem Diesseits zugewandt arbeiten lassen. Die von Ihnen zitierten »spirituellen Erfahrungen« und esoterisch erhebenden Rituale als Argumente, über Sinn oder Unsinn des Lebens nachzudenken, dürften kaum eine Basis sein für den normal Sterblichen, der – vermutlich in Überzahl – nach Ihren Worten »religiös unmusikalisch« ist. Eine Formulierung übrigens, die eine ziemlich vollmundige Aburteilung der weltlich empfindenden Zeitgenossen darstellt. Demgegenüber könnte man die Religiösen als in »infantilen Wunschträumen verfangene« Menschen bezeichnen. Wir sollten vorsichtig sein. Mit der Mitleids- und Verachtungsschiene kommen wir nicht weiter.

Charles Taylor hat sich, dem Thema angemessen, denn auch ziemlich vage an der *Gottesfrage* abgearbeitet. Seine einzig konkreten Hinweise auf den Dalai Lama, Mutter Theresa und Gandhi als ermutigende Inkarnationen für Gottsuchende – als Beweis für den lieben Gott erscheinen nicht nur naiv. Solche Argumente liefern eher den Beweis für den verbauten Blick, die mangelnde Sensibilität »bekennender Menschen« für die Realitäten des Lebens.

Diese Leute sprechen sülzend von der »Schöpfung« und müssten doch im gleichen Augenblick von der »Zerstörung« sprechen. Wer sein Gottesbild, wenn er denn einen Gott braucht, nach der »Schöpfung« bildet, müsste ehrlicherweise auch den *zerstörerischen* Aspekt dieser »Schöpfung« bejahen und deren Schöpfer zuschreiben. Die polytheistischen Religionen waren in dieser Hinsicht realistischer. Aber so ist das eben, wenn Philosophen, in geschützten Räumen lebend, über die »Schöpfung« sprechen und aus Glaubensgründen die Negativseite der Welt ausblenden oder meinen, sie mittels Heilsgeschichte »erlösen« zu müssen.

Die *Säkularisation*, das zweite Thema Ihres Gesprächs, die Blickrichtung auf *diese* Erde, dieses *eine* Leben, diese *eine* Chance, die jeder hat und die zugegeben nicht immer toll, nur allzu oft fatal ist, stellt natürlich *die* Provokation schlechthin für die Religionen dar. Das Christentum mit seinem düsteren Welt- und Menschenbild (eine irgendwie misslungene Schöpfung... alles Übel inklusive Tod kam durch den Teufel und die Erbsünde in die Welt...), das philosophisch mit der Negativseite des Seins nicht zu Rande kommt und auf Erlösung hofft, das Geschichte in Heilsgeschichte umwandelt (»Erlöse uns von dieser Welt«) und als Krönung auf eine »andere« Welt der vollkommenen Glückseligkeit hoffen lässt, auf ein »second life« – dieses Christentum *muss* den seit der Neuzeit fortschreitenden Prozess der Verweltlichung fürchten. Und es ist nur folgerichtig, dass Papst Benedikt eine Behörde zur Bekämpfung der Säkularisation einrichtet.

Die Säkularisation, die vom Jenseits auf das Diesseits geänderte Blickrichtung, die dem Denken den Vorrang vor dem Glauben gibt, hat ja längst *vor* Luther eingesetzt. »Vom Mythos zum Logos« – das gab es schon einmal vor dem Christentum, bei den alten Griechen. Und sogar jenen Jesus von Nazareth, der – s. das Gleichnis vom barmherzigen Samariter – *soziales Handeln* (das Diesseits) dem *rituellem Gebot* (dem Jenseits) vorzog, könnte man einen »anonymen Säkularen« nennen. Im konkreten Fall gab er der Nächstenliebe den Vorrang vor der Gottesliebe – damals in den Augen der Religionsvertreter ein Skandal.

Dass die Säkularisation in Unmoral und plattem Materialismus enden müsse, ist die klischeehafte Zwangsvorstellung des Papstes und vieler Gläubiger. Statt der Flucht in die Transzendenz gäbe es genügend immanente Antworten auf das Leiden an der Banalität eines reinen »Konsumentenlebens«. Selbst bei den »Gläubigen« stellt das Gebet keine Antwort mehr dar. Der religiöse, sprich direkte Kontakt zur Transzendenz, zu einem personalen Gott – das tägliche Gebet, das nicht nur Bittgebet, sondern Anbetung sein sollte – wird in unseren Breiten kaum mehr vollzogen.

In den christlichen Kirchen herrschen lustlos Rituale. Es werden Gebetsformeln rezitiert und die »Frohe Botschaft«, in deren Namen die Menschen nur zu oft Kriege und Katastrophen erleiden mussten, wird zum soundsovielten Male interpretiert. Da lobe ich mir die Schamanen, die mit Drogen, Schnaps, Rauch und Ekstase in direkten Kontakt mit der »anderen Welt« treten und Botschaften aus dem Jenseits herüberbringen.

Kein Wunder, dass immer mehr »transzendental musikalische« Zeitgenossen in den Sog solcher Rituale und Glaubensbekenntnisse geraten.

Die Philosophie sollte einen bescheideneren Anspruch pflegen. Sie sollte den Versuch wagen, diese vorgegebene Welt zu begreifen, ihre innere Logik und »Sinnhaftigkeit«. Das allerdings geht nur mit dem Blick auf die *ganze* Wirklichkeit und aus einem gewissen Abstand, einer inneren Freiheit heraus. Ein »bekennender Katholik«, eingebunden in ein rigides Glaubens- und Interpretationsmodell *kann* das nicht leisten, er ist im wahrsten Sinne der Wortes zu »beschränkt«. Ein Sozialist, Kommunist oder Kapitalist, jeder Anhänger eines Ismus kann es ebenfalls nicht. Sie alle können oder wollen die Ambivalenz der Wirklichkeit nicht realisieren. Da haben es die »glaubenslosen Gesellen« leichter, denn *Unabhängigkeit* ist das Gebot.

Randexistenzen, wie der »Mann in der Tonne«, sind vielleicht die wahren Philosophen. Und vor der philosophischen Erkenntnis steht nicht die akademische Laufbahn, sondern das Leben. Plato riet, wenn ich nicht irre, nicht vor dem vierzigsten Lebensjahr zu philosophieren. Wer über die Welt etwas sagen will, sollte vom Leben in die Mangel genommen worden sein, sich dem Leben hingegeben, in Abgründe geschaut, Siege und Pleiten davongetragen haben und vor allem ohne Scheuklappen, sensibel und empathisch, neugierig und nicht zurückschreckend vor unangenehmen Einsichten, der Realität den Vorrang vor seinen Träumen geben. Nur dann besteht die Chance, diese eine, uns vorgegebene Welt begreifend zu akzeptieren. Sinnlos, sich die Welt glaubend oder denkend zurechtzubiegen. Wir können uns denkend nur *unterwerfen* – das Basteln an einer prinzipiell »anderen«, »besseren« Welt überlasse man den Illusionisten, Heilsbringern und Träumern.

Neben Gottesfrage und Säkularisation war der *Pluralismus* das dritte Thema Ihres Gesprächs mit Charles Taylor. Sie fragten sich, wie man all diese diversifizierten Individuen unter einen Hut bringen könnte. Für Religionen als Vertreter des Absoluten, der *einen* Wahrheit, ein unmögliches Unterfangen. Nicht ohne Grund fürchtet Papst Benedikt den modernen »Relativismus« wie der Teufel das Weihwasser. Die *Einheit* und die *Vielheit* – zwei Pole, die wie alle Polaritäten immer nur von ihrem Gegenpol her »gezähmt« werden können – für Menschen mit Gespür für die Ambivalenz der Welt stellt dieses Kontrahentenpaar kein unlösbares Problem dar. Es sollte gelingen, die jeweils zeitgemäßen Arrangements, sprich Kompromisse zu finden.

Den fortschreitenden Pluralismus philosophisch einzuordnen, sollte ebenfalls kein Problem sein. Die Geschichte des Universums ist doch eine einzige Geschichte der Differenzierung oder Pluralisierung. Die Evolution ist permanent auf »Pluralisierungstrip«. Das begann mit der Entstehung der ersten »Teilchen« aus einem undifferenzierten Einen und ist noch immer im Gange. Die *kulturelle Evolution* des homo sapiens dürfte die spannendste Variante dieses Prozesses sein. Dass sich die ausdifferenzierten Systeme und Individuen organisieren müssen, um als Einheit zu überleben, daran führt kein Weg vorbei. Ideologien und Glaubensbekenntnisse mit Absolutheitsanspruch können dabei nur hinderlich sein. Wir erleben dies zur Zeit beim »Clash« der Kulturen, nicht unerheblich verstärkt durch die vielbeschworene »Wiederkehr der

Religionen«. Die *plurale Weltkultur*, auf die wir zusteuern und ohne die wir keine wirkliche Zukunftschance haben, kann nur nach säkularen Regeln funktionieren.

Erschreckend und lächerlich zugleich die Hoffnung des Papstes auf die Rückkehr der Säkularen in den Schoß der Kirche. Kurios auch, mit welchem Bild Sie in Ihrer Sendung den Papst in Szene setzten, quasi als Heilsbringer, von hinten mit erhobenen Händen über seinen Gläubigen. Herr Ratzinger, eine blutleere Figur, die nur von den Projektionen des »Heiligen Vaters« und des »Stellvertreters Christi« und – nicht minder wirkungsvoll – von seiner Kostümierung lebt, ähnlich wie der Dalai Lama in seinem orangefarbenen, ärmellosen Mönchsgewand. Hier monarchischer Prunk, dort Understatement als Markenzeichen. Die Stellvertreter Gottes wissen, sich zu inszenieren.

Die Ästhetik des Dritten Reiches hat man kritisch analysiert. Wäre es nicht aufschlussreich und amüsant, einmal die Inszenierungen der katholischen Kirche zu analysieren, wenn die Kirchenfürsten in Rot und Violett und der Papst in Weiß mit goldener Tiara, Hirtenstab und edelsteingeschmückt ihre mittelalterliche Choreografie aufführen, eingerahmt in ein monarchisch feudalistisches Gepränge, das den Nimbus des Erhabenen erzeugt und den naiven Gläubigen beeindruckt?

Als museale, nicht mehr ernst genommene Relikte mag das alles noch tragbar sein. Aber ein Papst als moralische Instanz, Wegweiser durch dieses Leben, Erklärer der Welt? Hat der »bekennende Katholik« Charles Taylor da wirklich keine oder nur unwesentliche Bedenken? Ich meine, es sollte »peppigere« Exemplare von Philosophen geben, die näher am Puls der Zeit sind und die schnörkellos Klartext reden. Bei denen brauchen Sie auch keine lächelnde Demutsgebärde einzunehmen. Sie dürfen »rotzfrech« widersprechen, die Thesen Ihres Gegenübers pietätlos in Frage stellen.

Sinn, Säkularisation, Pluralismus... ich lade Sie ein, sich auf die Gedankengänge eines denkenden Menschen, der drei Jahre Mitglied des Jesuitenordens war und auch jene »spirituelle« Welt von innen kennt, einzulassen und »Abschied vom Absoluten«, Abschied vom heilsgeschichtlichen Erlösungsdenken zu nehmen und dennoch oder gerade dadurch mit dieser Welt ins Einverständnis zu kommen – eine zwar kühle Art von »Erlösung«, die aber zumindest denkende Menschen vielleicht besser trägt als vage, transzendentale Träume von einer anderen Welt.

Habe ich Ihnen genügend Kritik und Anregung geliefert? Es würde mich schon interessieren, ob Sie mit meinen Äußerungen und den Gedankengängen meines Buches etwas anfangen können oder ob Sie doch lieber auf die Ergüsse von anerkannten »Größen« wie Charles Taylor lauschen.

Gespannt auf Ihre Antwort
grüße ich Sie

4. Dezember 2010

Zu Ihren Sendungen »scobel«: »Rätsel Dunkle Materie« und »Wege zum Glück«

Sehr geehrter Herr Scobel,

keine Sorge, ich bin kein »Stalker«, der Sie mit Briefen verfolgt oder bombardieren will. Ihre Sendungen sind inspirierend, sie reizen zum Nachdenken, und wenn dabei etwas herauskommt, haben beide etwas davon, Sie und ich. Schön wäre es, wenn man als Briefschreiber erfahren würde, ob Kritik und Anregung beim Adressaten wirklich angekommen sind, denn »Briefe ins Nichts« machen auf Dauer keine Freude. Eine minimalistische »Empfangsbestätigung« würde fürs Erste reichen. Denn dass Sie mit einer wöchentlichen Sendung zu breitest gestreuten Themen als eine Art »Gert-Dampf-in-allen-Gassen« stark beansprucht sind, kann ich mir gut vorstellen.

Ihre beiden letzten Sendungen – über die *Dunkle Materie* und die *Wege zum Glück* – umspannten mal wieder den weitest möglichen Themenkreis menschlicher Neugier und Denkens, vom Universum bis zum Individuum. Was fiel dem angeregten Zuschauer auf?

Zum Thema *Dunkle Materie*: Sie hatten drei Astrophysiker als Gesprächspartner, knobelnd an unbekannten Kräften des Universums, die bisher unerklärliche »Dunkle Materie« und »Dunkle Energie« im Blickfeld. Diese Unerklärbarkeit hat Sie wieder einmal gereizt, zum Schluss der Sendung den für die Herren Physiker überraschenden Schwenk zur »Gottesfrage« zu machen. Hier hätten Sie, vermute ich mal, ganz gerne von einer der anerkannten Koryphäen ein beherztes Gottesbekenntnis gehört, ganz im Widerspruch zu Stephen Hawking, der behauptet, Anfang und Evolution des Universums seien ohne übernatürliche Krafteinwirkung zu erklären. »Von Nichts kommt nichts«. Wenn der Schöpfergott doch wenigstens den Anfang gemacht und das Sein in das Nichts gesetzt hätte! Den Rest der Schöpfung hätte er ja »in Gottes Namen« dem Urknall und allen folgenden Kräften überlassen können. Gott als »Lückenbüßer«, das war Ihnen verständlicherweise zu wenig.

Die angesprochenen Herren reagierten auf Ihre Frage angenehm wortkarg. Als Physiker offensichtlich überfordert, hielten sie sich mit ihrer persönlichen Meinung zur Existenz einer übernatürlichen Kraft schamhaft zurück, vielleicht auch aus Höflichkeit, um Sie als »Gottsucher« in dieser Runde nicht zu exotisch aussehen zu lassen. Nur der Herr aus der Schweiz leitete von der Physik über zu »persönlichen Erfahrungen«, ein weites Feld für Spekulation und Glauben – nichts für Physiker, »wenn sie zur Arbeit fahren«, wie der Kollege des Schweizers meinte.

Zur Sendung über die *Wege zum Glück*: Die beiden eingeladenen Gäste erwiesen sich als erfrischend realitätsnah. Beide verzichteten bei der Definition von Glück und Sinn auf metaphysische Aspekte. Es interessierte sie weder die »ewige Glückseligkeit« im Jenseits noch der »höhere Sinn« des Lebens, gründend auf der Existenz eines Schöpfergottes. Diesmal hielten Sie, Herr Scobel, sich wider meine Erwartung mit der metaphysischen Glücks-, Sinn- und Gottesfrage vornehm zurück. Die von Ihnen erwähnten fernöstlichen Meditationstechniken wurden von den Gästen auf reflektierendes Innehalten reduziert und damit ihrer transzendentalen Aura beraubt.

Ich vermute mal – aus Ihrer Vita heraus – es wird Sie wieder »jucken«, in irgendeiner Runde die Gottesfrage zu stellen. Als »Exjesuit« kenne ich das. Was das Denken und Fühlen über Jahre hinweg geprägt hat, lässt dich nicht völlig los. Auch nicht, wenn du eine Entwicklung durchgemacht hast, die dich der magisch-mythischen Kindheit entfremdet hat, und du dich, im positiven Sinn, »gnadenlos diesseitig« fühlst. Die Anderen, die Naiven, die im Brustton der Überzeugung Sülzenden – sie provozieren. Auch wenn man ahnt, dass sich die mythischen Reste des Homo sapiens im Lauf der Bewusstseinsevolution »auswachsen« werden – manchmal kommt man nicht umhin, sich einzumischen.

Bei Ihren Sendungen mit angetippter Sinn- und Gottesfrage fällt mir auf, dass Sie meistens bei der doch recht akademischen und letztlich nicht beantwortbaren *ersten* Frage stehen bleiben: Gibt es einen Gott, und gibt es, von daher gesehen, einen »höheren« Sinn? Die wirklich interessanten und auch für Agnostiker als Gedankenspiel annehmbaren *zweiten* und *nachfolgenden* Fragen stellen Sie nicht.

Ein Beispiel: Nehmen wir spekulativ, ohne den Versuch dessen Existenz zu beweisen, einmal an, es gäbe einen Gott – unter Verzicht auf patriarchalische Vorstellungen von einem männlichen Wesen –, *wie könnte oder müsste dieser Gott aussehen*, damit er *erstens* zu seiner Schöpfung passt und damit *zweitens* eine menschenwürdige Beziehung zwischen ihm und dem Menschen vorstellbar ist? Der Mensch und sein Gott müssen ja schließlich etwas »miteinander anfangen« können, ohne Kommunikation ist jede Beziehung sinnlos. Viele der zeitgenössischen Gottsucher – Esoteriker und Meditierende, auch Buddhisten – verzichten auf einen personalen Gott und begnügen sich mit apersonalen Geistwesen, mit Kraft- und Energiefeldern, aus denen sie Energie für ihr Leben tanken. Führen solche »Gottesbilder« weiter?

Also, für eine Sendung, die für Theologen, Religionswissenschaftler, Psychologen und agnostisch angehauchte Philosophen attraktiv sein könnte, gäbe es eine Menge »Folgefragen« auf die spekulativ angenommene Existenz eines Gottes. Und wenn man explizit das uns nahe liegende jüdisch-christliche Gottesbild in den Fokus nehmen würde, könnte die Diskussion richtig »heiß« werden. Ein paar mögliche Fragen seien genannt:

Was ist das für ein Gott, gemessen an seinem »Ebenbild«, dem Menschen?

Wie repräsentiert er sich in seiner Schöpfung?

Wie sieht es mit seiner Kommunikationsfreude aus?

Wie hält er es mit Gnade und Gerechtigkeit, mit den wenigen »Auserwählten« und der Masse der Nicht-Auserwählten? Ist er ein Gott der Willkür?

Wann, wo und wie oft zeigt er das ihm zugeschriebene Erbarmen?

Was hat er seinen Gläubigen auf Erden konkret zu bieten?

Welchen Zugewinn an Sinn bedeutet seine Existenz?

Was ist von seinen Offenbarungen, Forderungen und Versprechen zu halten? Sind sie »menschengerecht«?

Und umgekehrt – was darf der Mensch im Sinne von »Menschenrechten« und »Menschenwürde« von seinem Gott erwarten?

Ich vermute mal, die Theologen in besagter Runde bekämen bei der Bearbeitung solcher und ähnlicher Fragen echt Probleme und müssten in allerlei Mysterien (Mysterium des Bösen, Mysterium der Gnade...) – das »Totschlagargument« jeglicher geistiger Auseinandersetzung – flüchten. Einigkeit unter den Teilnehmern würde wohl nicht erzeugt. Aber der Nebel der Unreflektiertheit und frommer Klischees könnte etwas gelichtet werden. Ein Hauch Klarheit könnte dem Zuschauer seine Selbsteinschätzung erleichtern und die Antwort auf die Frage: »Wo innerhalb der Evolution stehe ich?«

Keine Sorge, ich weiß, dass sich kein Mensch aus *seiner* Welt, in der er sich bewusst oder unbewusst eingerichtet hat und die prima zu ihm passt, vertreiben lässt. Es geht nicht um Bekehrung in irgendeine Richtung. Der Zugewinn alleine wäre, dass die unterschiedlichen Weltbilder, das Potpourri an Gottesideen auf Stimmigkeit geprüft, psychologisch gedeutet, historisch eingeordnet und als unterschiedliche Bewusstseinsstufen toleriert werden könnten.

Wir Menschen leben ja offensichtlich in verschiedenen Zeiten und Welten. Es ginge bei jener Diskussion nicht mehr um *die* Wahrheit, sondern um die Berechtigung der *vielen* Wahrheiten – berechtigt, solange sie nicht das Zusammenleben der Menschen stören oder gar unmöglich machen. Destruktive Absolutheitsansprüche, soviel sollte selbstverständlich sein, haben kein Existenzrecht mehr.

Jetzt bin ich in einen bedenklich ernsten, fast schon apodiktischen Ton verfallen. Das ist eigentlich nicht mein Ding. Sie tragen in Ihren Sendungen Ihre Fragen und Meinung immer recht locker vor. Das ist angenehm. Und dass Sie auch in Zukunft »offen nach allen Seiten« bleiben, ist anzunehmen. Auch wenn Ihnen hin und wieder mal die Frage nach Gott herausrutscht und Sie nicht die Antwort bekommen, die Sie gerne hören würden.

Nichts für ungut. Ich werde Ihre Sendungen weiterhin verfolgen. Sie machen Spaß, ragen aus dem zuweilen geistlosen Sumpf der TV-Landschaft markant hervor und regen zum Nachdenken, manchmal zum Einspruch an. Und, wie schon gesagt, wenn man als Briefeschreiber (13.11.2010) und Buchversender (»Abschied vom ABSOLUTEN «) eine »Empfangsbestätigung« vom Adressaten bekommt, dann hat man das Gefühl, dass die Anstrengung nicht ganz umsonst war. Ich grüße Sie

4. Schriftsteller

Rolf Hochhut

4.5.91

Sehr geehrter Herr Hochhuth,

in einem Interview mit dem Freiburger *Joker* (Nr.18 vom 2. Mai) sagen Sie: »Die Streitbarkeit ist nicht an die Jugend gebunden, sondern ich habe erfahren, dass der Mut beginnt, wenn die Karriere hinter den Leuten liegt, dass wir nur auf die Alten bauen können...«

Grund genug, Ihnen, dem arrivierten Älteren, das streitbare Buch eines jüngeren, nicht arrivierten denkenden Menschen vorzustellen, das von der Kritik bisher nicht wahrgenommen wurde. Liegt's an der Qualität oder wollen sich die Damen und Herren Rezensenten an dem Thema – zwecks Karriere – nicht die Finger verbrennen?

Sie sagen, es gebe für den Schreibenden »eigentlich keine Möglichkeit... der Tendenz, aufzuklären, zu entgehen.« Und Sie benützen dazu den Blick in die Geschichte. Schön, dass sich noch jemand in Zeiten der Animationsindustrie zu einem solchen Impetus des Schreibens bekennt. Ich weiß nicht, ob Sie das Thema »Bewusstseinsgeschichte« interessiert? Vielleicht erscheint es Ihnen zu abstrakt und spekulativ?

Andererseits, ist es nicht spannend, heimliche Querverbindungen – beispielsweise zwischen *Monotheismus* und *Markt* – aufzudecken, und die vielerlei Analogien zwischen historischer »großer« und privater »kleiner« Geschichte?

Mit Neugier und Spannung erwarte ich Ihr Urteil und grüße Sie

Walter Jens

Sehr geehrter Herr Professor Jens,

als einem, der das »Flämmchen der Aufklärung am Leben zu erhalten sucht« (*JOKER,* Freiburg im Juli), möchte ich Ihnen meine – vorläufige – »Summa philosophica« vorstellen. Es geht um das Thema *Bewusstseinsevolution* und *Paradigmenwechsel.* Es ist gewiss kein braves Buch und stammt auch nicht aus der Feder eines erlauchten Vertreters der »Philosophenzunft«. Doch gerade das macht vielleicht seinen Reiz aus.

Ich weiß nicht, ob Sie meine Thesen – beispielsweise dass Monotheismus und Marktideologie auf dem gleichen Bewusstseinsmuster basieren... dass man jenen Jesus von Nazareth einen »anonymen Atheisten« nennen könnte... dass monistische Erlösungsutopien »latent nihilistisch« sind... usw. – nachvollziehen können.

Ich bin mir jedoch sicher, dass die Auseinandersetzung mit ketzerischen, scheinbar blasphemischen Geistern denen, die »noch« drinnen sind – im Schoß der Kirche, des Marktes oder irgendeiner anderen Heilsinstitution – nicht schaden kann.

Zudem glaube ich nicht, dass Sie – selbst immer mit einem Bein auf dem Scheiterhaufen – unter Berührungsängsten vor Andersdenkenden leiden, sondern sich von »subversivem« Gedankengut, siehe Freud und Konsorten, her angezogen fühlen.

Was immer Sie über den »Abschied vom Absoluten« denken, ich würde es gerne erfahren.

Mit freundlichem Gruß

Adolf Muschg

Sehr geehrter Herr Muschg,

beim letzten *Baden-Badener Disput* wurden mir wieder einmal zwei Dinge bewusst, die für Diskussionsrunden ebenso typisch wie frustrierend sind.

Zum einen ist es die Tatsache, dass jeder Diskussionsteilnehmer ziemlich hoffnungslos in seinem Denkmuster wie in einem Netz verfangen ist. »Kommunikation« scheint zwischen Andersdenkenden/-gearteten nicht oder nur begrenzt möglich. Damit *muss* man als diskutierender Mensch leben.

Zum zweiten ist es der Umstand, dass oft unreflektiert, um nicht zu sagen: *schlampig,* mit Begriffen umgegangen wird, was unweigerlich ein babylonisches Sprachengewirr zur Folge hat. Und damit muss man *nicht* leben!

Bei Ihrer Diskussionsrunde war es der Begriff »Utopie« der undefiniert durch den Raum schwirrte und für Chaos sorgte. Vielleicht hätte man zuerst einmal klären sollen, was sich hinter diesem ebenso faszinierenden wie abschreckenden Phantom »Utopie« verbirgt.

Gewiss, gewiss, Sie halten keine linguistischen Seminarübungen ab und gerade die schillernde Unschärfe unterscheidet Sprache von Mathematik. Dennoch...

Der Kommunismus/Sozialismus ist tot, also ist »Utopie« tot! – so oder ähnlich lautet die schlichte These derer, denen utopisches Denken schon immer ein Dorn im Auge war. Und die es sich jetzt endlich in unserer ach so »ideologiefreien« Marktwirtschaft gemütlich machen können.

Was ist am Sozialismus »utopisch« im Sinne von »unmöglich«? Hat »Utopie« nun wirklich – in *allen* ihren Aspekten – ausgedient oder wäre neben der traditionell illusionistischen, *unmöglichen* auch eine *Utopie des Möglichen* denkbar?

Es geht nicht ohne eine genauere Definition von »Utopie«, ohne den Blick dahinter und tiefer. Was sind die Motive von Utopie und welches bewusste oder unbewusste Weltbild produziert welchen Typus von Utopie? Zur Klärung eben dieser Fragen könnte mein Buch »Abschied vom Absoluten« beitragen.

Der Begriff »Utopie« ist in der Tat zerschlissen, aufgrund seiner klassischen Definition und des zugrunde liegenden monistischen Bewusstseinsmusters. »Utopie« wird in diesem Verständnis immer mit einem Heilsmythos, mit der »Erlösung von allem Übel« gleichgesetzt, gleichgültig, ob es sich um eine religiöse, politische oder ökonomische Utopie handelt.

Diese »einfältige« Sicht der Dinge hat eine überlange Tradition; sie ist den Europäern und ihren »Ablegern« in Ost und West gewissermaßen in Fleisch und Blut übergegangen.

Vom Erlösungsmythos der monotheistischen Religionen über nationalistische, wissenschaftlich technische bis zu den ökonomischen Heilsutopien der Moderne – immer ist es die *Negativseite der Wirklichkeit*, von der »erlöst« werden soll.

Und dieses »Erlösungsdenken« scheitert nun tatsächlich regelmäßig an der – utopiefeindlichen – Wirklichkeit. Schlimmer noch: Gewöhnlich trägt die postulierte *Erlösung* zur *Auflösung*, sprich *Zerstörung* dieser Wirklichkeit bei. Woran liegt es? Am »bösen« Willen der Menschen, an der »bösen« Wirklichkeit oder an unseren utopischen Vorstellungen von ihr –

wie sie »eigentlich« und »idealerweise« aussehen sollte?

Die Utopie als Wunschprojektion des monistischen Denkens ist am Ende. Was wäre die Alternative? Fröhliche Resignation, trotzige Verweigerung, agnostischer Denkverzicht? Flucht in die ästhetische und ethische Beliebigkeit? Oder wäre eine Neudefinition von »Utopie« denkbar, ein perspektivischer Zukunftsentwurf, der sich an einem realitätsgerechteren »polaren« Weltbild orientiert und dem sogenannten »Negativen« ein gewisses Existenzrecht zugesteht?

Der Verzicht des utopischen Denkens auf die Jagd nach dem prinzipiell *Unmöglichen*, nach der »Erlösung« von der konflikthaften *Meta-Struktur des Seins*, muss ja noch lange nicht den Verzicht auf den positiv motivierenden Aspekt von »Utopie« bedeuten: auf die Suche nach der Verwirklichung des – noch schlummernden – *Möglichen*. Statt des Unmöglichen das Besser- oder Bestmögliche also! Aus dem Evolutionsprinzip *Optimierung* dürfte Utopie ihre elementare Faszination beziehen.

Das aber setzt die Akzeptanz der polar strukturierten Wirklichkeit voraus und ist mit dem herkömmlich monistischen Weltbild und dessen *Utopie des Absoluten* nicht vereinbar. Der von mir hypothetisch geforderte und in Ansätzen diagnostizierte »Paradigmenwechsel« vom monistischen zum polaren Weltbild würde zwar jene kitschige Version von »Utopie« begraben, nicht aber den evolutionären »utopischen« Drang des menschlichen Bewusstseins zum »Erwachsenwerden«, zu einem adäquaten Welt- und Selbstverständnis.

Ein solches Weltbild könnte, wie ich meine, auch »systemische« Formen des Zusammenlebens entwerfen, eine *Meta-Utopie nach* und *jenseits* der traditionell monistischen Utopien. Für Phantasie und kritisches Potential der »Intellektuellen« sicher keine schlechte Aufgabe.

Mein Buch »Abschied vom Absoluten« könnte bei diesem Prozess hilfreich sein und zur Klärung des Begriffs »Utopie« beitragen – in Ihrem nächsten *Baden-Badener Disput*. Es ist zur Zeit Mode, das Kind – Utopie – mit dem Bade auszuschütten, und das in dem naiven Glauben, in einem utopie-, sprich ideologiefreien System zu leben.

Schön, wenn ich von Ihnen hören würde, wie Sie darüber denken. Als Moderater müssen Sie ja sich und Ihre Meinung immer etwas im Hintergrund halten. Doch wenn es gelingt, die Diskussion »auf den Punkt zu bringen«, dürfte man auch als Moderator auf seine Kosten gekommen sein. In diesem Sinne wünsche ich Ihnen weiterhin Erfolg und grüße Sie…

26.5.91

Sehr geehrter Herr Muschg,

es ist schon ein paar Monate her, dass ich Ihnen anlässlich des Baden-Badener Disputs zum Thema »Utopie« mein Buch »*Abschied vom Absoluten*« zuschickte. Ich weiß nicht, ob Sie das Buch wirklich erhalten haben und ob Sie zwischenzeitlich zu seiner Lektüre gekommen sind.

Ich hätte es mir jedenfalls gewünscht. Denn beim gestrigen Disput über »links« und »rechts« wartete ich – vergeblich – auf einen Begriff, der sich in diesem Zusammenhang geradezu aufdrängte, auf das Stichwort »Polarität«.

Wie immer man in unseren Tagen »links« und »rechts« definiert, ich denke doch, die Zeiten eindeutiger, »einfältiger« Glaubenszugehörigkeit sind vorbei. Bisweilen wurde das in Ihrer Diskussion deutlich durch das Verschwimmen der gegenseitigen Abgrenzung – von den unverbesserlichen »Hardlinern« Ihrer Diskussionsrunde einmal abgesehen.

Um der Versuchung einer nicht konsensfähigen Konfrontation oder eines Wischiwaschi-Scheinkonsenses zu entgehen, hätte sich, wie schon gesagt, der Begriff *Polarität* und der damit verbundene Gedanke der *Komplementarität* angeboten. Man kann doch heute kaum mehr in naiver Weise die *eine* Seite der Medaille – Individuum, Fortschritt, Emanzipation etc. – glorifizieren, ohne das Recht des anderen, des Gegenpols, wenigstens im Hinterkopf präsent zu haben.

Wenn uns die Geschichte etwas gelehrt hat, dann ist dies doch die Einsicht, dass – monistische – Ideologien geradezu zwanghaft scheitern müssen und sich, wo die Gegenkräfte unterdrückt werden, selbst ad absurdum führen. Das ist dem real existierenden Sozialismus passiert; das wird auch über kurz oder lang einem ideologisch betriebenen »Markt« passieren.

Ihre Schlussmetapher vom Blick in die Nähe und in die Ferne hätte ich gerne – siehe mein Buch S.112 – präzisiert oder ergänzt durch den Vergleich mit dem *stereoskopischen Sehen*, das *zwei* Blickwinkel – das linke und das rechte Auge – benötigt, um die *Mehrdimensionalität* der Wirklichkeit wahrzunehmen. Die eindimensionale Sicht- und Denkweise dürfte, trotz und gegen alle fundamentalistischen Regressionen, doch wohl ausgespielt haben.

Als Moderator sitzen Sie ja, im wahrsten Sinne des Wortes, immer »zwischen den Stühlen«, sprich zwischen konträren Positionen. Den strahlenden Sieg der einen über die andere Partei werden – und wollen – Sie gewiss nicht erleben.

Es wird aber immer wieder vorkommen, dass sich der eine oder andere Diskussionsteilnehmer in eine extreme Position »verbeißt«. Da hilft gewöhnlich des »Moderators« »mäßigender« Hinweis auf Polarität und sich ergänzende Komplementarität der gegensätzlichen Standorte.

Sie beherrschen diese Kunst, gewiss. Doch ein konsequentes Weiterdenken und Verinnerlichen der *Polarität* kann für Ihren »Job« nur von Nutzen sein.

Ich lade Sie noch einmal ein zur Lektüre von »Abschied vom Absoluten«. Vielleicht höre ich doch noch von Ihnen?

Mit den freundlichen Grüßen eines »Meta-Utopisten«

5. Philosophen

Carl G. Hempel

29.11.90

Sehr geehrter Herr Hempel,

in Ihrer Rezension »Wie viel Liebe braucht der Mensch?« (*Rheinischer Merkur* Nr. 40 vom 5.10.90) stellen sie fest, »dass wir uns heute in einer Phase der Rezeption und nicht so sehr des Neuentwurfs, will sagen: der Gewinnung neuer philosophischer Perspektiven befinden.«

Ich möchte Ihnen nun einen Entwurf vorstellen, der von der Intention her in eine ähnliche Richtung wie Rüdiger Safranskis philosophischer Traktat weisen dürfte. Wenn Sie allerdings nach wissenschaftlicher Reputation des Autors und umfangreicher Bibliografie am Ende des Werkes suchen, muss ich Sie enttäuschen.

Nun, es soll noch denkende Menschen auch außerhalb der »Zunft« geben und mancher Anstoß, die Dinge einmal aus einem anderen, ungewohnten Blickwinkel zu sehen, kam bekanntlich aus der exotischen Gruppe der »Dilettanten«.

Worum geht es im »Abschied vom Absoluten«? Kurz gesagt: um den Abschied von totalitärer Metaphysik in all ihren Varianten, vom Philosophen-Logos über Monotheismus, politische und ökonomische Ideologien bis hin zur pluralistisch sich gebärdenden Marktideologie der Gegenwart.

Vom Monotheismus zum Markt sollte *eine,* »totalitäre« Linie führen? Ich halte diese Hypothese keineswegs für gewagt. Der gemeinsame Nenner der totalitären Metaphysik scheint mir die *Utopie des Absoluten* und deren methodische Konsequenz, das *Verabsolutieren,* zu sein.

Entstehen konnte diese ebenso faszinierende wie fatale Utopie nur auf dem Fundament eines monistischen Bewusstseins. Und alles spricht dafür, dass dieses Bewusstsein samt Weltbild, das die letzten Jahrhunderte/tausende – das »monistische Intermezzo« – prägte, an sein absurdes Ende gekommen ist. Nicht Gott oder der Kommunismus oder der Kapitalismus, sondern das monistische Prinzip des Absoluten ist tot, zu Grabe getragen von der Naturwissenschaft, von Kunst und Ästhetik und nun wohl auch von der Philosophie.

Ich habe mich in meinem Buch dem Thema auf den verschiedensten Pfaden anzunähern versucht. Naturwissenschaftliche, historische, psychologische und ästhetische Phänomene erschienen mir gleichermaßen geeignet, die »Einfalt« des monistischen Denkens aufzubrechen und die Idee des Absoluten innerhalb der kulturellen Evolution – analog zur Bewusstseinsentwicklung des Individuums – als emanzipatorische Übergangsphase oder »Überschussreaktion« zu deuten. Den allseits beschworenen Bewusstseinswandel würde ich nicht aus der utopischen Hoffnung auf eine »moralische Besserung« des Homo sapiens, sondern aus – möglichen – Entwicklungsprozessen herleiten.

Was nun wäre die Alternative zur totalitären Metaphysik, zum monistischen »Erlösungsdenken«? Wieder ein einfaches Prinzip – »Freiheit« oder »Gerechtigkeit« oder »Liebe« genannt? Oder »absolute« Prinzipienlosigkeit, sprich Beliebigkeit? Ich fürchte, das alles wären nur Metamorphosen jenes fragwürdigen, überwunden geglaubten Absoluten.

Ein Ausweg aus dem Dilemma, eine mögliche Perspektive könnte, wie ich meine, die Wiederentdeckung, das Weiterdenken des Phänomens oder »Seinsprinzips« *Polarität* sein, das eigentlich kein Prinzip ist, da es auch seinen Gegenpol, das Nichtprinzipielle, mit einbezieht.

Gerade in der gegenwärtigen Postmoderne-Diskussion um Dogma und Beliebigkeit scheint mir die Polarität zu kurz zu kommen – mit der Folge, dass die Kontrahenten jegliche Konsensfähigkeit verlieren oder in Spiegelfechtereien verfallen. Selbst die von Safranski postulierte »Freiheit« müsste ohne ihren Gegenspieler »Bezogenheit« in die klassisch totalitären Fahrwasser monistischer Utopie abdriften.

Das Denken/Bewusstsein nicht von den Konflikten *erlösen,* sondern in den kreativen Widerspruch *entlas-*

sen – das wäre die Intention eines »gereiften« polaren Weltbildes. Das Absolute als Illusion entlarven oder es zumindest auf einen imaginären und damit unerreichbaren »Grenzwert« einengen. Nach dem fatalen Zeitalter des Absoluten und des Verabsolutierens hat offensichtlich ein Zeitalter der Relativierungen begonnen.

Die Erkenntnis der gegenseitigen Abhängigkeit und Bedingtheit alles Seienden könnte – besser als der heimliche Traum vom Absoluten – die Motivation für soziales und ökologisches Verhalten schaffen. Eine Utopie, meinen Sie? Ich würde sagen: eine *Meta-Utopie*, *nach* und *jenseits* des klassischen Utopieverständnisses.

»Abschied vom Absoluten« ist gewiss nicht *von* einem Spezialisten *für* Spezialisten geschrieben. Aber in Zeiten der interdisziplinären Kommunikation sollte diese vielleicht nicht nur horizontal – von Gleich zu Gleich , sondern auch vertikal stattfinden. Unsaubere Vermengungen, Seiten-, pardon, Tiefensprünge sind erlaubt!

Ich hoffe, Sie haben Lust bekommen, in dieses »Zwitterwerk«, geschrieben in *zwei* Richtungen – nach oben *und* nach unten, genauer hineinzuschauen. Mit Neugier und Spannung erwarte ich Ihre kritischen Anmerkungen, öffentlich oder auch privat, und grüße Sie...

21.5.91

Sehr geehrter Herr Hempel,

vielen Dank für Ihren Brief und die vielen kritischen Fragen zu meinem Buch »Abschied vom Absoluten«. Ich will versuchen, meine Positionen noch einmal

110

schärfer – schlaglichtartig – darzustellen. In Ihrem Buch »Natur und Geschichte« habe ich einige Ihrer Fragestellungen wiedergefunden; eine intensive Durcharbeitung des profunden, nicht eben »einfachen« Textes steht jedoch noch aus.

Die Rolle der Evolution, der fatale »Wille zur Macht« und die Unfähigkeit des Menschen zum »aufrechten Gang« scheinen Ihnen am meisten Kopfzerbrechen zu bereiten. Sie fragen: »Woher nehmen Sie die Zuversicht, dass wir von der Evolution gewollt sind?«

Trivial ausgedrückt würde ich sagen: aus der Tatsache, *dass es uns gibt.* Wären wir von der Evolution grundsätzlich nicht gewollt, wäre Homo sapiens auf dem Planeten Erde wohl niemals aufgetaucht. Und sollte er einmal nicht mehr »gewollt« sein, wird er von diesem Planeten unweigerlich verschwinden, ein Schicksal, das er übrigens mit 99,9% aller bisher existierenden Arten teilen würde. Das »Aussterben« einer Spezies ist nicht tragische Ausnahme, sondern »Normalfall« innerhalb der Evolution. Aber, noch ist es nicht soweit!

Den Ausdruck (von der Evolution) »gewollt« benütze ich nur mit Vorbehalt, weil er fast so etwas wie eine personale Instanz impliziert. Das sind Rudimente anthropomorpher Redeweise, die uns immer wieder passieren, wenn wir beispielsweise von »der Kunst« oder »der Natur« sprechen, die dies oder jenes »wolle«.

Dass die Primaten am – vorläufigen – Ende der Evolutionskette stehen und dass der Mensch nicht »irgendeiner« unter den Primaten ist, das kann man, wie ich meine, aus der Evolution herauslesen, ohne gleich in den Verdacht eines teleologischen Größenwahns zu geraten. Das scheint mir eher Analyse als »Bekenntnis« zu sein.

In den Ruch des Bekennerischen gerät man erst, wenn man so etwas wie ein »Prinzip Hoffnung« verkündet, das die Evolution als den geraden – oder verschlungenen – Weg in einen erlösten, paradiesischen Endzustand beschreibt. Sie hätten mich gründlich missverstanden, wenn Sie meine Hoffnung auf eine evolutionäre »Lösung« mancher Probleme in dieser Richtung interpretieren würden.

Evolution ist für mich nichts anderes als die Entfaltung angelegter Möglichkeiten, darunter die Fähigkeit, »erwachsen zu werden«. Gerade im Widerspruch zu naiven Erlösungsutopien stelle ich in meinem Buch die Forderung: »Entwicklung statt Erlösung!« Das »entwickelte«, erwachsene Bewusstsein wird weiterhin mit der Existenz(-berechtigung) des Negativen leben müssen, auch mit der Tatsache des möglichen Scheiterns und der eigenen Endlichkeit.

Die Polarität des Seins verlangt ja geradezu nach den »Gegenspielern« der Evolution, nach den »Prinzipien« – ein gefährlicher, weil monistisch geprägter Begriff! – *Höhepunkt* und *Zerfall*. Ich glaube also weder an die ewige Glückseligkeit monotheistischer Religionen noch an ein säkulares endzeitliches Paradies Bloch'scher Prägung, sondern an das Ende einer Menschheit, die im günstigsten Fall »Voll-Endung« oder »Ver-Wirklichung« erreicht und damit ihre Existenz »verwirkt« hat; die aber ebenso gut aus Gründen eigener Unfähigkeit oder »dummen Zufalls« vorzeitig eliminiert werden könnte.

Das »Prinzip« Polarität erlaubt beide Denkmodelle. Nur jenes eine – monistische – (Glaubens-)Modell der »Erlösung von allem Übel« – vom sogenannten

Negativen – lässt das polare Weltbild *nicht* zu. Das ist die Crux aller Erlösungsutopien: Es geht eben weder in der Physik noch sonst irgendwo ohne »Anti-Teil-chen«.

Für uns Erdbewohner ist eine Prognose umso schwieriger, als uns für eine statistische Einschätzung des (kosmischen) Evolutionsverlaufs nur dieser eine Planet zur Verfügung steht und wir die potentiell vor-handenen anderen – vielleicht Milliarden – belebten Planeten des Kosmos, zumindest vorläufig, nicht mit-einbeziehen können.

Unser räumlich und zeitlich »enger« Horizont ver-führt uns zur Selbstüberschätzung. Das Scheitern *ei-nes* – scheinbar einzigen und damit einzigartigen – Planeten wäre naturgemäß tragischer als das Schei-tern *eines unter vielen*.

Zurück von der kosmischen zur planetarischen Problemstellung und zu Ihrer wohl zentralen Frage an mich: »Was hat Ihr Evolutionsgedanke mit dem auch von Ihnen konstatierten »Machtwillen« zu tun... Was ist »evolutionär« an dem von Nietzsche konstatierten »Willen zur Macht«, am imperialen Machtwillen?«

Mein Ansatzpunkt ist ein psychologischer und ich setze, wie Sie wissen, Phylogenese und Ontogenese des Menschen in Analogie. Derlei Analogien sind, wie ich meine, durch die Entdeckung der *Fraktale*, der Selbstähnlichkeit des Großen im Kleinen und Kleineren, fast so etwas wie »mathematisch abgeseg-net« worden. Ohne Analogiesetzungen wäre übrigens jeder interdisziplinäre Dialog – auch der zwischen Heidegger und Heisenberg – sinnlos, ja unmöglich. Mikro und Makrophysik, Physik und Metaphysik, Mikro und Makrogeschichte dürften vergleichbar, ähnlich strukturiert sein.

Den »imperialen Machtwillen« halte ich wie jegliche Tendenz zur Verabsolutierung – analog den beobachteten Phänomenen des *infantilen Größenwahns* und *Narzissmus*, die zur normalen Entwicklung des Kindes gehören – für eine emanzipatorische Übergangsphase bzw. Überschussreaktion des (der) Menschen. Die – temporäre – Absolutsetzung des eigenen Ich ist die verständliche, naive Antwort auf die geradezu maßlose Abhängigkeit des Säuglings (des Primitiven) von seiner Umwelt.

Unabhängigkeit oder Macht »total«: als Idol des Unmündigen bzw. Abhängigen, gepaart mit dem Illusionismus eines noch völlig in seiner Potentialität verfangenen Individuums. Das Kind ist ja noch nichts »wirklich«. Was es einmal sein *könnte*, kann es nur ahnen. Ich halte z.B. die Mythen für solche – teilweise übersteigerten – Ahnungen des frühen menschlichen Bewusstseins von den *Möglichkeiten* zukünftiger Existenz. Solche »Mythen« können sich festsetzen; sie können aber auch überwunden werden in Richtung einer realen Selbsteinschätzung.

Der Mythos der imperialen Macht wird ja in der individuellen Entwicklung – gewöhnlich so um die Mitte des Lebens, in der Midlifecrisis – durch allerlei Grenzerfahrungen (das Recht des anderen, die absteigende Vitalitätskurve, die Erfahrung der eigenen Endlichkeit etc.) zu Fall gebracht. Sollte zu Fall gebracht werden!

Wo dies nicht geschieht, verdrängt das unheilbar infantile Bewusstsein; es klammert sich krampfhaft an seinen Erlösungs- und Allmachtsillusionen fest und lässt sich den Glauben an ein Absolutes – Ich oder Ich-Idol (Gott) – nicht nehmen. Ich denke, so etwas Ähnliches geschieht zur Zeit auch historisch

»großdimensional«. Der Machtwille der Moderne kollidiert mit kaum mehr verdrängbaren *Grenzerfahrungen.*

Die bewusste Aufarbeitung der »Midlifecrisis« als ein *Prozess der Relativierung und Einbindung* des in der Kindheit absolut gesetzten Ichs – das wäre, auch phylogenetisch, der »evolutionäre« Aspekt der Bewusstseinsgeschichte des Homo sapiens. Das wäre die Chance der gegenwärtigen Krise.

Doch die »Entmachtung« des Absoluten (sogenannten Positiven: Macht, Glück, Erlösung etc.) kann – das eben ist meine These – nur die Akzeptanz der Polarität des Seins leisten. Weil Polarität u.a. neben *Macht* auch *Ohnmacht*, neben *Autonomie* auch *Abhängigkeit* impliziert. Nicht der Wille zur Macht, sondern die Grenzenlosigkeit – die Verabsolutierung – dieses Machtwillens ist das Problem, die fatale, weil verhängnisvolle Illusion.

Es geht also in unseren Tagen nicht so sehr um eine ich-*emanzipatorische*, antiautoritäre Jugendrevolte (wie in den 68ern), die nicht wirklich sozial und ökologisch sein konnte, sondern um eine ich-*relativierende* »Erwachsenenrevolte«; weniger plakativ ausgedrückt: um einen Reifungsprozess.

Das Erfahrungsmaterial – die Endlichkeit der Ressourcen, die ökologische Verflechtung, sprich *Einbindung* des Menschen in die Natur, die politischen Verflechtungen samt Rückwirkungen z.B. aus der Dritten auf die Erste Welt etc. – ist ja nun reichlich vorhanden. Mit dem Erfahrungsmaterial aus der individuellen Mid-lifecrisis kombiniert, in Analogie gesetzt, könnte der »Bewusstseinsklick« doch stattfinden!? Und tut sich denn wirklich gar nichts an der »Bewusstseinsfront«?

»Die Impulse zu sozialem und ökologischem Verhalten sind im Menschen genetisch angelegt...« Sie fragen, woher ich dies wisse. Meine – wiederum etwas triviale – Antwort: Ich schließe es aus der Tatsache, dass »der« Mensch »in Gesellschaft(en)« lebt. Und wenn man viele verschiedene Kulturkreise bereist, dann ist man manchmal überrascht, um nicht zu sagen beschämt, über soviel elementare, selbstverständliche »soziale Substanz«.

Und, wenn Sie von der Polarität des Seins überzeugt sind, brauche ich Ihnen den »logisch notwendigen« Gegenspieler (Gegenpol) der egoistischen Antriebe doch nicht zu beweisen? Für mich ist die Existenz der ökosozialen Potentiale kein Problem, eher schon die Entwicklung vom kindlich egomanen zum erwachsenen, sozial »relativierten« Bewusstsein, zumal das verabsolutierte Ich durch monistische Utopien – vom Monotheismus bis zum Markt – historisch zementiert ist.

Dennoch, der absurde Endpunkt scheint erreicht. Ein »Ambivalenzumschwung« – die plötzliche Attraktivitätszunahme des Gegenpols – wäre denkbar.

Wenn nun die phylogenetische der ontogenetischen Entwicklung des menschlichen Bewusstseins folgt, dann scheint mir »Fortschritt« im Sinne der Verwirklichung des angelegten Möglichen so unmöglich nicht. Warum es dennoch hapert mit dem »aufrechten Gang« – und ich meine da eine gewisse Ungeduld und Resignation aus Ihren Fragen herauszuhören – liegt wohl nicht an einem imaginären »Gift« der Aufklärung, sondern an vielerlei Gründen.

Zum einen ist Infantilität im Interesse einer Elite, die den aufrechten Gang – des Wählers, Konsumenten, Gläubigen, Publikums etc. – nicht schätzt. Zum andern verspricht Kindlichkeit auch der Masse gewisse Vorteile: Geborgenheit, Nichtverantwortlichkeit, Bequemlichkeit bis hin zur Befriedigung einer kaum zu leugnenden Unterwerfungslust. *Macht – Unterwerfung*: auch das eine Spielart von Polarität, die »abschaffen« zu wollen ebenso sinnlos wie frustrierend wäre.

Den »absolut« aufrechten Gang können wir getrost vergessen. Unterschiedliche Grade der »Aufrichtung« sind erlaubt. Und dem Durchschnitt erlaube man Durchschnittlichkeit! In diesem Punkt unterscheide ich mich wohl von Buddhas »Weg der Mitte«. Ich idealisiere nicht die »Mitte« (eher das Oszillieren zwischen den Polen) – jedem sei es gestattet, sich dort einzuordnen, wo er sich am wohlsten fühlt, am Rande oder mittendrin. Aber ich glaube an das (statistische) Gesetz des Durchschnitts. Masse wird immer – und *muss* es auch – durchschnittlich, »mittelmäßig« sein. Ihr »Fortschritt« dürfte, dem Gesetz der Trägheit folgend, kaum zu messen sein.

Und schließlich sollten wir nicht vergessen, dass jede Generation, jedes Individuum von vorn, im Stadium der Unmündigkeit beginnt und die jahrtausendealte Phylogenese des Bewusstseins teils nachvollziehen, teils weitertreiben muss. Die Marke des imaginären *kollektiven* Bewusstseins wird also immer nur um Millimeter weitergerückt. Mit Rudimenten aus der Vergangenheit, die bis ins Alter wirken, muss gelebt werden. Die Evolution arbeitet in Zeiträumen, mit denen wir uns kaum anfreunden können.

Dass selbst Masse von Mal zu Mal ein bisschen aufrechter geht – die Rede vom »kritischen« Wähler, Patienten, Konsumenten etc. ist vielleicht doch keine reine Mär? – sollte die Verfechter der Aufklärung hoffnungsvoll stimmen. Nur – und jetzt kommt Aufklärerschelte: Taktisch sind die Aufklärer den Hütern des Infantilismus bei weitem unterlegen! Man vergleiche einen Werbespot der Industrie mit einer Abhandlung von Kant und Co. Da liegen Welten an psychologischer Raffinesse und Wirksamkeit dazwischen.

Die tiefstschürfenden Gedanken sind bekanntlich sinnlos, wenn sie den Menschen nicht begreiflich gemacht werden und somit »unter die Haut« gehen können. Der von Ihnen geschätzte Heidegger ist ein Paradebeispiel für die schon formalästhetisch begründete Abschottung einer denkenden Elite gegenüber der Masse und für die sich daraus ergebende Wirkungslosigkeit. Obwohl ich mich nicht zu »Masse« zähle, ist es mir geradezu unmöglich, Heidegger im Original zu lesen. Wenn Sie wollen, dass von der Aufklärung – oder auch vom Jahrhundertdialog zwischen Heidegger und Heisenberg – etwas Bewusstseinsveränderndes »rüberkommt« zu den Menschen, dann müssen Sie schon in der Sprache der »Normal-Sterblichen« reden.

Wenn Sie dies aber versuchen, dann haben Sie es in unseren Landen gewiss nicht leicht. Ich weiß, wovon ich rede. Die »Wissenschaftselite« nimmt Sie nicht ernst und auch nicht die wissenschaftsgläubige Rezensentenschaft.

Die Aufklärer müssten also eine andere, sinnlichere, existentiell ansprechendere Sprache sprechen. Sie müssten auf die Vieldimensionalität des Menschen eingehen. Abschied von monomaner, eindimensionaler Intellektualität.

Noch einmal: Ich glaube nicht an eine erlösende Heilsbotschaft monistischer Couleur. Sie widersprä-

che dem »Prinzip« Polarität. Und wenn Sie so beharr-
lich das »Eigene« in meinen Ausführungen suchen,
dann ist dies vielleicht mein Versuch, den Gedanken
der Polarität konsequent weiterzudenken und die
Sinnlosigkeit, ja *Absurdität* jeglicher klassisch monistischer Utopien darzulegen.

Dass Sie, im Gegenzug, keine neue »Frohe Botschaft« – vielleicht wird *doch* alles gut... und der
Mensch lebt *doch* ewig... und die ideale Gesellschaft
ist *doch* denkbar... und die Moral siegt *doch* über die
Unmoral... – von mir erwarten dürfen, liegt in der Natur meiner Welt-Anschauung.

»Mit den Tatsachen leben«, so gut als möglich –
will sagen: die Wirklichkeit anerkennen und das
Mögliche ausloten, ohne den Versuch (wider die
kindliche Versuchung) absurder Absolutsetzungen –
das klingt schon beinahe wieder so trivial, dass ich
nun wirklich aufhören möchte, bevor Sie sich »mit
Grausen wenden«.

Vielleicht habe ich für ein bisschen mehr Klarheit
gesorgt. Wenn es Sie reizt, wieder Fragen zu stellen –
nachbohrende, kritische, skeptische, antithetische –
tun Sie dies. Es könnte sich ein fruchtbarer Dialog ergeben.

Bis dahin verbleibe ich mit den besten Grüßen

5.7.91

Sehr geehrter Herr Hempel,

herzlichen Dank für Ihren Brief und Ihr Buch »Heidegger und Zen«. Ich denke, dass wir in etwa auf der
»gleichen Wellenlänge« liegen, auch wenn Sie es sich
mit der Wahl Heideggers als Ausgangspunkt Ihrer
Überlegungen nicht gerade leicht gemacht haben.

Um in medias res zu gelangen – die Lektüre von »Heidegger und Zen« hat mir zunächst, was das spezifisch Heidegger'sche angeht, ziemliche Schwierigkeiten bereitet. Die Methode Heideggers, in seine abstrakten Gedankengänge durch den Hinweis auf die ursprüngliche Bildhaftigkeit der Sprache – per Bindestrich und Neukombination – eine gewisse Anschaulichkeit zu bringen, ist nur begrenzt wirksam. Auf Dauer wirkt sie angestrengt, anstrengend, manieriert.

Ich finde, er hätte im Sinne des »unverstellten«, intuitiven Zugangs zu Sprache auf dieses permanente »Winken mit dem Zaunpfahl« verzichten und statt der Pseudo- eine echte Metaphorik – siehe Zen! – entwickeln sollen; zumal er ja der dichterischen Sprache durchaus positiv gegenüberstand.

Aber dann hätte er vermutlich den »Boden der Wissenschaft« verlassen, was er einerseits wollte, was ihn aber andererseits aus der etablierten Philosophie herauskatapultiert hätte. Und deren Anerkennung war ihm denn doch wohl zu wichtig, als dass er ihr trotzig den Rücken gekehrt hätte. Die formalen Einwände gegen Heidegger sind Ihnen sicher nur zu bekannt. Und die Schwierigkeit, Heidegger auf »normales Deutsch« herunter zu dolmetschen, vermutlich auch. Soweit ich sehe, erschöpfen sich diese Versuche zumeist im Konzentrieren und Zitieren. Wirklich übersetzen lässt sich Heidegger wohl nicht.

Zu den inhaltlichen Aussagen – soweit sie mir unter diesen erschwerten Bedingungen möglich sind – würde ich sagen: Die *Zeitlichkeit* des Daseins scheint mir, wie die Polarität, eine jener Binsenweisheiten zu sein, die immer wieder von neuem aus der »Versenkung in die Selbstverständlichkeit« befreit und konsequent weitergedacht werden müssen.

Dass die abendländische Philosophie nach Heraklit ein einziger »Krampf« war, der krampfhafte, in meiner Diktion *monistische* Versuch, gegen die Polarität des Seins, letztlich gegen die Negativ-Seite, das *Nichts*, anzudenken, dem kann ich nur zustimmen. Dieser Gedanke drängt sich bei der Betrachtung der diversen philosophischen (Er-)Lösungsversuche geradezu auf.

Mit der Polarität ist die fernöstliche Philosophie offensichtlich besser zurechtgekommen. Nur, und jetzt kommen meine eher intuitiven Einwände gegen Zen, ich habe das Gefühl, dass dort – wiederum monistisch – einseitig Partei für das *Nichts* genommen wird, zumindest tendenziell. Die mehrfach zitierten Begriffe *Freiheit, Gelassenheit, Leere, Nichts* lassen vermuten, dass Zen die »Philosophie« einer *alten* Kultur oder des *Alters* ist, also eine starke Affinität zum Tod besitzt.

Ich weiß nicht, was Zen zu den »vitalen« Phänomenen *Leidenschaft, Verstrickung, Begierde* etc. sagt; ob diese Pole – gemäß der Lehre Buddhas – »überwunden« werden sollen. Dann wäre Zen in Umkehrung des abendländischen Denkens ein »Andenken gegen das Sein«, gegen das Leben. Oder positiv ausgedrückt: eine einzige Vorbereitung auf den Tod, das große Abschiednehmen.

Ähnliche Probleme habe ich mit dem postulierten »Gewährenlassen«, dem *Nicht*-machen, dem »bloßen Dasein«. Ganz gewiss müssen diese Tugenden als Gegenpole des Macherwahns wiederentdeckt und gepflegt werden. Das gilt übrigens auch für unser beider Versuch, »aufklärerisch« in die Geschichte einzugreifen. Da lässt sich nichts erzwingen, nur wenig bewirken, wie Sie mit einem Hauch Resignation bemerkten. Und doch »tut sich etwas«, beinahe wie von selbst. Andererseits glaube ich, gibt es kein »bloßes«, sprich *reines* Dasein. Selbst was nach allgemeiner Auffassung »dahinvegetiert« – Pflanzen und Tiere – greift, wenn auch nur unbewusst, ins Geschehen ein. Es *macht*, um es einmal provokativ auszudrücken, *Geschichte*.

Und im Konfliktfall »Mensch kontra Virus« beispielsweise gibt es kein »Gewährenlassen«. Die (Über-)Betonung des Gewährenlassens geht vermutlich von einem Harmonie-Balance-Konzept aus, das mir wie das »reine« Kampf-Konflikt-Konzept einseitig, illusorisch erscheint. Das *Machen* ist nicht des Teufels, nur das *Verabsolutieren* des Machens. Womit wir wieder beim Thema wären.

Mit den Kapiteln über Zen wurde übrigens die Lektüre Ihres Buches für mich erfrischend anschaulich. An den verschiedenen Wegen des Zen merkt man, dass diese Denk-/Daseins-Weise ohne die für unsere Denkelite unerlässliche »Absegnung durch die Wissenschaft« auskommt und somit unserer Tradition, ganz im Sinne Heideggers, überlegen ist. Ich persönlich konnte mit der schmalspurigen, »rein wissenschaftlichen« Arbeitsweise nie etwas anfangen. Und zur Intention der *Philosophie*, die doch naturgemäß »aufs Ganze« geht, scheint sie mir geradezu diametral entgegengesetzt.

Denken ist für mich in der Tat ein waches Horchen auf etwas, das »schon längst da ist« und das sich in *allen* Lebensbereichen, auf den unterschiedlichsten Ebenen offenbart; auf gar keinen Fall nur im logisch-rationalen Bereich. Insofern kämpfte Heidegger, wenn ich ihn recht verstehe, gegen eine Denkweise, unter der eigentlich nur ein ganz bestimmter Typ

122

»verkürzter Mensch« leidet. Schade, dass diese Clique auf das Geistesleben einen solchen Einfluss hat. Doch auch da sind positive Ansätze sichtbar. Ihr Buch »Heidegger und Zen« will ja wohl in Richtung einer »geweiteten« oder »vertieften« Sichtweise eine Bresche schlagen.

Auf Seite 182 ihres Buches schreiben Sie: »Wir wurden verstümmelt und verstümmelten uns schließlich selbst. Wir versuchten den Meinungen anderer über uns und die Welt, in der wir leben, so weit als möglich zu entsprechen: bis wir erstickten ...« Diese Sätze haben mich an mein Erstlingswerk »Zarte Stachel – Süße Ohrfeigen« erinnert. Dort ging es mir um die Aufdeckung des – ideologisch begründeten – »Betrugs«, des Heidegger'schen *Man*. Ich schicke es Ihnen zur vergnüglichen Feierabendlektüre.

Das Buch ist in mancher Hinsicht konträr (komplementär) zum »Abschied vom Absoluten«. Es betont mehr den individuellen Blickwinkel, zielt auf das »praktische« Leben, auf gesellschaftliche Normen und Tabus. Vom Stil her ist es polemischer, ganz auf ironische Destruktion des sogenannten Selbstverständlichen gerichtet, also »jugendlicher« – noch vor dem Midlife-Knick geschrieben.

Ich habe damals meine Meinung »zwischen den Zeilen« gelassen, auf jegliche Theorie und utopischen Gegenentwurf verzichtet. Es war gewissermaßen mein erster Beitrag zu den von Ihnen gesuchten Antworten auf die Fragen der »praktischen Vernunft«.

Schade, dass Berlin und Freiburg doch recht weit auseinanderliegen. Wenn es Sie einmal in unsere Gegend verschlagen sollte, sind Sie herzlich eingeladen, bei uns »reinzuschauen«. Ich würde mich jedenfalls freuen, wenn Sie, wie angekündigt, mir weiterhin etwas von Ihren Arbeiten zusenden. Das setzt die Ganglien in Bewegung, und man hat nicht das Gefühl, allein auf weiter Front zu kämpfen.

6.12.91

Sehr geehrter Herr Hempel,

mit meiner Antwort auf Ihren Brief hat es diesmal etwas lange gedauert – ein Auslandsaufenthalt, die Buchmesse und und und... Doch ich möchte es nicht versäumen, mich für Ihren Brief und Ihr Buch ganz herzlich zu bedanken und den Faden, soweit möglich, noch einmal aufzunehmen.

Halten Sie mich bitte nicht für einen Feind der *Meditation*. Während den zwei Noviziatsjahren bei den Jesuiten lebte ich ausgesprochen »meditativ«. Rückblickend muss ich allerdings sagen, dass die Meditation, eingebettet in einen frommen, sprich religiösen Rahmen, nicht viel gebracht hat. Es fehlte sowohl an der realen Lebenserfahrung als auch an der geistigen Offenheit. Es war eine zielgerichtete und daher zum Scheitern verurteilte Art der Meditation. Ich glaube, Denken – und Meditieren – hat nur dann einen Sinn, wenn es sich *alle* Möglichkeiten offen hält. Es darf vor keinem möglichen Ergebnis »zurückschrecken«.

Einer »rein« meditativen – mönchischen – Lebensweise, wie sie wohl auch Buddha seiner »Elite« empfahl, würde ich also misstrauen; auch wenn ich die Gründe verstehe, die manchen in eine solche Richtung führt. Diese oder jene »ausschließliche« Lebensform zu wählen, dürfte ohnehin eine Frage der persönlichen Affinität oder Begabung sein. Das muss jeder für sich entscheiden.

Meditation als zeitweises Innehalten, Sich-sammeln, Sich-loslassen, In-sich-hineinhorchen – damit habe ich keine Probleme. Erst recht nicht, wenn sich dabei etwas »herauskristallisiert«; wenn intuitives in verbal »begriffenes« Wissen übergeht. Das nennt man ja wohl »Bewusstwerdung«. Schwierig, herauszubekommen, was daran »Arbeit« ist und was »wie von selbst« geschieht. Vermutlich ist es ein *Oszillieren* – Sie entschuldigen mein Faible für diese Sichtweise – zwischen den zwei komplementären Aspekten.

Eher skeptisch stehe ich den diffusen, im »rein« Emotionalen verharrenden, eine Vereinigungs- oder Ichentäußerungs-Mystik zelebrierenden Formen der Meditation gegenüber, die nur zu oft mit einem gewissen Erlösungsversprechen angepriesen werden. Leuten mit derlei Bedürfnissen würde ich – etwas prosaisch – Sex-, Disco-ekstasen oder den Genuss klassischer Musik empfehlen.

Ohne das Einmünden in konkrete Erkenntnisse – und diese müssen »verbal fassbar« sein – scheint mir die Meditation ein fragwürdiges Unternehmen zu sein. Aber vielleicht ist alles nur eine Frage der Definition? Kaum ein Begriff wird derart im Verschwommenen gehalten wie der Begriff »Meditation«.

Mit dem *Nichts* habe ich, der ich mir alles Gedachte anschaulich vorstellen muss, naturgemäß meine Probleme. Um ein Zitat abzuwandeln, würde ich für meine Person postulieren: Was ich mir nicht vorstellen kann, darüber sollte ich schweigen!

Diese Nichts, das »weder... noch...« ist, stellt für mich keinen Wert dar. Und so sehr ich die von Ihnen genannte »offene Weite« liebe, so genau weiß ich, dass meine Augen auch dort, in der Weite, irgendwann nach einem Punkt, einem Gegenstand oder einem Horizont suchen. Der Blick ins tatsächliche Nichts, wenn es ihn gäbe, müsste furchtbar sein. Zum einen scheint er mir Fiktion, weil allein schon die Existenz des ins Nichts Blickenden das Nichts aufhebt. Das Nichts ist existentiell nicht erfahrbar.

Zum andern wäre der Meditierende »allein mit dem Nichts« in einer wahrhaft trostlosen Situation. Nur ein grenzenloser, sprich *hoffnungsloser* Narzisst könnte aus einer solchen Situation Trost oder Lust oder Erlösung schöpfen.

Auch wenn ich ahne, dass ich eines Tages in dieses Nichts fallen werde, glaube ich dennoch nicht an den Primat oder den Sieg des Nichts. Sein und Nichts kommen ohne einander nicht aus. Vermutlich gibt es die beiden »Grenzwerte« nicht einmal.

Das von Buddha betonte »Loslassen« hat für mich, der ich gewiss kein »Machertyp« bin, den Touch des Todes. Zum Leben gehört für mich *auch* das Festhalten, die Verkettung, die Unfreiheit, die durch Bindungen entsteht – gleichgültig in welcher Variante, ob elementar oder sublim. Ich weiß, dass die Anziehungskräfte zwischen dem Leben und mir mit dem Alter sukzessive nachlassen und dass dieses »Komplott« in einem Auflösungsprozess enden wird. Sinnlos, das zu leugnen. Aber ich sehe auch keinen Sinn darin, diese *eine* Richtung zu forcieren und das »Seinlassen« moralisch höher zu bewerten als den »Willen zum Sein«.

Sie wissen so gut wie ich, dass Geschichte nicht von Leuten gemacht wird, die das »absichtslose Tun« praktizieren, sondern von Leuten, die genau wissen, was sie wollen. Sollte ich sie deshalb verurteilen? »Geschichte zu machen« ist kein Verbrechen, auch wenn es oft in einem solchen endet.

Vermutlich müssen wir uns davor hüten, persönliche Empfindlichkeiten oder Affinitäten – rationalisierend – in einen Wert umzumünzen oder gar zu einer alleinseligmachenden Erlösungsutopie zu erheben. Doch dieser Versuchung kann wohl kaum ein »kreativer« Mensch widerstehen. Vielleicht sogar ist die sporadische Selbstverabsolutierung der »Individuen« und deren kämpferisches Gegeneinander das Geheimnis der schöpferischen und zerstörerischen Vorgänge, die wir »Geschichte« nennen.

Möglicherweise beruhen meine kritischen Anmerkungen zur *Meditation* und zum *Nichts* des Zenbuddhismus auf einem Missverständnis. Vielleicht sind sie Ausdruck der persönlichen Begrenzung, die nun einmal die Folge der Individualität ist und die die Kommunikation zwischen Individuen doch erheblich einschränkt.

In der Hoffnung, die »deadline« unserer Kommunikationsmöglichkeit noch nicht erreicht und Anstöße zur Fortführung des Dialogs gegeben zu haben,
grüße ich Sie herzlich

Harald Lesch

8.3.2021

Hallo und guten Tag, Herr Lesch,

Sie fragen sich sicher (falls Sie meine Büchersendung schon bekommen haben): »Warum schickt der mir seine Bücher, was ist das für einer?« Damit Sie mich ein wenig einordnen können – ich war Mitnovize von Christian Kummer SJ, mit dem Sie »Wie das Staunen...« veröffentlichten und mit dem ich noch in lockerer Verbindung stehe. (Eine Kopie dieses Briefs schicke ich ihm, Ihr Einverständnis einmal vorausgesetzt, es geht ja nicht um Persönliches, Privates, sondern um Ihre in Ihren Büchern öffentlich gemachten Gedanken. Vielleicht geben meine Kritikpunkte auch Ihnen beiden, sofern es noch zu Diskussionen kommt, ein paar neue, bedenkenswerte Aspekte.) Den Jesuitenorden verließ ich nach drei Jahren, schaute mir auf zahlreichen Reisen die Welt an und schrieb ein paar Bücher. »Abschied vom Absoluten« ist meine Summa philosophica und »Vom Urknall zum Gottesmythos« ist eine kompakte, aktualisierte Zusammenfassung meiner Sicht der Dinge auf Basis der drei klassischen Fragen der Philosophie. Es ist auch ein Vergleich der beiden konträren Weltbilder, des transzendentalen und des säkularen. Das schmale Bändchen würde ich Ihnen, wenn Sie denn neugierig werden, als erstes empfehlen.

Warum ich auf Sie komme? Ihr »Leschs Kosmos« ist ja ziemlich allumfassend und Ihre drei Bücher »Wie das Staunen...«, »Über Gott, den Urknall...« und »Unberechenbar« geben mir den Anlass und zugleich ein paar Stichworte für diese kritische Auseinandersetzung. Betrachten Sie meine Anmerkungen weniger als Kritik, denn als Einladung zu einer vielleicht ungewohnten Sichtweise auf die *Natur*, der Sie sich ja auch als »Naturphilosoph« widmen, und auf den *religiösen Glauben*, den Sie hin und wieder durchschimmern lassen, begleitet von Theologen als Co-Autoren Ihrer Bücher.

Schauen wir also auf »Gott und die Welt« anhand einiger Stichworte.

1. »Polarität«

Um relativ schnell auf den Punkt zu kommen – in Ihren Büchern fehlt ein für mich entscheidender Begriff: »polar« oder »Polarität«. Beginnen wir ganz von vorne, beim Urknall. »Das Leben ist ein Resultat eines Fehlers«, sagen Sie, »die Folge eines minimalen Ungleichgewichts«.

Ich frage Sie: Ist ein Ungleichgewicht ein »Fehler«? Deuten »Gleichgewicht« und »Ungleichgewicht« nicht auf eine antagonistische, »polare« Struktur hin – wenn man in diesem nur scheinbar »homogenen« Urzustand des »Urplasmas« von »Struktur« sprechen kann? Ich nenne diesen antagonistischen und zugleich komplementären Urzustand die »Ur-Polarität«.

»Geschichte« scheint mir immer ein »Aus-dem-Gleichgewicht-fallen« und der Versuch, ein neues Gleichgewicht wieder herzustellen, zu sein – das Wechselspiel also der »polaren« Gegenspieler »Statik« und »Dynamik«. Und wenn Sie die Struktur der Welt – von den Teilchen und Anti-Teilchen über Physik, Chemie und Biologie bis »hinauf« zu emotionalen und geistigen Phänomenen betrachten –, Sie werden in allen Bereichen und Dimensionen unweigerlich die Polarität entdecken. Vielleicht erscheint sie Ihnen als zu selbstverständlich, um sie zu erwähnen, aber ich denke, sie ist es wert, sie auch *philosophisch* in Betracht zu ziehen. Anklänge an das Thema finde ich bei Ihnen.

Sie sprechen öfters von der »Balance«, was ja das Mit- und Gegeneinander antagonistischer, polarer Kräfte voraussetzt, aber Sie ziehen nicht die letzten Konsequenzen daraus, auch nicht für Ihr Gottesbild. Doch dazu später. Der von Ihnen nach Thomas Bauer zitierte Begriff »Ambiguität« trifft das Phänomen »Polarität« nicht in seiner vollen Bedeutung. In dem von Ihnen genannten Zusammenhang würde ich

»Ambiguität« mit »Ambivalenz« ersetzen. Es geht nicht um »Zweideutigkeit«, sondern um »Widersprüchlichkeit«, die – nicht nur – unsere Gefühlswelt bestimmt.

Die Polarität als *das* beherrschende Phänomen des Universums herauszuarbeiten, das gäbe Ihrer Naturphilosophie, Ihrer Suche nach dem »Wesen« der Welt eine Grundstruktur, ein Fundament, auf dem Sie aufbauen können und mit dem Sie z.b. auch allen derzeit modischen Angeboten an *einfachen* Antworten entgegentreten könnten.

Das »polare« Weltbild als Alternative zu den klassischen »monistischen« und »dualistischen« Weltbildern und deren Interpretation der Welt. Ich bezeichne es als eine Art »Brücke« zwischen den verfeindeten Weltbildern.

2. »Staunen und Erschrecken: Kreativität – Destruktivität«

Sie sind ein »Philosoph« und dazu gehört, denke ich, ein reflektiertes Weltbild. Je tiefer es angesetzt, z.B. schon beim Urknall, und das »Wesentliche« erfasst, desto überzeugender. Das ist ja das Schöne an der Polarität, dass sie schon bei den Elementarteilchen als »Urphänomen« erkennbar ist.

Die *Struktur* ist das Eine – das *Potential*, das in diesem »Urplasma« steckt und das die phantastische Evolution vom *Einfachen* zum *Vielfachen, Komplexen* (auch so eine Polarität) bewirkt, ist das Andere. Ja, da kommt das von Ihnen genannte *Staunen* in die Welt. Über das Geschehen im Universum mag dank der gigantischen Dimensionen und des weit entfernten Geschehens zwischen Gluthölle und Kältetod ein Erstaunen ohne emotionale oder gar ethische Wertung.angemessen sein.

Anders beim Blick auf unsere Welt, auf die phantastische Vielfalt des Lebens und des Geistes – hier kommt man nicht ohne eine Wertung aus. Ja, der Blick auf eine *Traubenhyazinthe* ist anrührend, erstaunenswert.

Aber schauen Sie, Herr Lesch, sich nicht auch etwas weiter in der Natur um? Ein Löwe, der ein Antilopenjunges jagt – gesellt sich bei dem allgegenwärtigen Schauspiel »Fressen-und-gefressen-Werden« zu Ihrem *Erstaunen* nicht auch ein *Erschrecken*, zu Ihrer Bewunderung nicht auch ein Grausen?

Womit wir wieder bei der »Polarität« wären. *Kreativität* und *Destruktivität* bestimmen das Geschehen in diesem unserem Universum. Kein Wunder, dass der Mensch seit jeher auf eine von allem Negativen, von jeglicher Destruktivität bis hin zu einer vom Tod befreienden Erlösung hoffte und sich Heils- oder Erlösungsutopien ersann. Womit wir beim Thema *Religion* und dem »lieben Gott« als dem Schöpfer dieser polar strukturierten Welt – also auch deren *Destruktivität* – wären.

3. »Grenzüberschreitungen – Gottesmythos«

In Ihrem Büchlein »Unberechenbar« singen Sie das Loblied auf die Einhaltung von *Grenzen*. Sie wissen aber, Evolution ist ein einziger Prozess der *Grenzüberschreitungen*.

Mit dem Urknall begann es. Die spektakulärsten Grenzüberschreitungen dürften die Dimensionen »Leben« und »Geist/Bewusstsein« sein. Kein Wunder, dass auch der menschliche Geist, ganz im Sinne der Evolution, keine Grenzen kennt.

Dessen spektakulärste Grenzüberschreitung dürfte der *Gottesmythos* sein. Mit dieser Idee – vom Ahnenkult bis zum Monotheismus – überschritt Homo sapiens seine ihm gesetzten Grenzen, insbesondere die seiner Endlichkeit. Dass er den Traum von der grenzenlosen »göttlichen« Allmacht, Allwissenheit, Allgegenwart und Unsterblichkeit mit zunehmender Emanzipation dank Wissen und Technik im Hier und Jetzt zu verwirklichen sucht, ist nur zu verständlich. Die *Säkularisierung des Gottesmythos* ist eine logische Folge der Potentiale, die dem Menschen »gegeben« sind.

4. »Naives Gottesbild?«

Ihr Wille zu immer neuer Erkenntnis dürfte der Antrieb Ihrer wissenschaftlichen Tätigkeit sein – »tabuloses« Vordringen in die Weiten des Universums bis hin zu dessen Anfang, dem Urknall, und zu der Frage: »Was war davor, gibt es einen Urheber?« Agnostischer Verzicht auf eine womöglich unbeantwortbare Frage – oder – phantasierendes Spekulieren? Homo sapiens hat die Grenzen des Wissens immer überschritten und sich über das »Jenseits des Erkennbaren« Gedanken gemacht. Wobei wir wieder beim Thema *Religion* wären.

Sie nennen sich in Ihrem Büchlein »Über Gott, den Urknall...« einen »naiven Protestanten«. »Naivität« ist die Ureigenschaft des Kindes, das unreflektiert glaubt, glauben *muss*, was man ihm sagt, und das sich nach Lust und Laune in eine Wunschwelt versetzt. In der Wissenschaft können Sie sich keine Naivität leisten – können, *dürfen* Sie als »Philosoph« Naivität zelebrieren? Ist das nicht »unter Niveau«? Und, sollten Sie Ihre Spekulationen über jenen vermuteten Urgrund des Seins nicht mit der Wirklichkeit »abgleichen«? Bieten sich einem denkenden Menschen nicht Rückschlüsse von der Schöpfung auf den Schöpfer an?

Sie erfinden sich in »Über Gott, den Urknall...« einen Gott, der da etwas anleiert und der »neugierig ist, der staunt darüber, was die Welt so mit sich anstellt«. Das klingt keck und in der Tat naiv. Mit dieser Vorstellung entlasten Sie Ihren Gott schon einmal von der Verantwortung für seine »Schöpfung«. Was da auf der Welt quasi zu seiner Unterhaltung auch an Unschönem und Furchtbarem passiert, s. oben »Kreativität und Destruktivität«, hat mit ihm nicht wirklich mehr etwas zu tun.

Würden Sie Ihre spekulative Gottesvorstellung, wie es sich für einen reflektierenden Philosophen gehört, mit Ihrer Welterfahrung abgleichen, käme vermutlich ein anderes als das christlich-protestantische Gottesbild des »Gottes der Liebe« oder auch Ihres »Gottes der Neugier« heraus.

Ich möchte Sie nicht von Ihrem Glauben abbringen, wenn er Ihnen »etwas bringt«. Es gibt, denke ich, so etwas wie ein »Recht auf Illusion«. Aber mit einem locker als Schutzschild gegen mögliche Einwände vorgetragenen Bekenntnis eines »naiven Glaubens«, eines »naiven Gottesbildes« machen Sie es sich für einen denkenden Menschen oder gar »Philosophen« zu leicht. Sich ein Gottesbild nach Gusto zusammenzubasteln und fröhlich beherzt daran zu glauben, das ist zwar erlaubt und in der Tat etwas für naive Gemüter – eines »Philosophen«, denke ich, ist das jedoch nicht würdig.

Zusammenfassend:

Erstens: Polarität als Grundstruktur des Seins zu erkennen – inklusive möglicher praktischer, ethischer und spekulativer Konsequenzen – sollte sich für einen Naturphilosophen lohnen. Und zweitens: Das polare Weltbild widerspricht dem monistischen, mono-theis-

tischen christlichen Gottesbild eines »Gottes der Liebe«. So tröstlich dieses Gottesbild auch sein mag, es
widerspricht der Wahrnehmung der Wirklichkeit, es
lässt sich mit ihr nicht in Übereinstimmung bringen.
Und die Wahrnehmung der Wirklichkeit dürfte bei
Ihnen – als »Wissenschaftler«, wie auch als »Naturphilosoph« und »Spekulierender« – doch wohl an erster Stelle stehen, oder?

Vielleicht bringen Ihnen meine Anregungen etwas,
vielleicht schauen Sie trotz Ihrer, dank der vielen Aktivitäten, äußerst knappen Zeit in meine Bücher hinein. Und wenn Sie doch noch eines Tages Lust bekommen, Ihren »naiven« Glauben einer kritischen
Betrachtung zu unterziehen und Ihrem Zweifel (Zitat:
»Also der Zweifel ist das, was mich mit Gott am al-
lermeisten verbindet.«) auf den Grund gehen möchten
– ich schicke Ihnen gerne mein Büchlein »Christentum adieu! – Das leise Sterben eines Mythos«.

Mit besten Grüßen

Odo Marquard

Sehr geehrter Herr Professor Marquard,

es gibt viele Abschiede zu feiern. Nachdem ich meinen »Abschied vom Absoluten« verabschiedet hatte,
stieß ich per Zufall auf Ihr kleines, aber erstaunliches
Büchlein »Abschied vom Prinzipiellen«. Was ich darin las, animierte, ermutigte mich – den nichtgraduier-
ten Heim-, Wald-und-Wiesen-/Nebenbeiphilosophen
– den Dialog mit dem »Profi« zu suchen. Auch auf
die Gefahr hin, dass dieser die »Summa philosophi-

ca« des Dilettanten allzu flüchtig durchblättert und mangels umfangreicher Bibliografie am Ende des Werkes kopfschüttelnd zur Seite legt.

Es soll noch denkende Menschen geben, auch außerhalb der »Zunft«. Und im Zeitalter interdisziplinärer Kommunikation und transversaler Vernunft sollte es erlaubt sein, diese nicht nur horizontal – von gleich zu gleich –, sondern auch vertikal – von ungleich zu ungleich – zu betreiben. Solche Seiten-, pardon, Tiefensprünge, könnten Auffrischungsfunktion haben und verhindern, dass der Argumentefundus der Spezialisten zur Requisite verstaubt. *Hybride*, sagt man, sind vitaler und widerstandsfähiger als die reinrassigen Züchtungen.

Wenn man »in zwei Richtungen« schreibt – für den philosophisch unbedarften Leser *und* für die Elite – kommt man in den zweifelhaften Genuss eines Zwitterwesens: nämlich beides ein wenig oder ziemlich viel, und keines von beidem richtig zu sein. Was aber, wenn das Zeitalter des »Etwas-richtig-Seins« zu Ende wäre? Und wenn gar Abschied angesagt wäre vom *Prinzipiellen*, vom »Einzig-und-in-erster-Linie-Sein«?

Drei oder ein paar Dinge mehr könnten Ihnen bei der Lektüre meines Buches Probleme bereiten. Zum einen: Das ausschweifende *Vorspiel* zum eigentlichen Akte. »Verführung zum Denken« – welch absurde Zumutung für einen, den man doch eher zum Nicht-Denken verführen müsste! Da wendet sich der Philosoph – in denkerischer Dauerbrunst gefangen – mit Grausen.

Zum zweiten: Wer für den ahnungslosen »kleinen Mann« schreibt, muss immer erst beim Punkt Null, bei Adam und Eva anfangen. Das nervt den Elitären, der nur im Stirn-an-Stirn-mit-seinesgleichen-Rennen, jagend hinter dem Tausendstel Millimeter Vorsprung vor dem Konkurrenten, den Lorbeerkranz erringen kann. Viel Schnee von gestern also, in meinem Buch – für Sie, den Top-Agenten der philosophischen Geheimbünde.

Zum dritten: Zwecks Übersichtlichkeit, Stringenz und ähnlich fragwürdiger Überzeugungsmittel mehr erlag der Autor der obsoleten Versuchung, seine Gedanken ins Korsett der Systematik zu zwängen und – schlimmer noch – einen einfachen, universalen Schlüssel, fast so etwas wie eine »Weltenformel« oder ein »Grundprinzip« zu hypothetisieren. Und das ausgerechnet – Widerspruch per se – unter dem Titel »Abschied vom Absoluten« . Da *müssen* sich ja dem Skeptiker, Essayisten und Fragmentarier die geistigen Nackenhaare sträuben!

Gemach, gemach! Das als *Meta-Struktur* deklarierte und in *Meta-Utopie* und *Meta-System* projizierte *Meta-Prinzip* »Polarität« ist – sinneigentlich – kein »Prinzip«, da es auch seinen Gegenpol, das *Nichtprinzipielle*, mit einschließt. »Einfach« ist es gewiss auch nicht, eher zwiespältig, paradox, verliebt in Antagonismus und Komplementarität.

Und trotz seiner *universalen* Geltung verbietet es nicht die *Multiversalität* der Geschichte(n). Im Gegenteil: Das Unisono ideologisch eingeebneter Geschichte ist ihm ganz und gar verhasst. Wo solches angestimmt wurde, musste es am Widerpart *Polarität* grauenhaft dissonant »zerschallen«.

Ein Prinzip »in Anführungszeichen« also, als solches benutzt, weil uns dank jahrtausendealter monistischer Denk- und Sprachtradition nur monistisch eingefärbte Begriffe zur Verfügung stehen. Ein parado-

136

xes Prinzip, geradezu geschaffen, alles Prinzipielle – Primate, Archate und deren Ur-Prinzip, das *Absolute* – in Frage zu stellen und zu verabschieden. Nicht absolut, versteht sich, sondern – unscharf, mit dem Hauch kreativer Verunreinigung – als denkbare, aber imaginäre, sprich unerreichbare Grenzwerte. Die Mathematiker hantieren, wie man hört, recht erfolgreich mit imaginären Grenzwerten.

Hier meine Frage eins an Sie: Was halten Sie von meinen »Theorien« der *Grenzwerte*, der *Abmischung oder kreativen Verunreinigung* und der *Bitterstoffe?* Erscheinen sie Ihnen geeignet, dem Absoluten, den Garaus zu machen oder – etwas bescheidener – es ins Reich der Illusion, des (un-)schönen Unmöglichen zu verbannen?

Das wäre so ein Ball, den ich Ihnen, dem Professional, zuspielen möchte. Hier wären abundantes Wissen und geschärftes Instrumentarium des Fachphilosophen gefragt, um den (Halb-)Edelstein auf Würdigkeit zu prüfen und – falls für wert erachtet – weiter zu bearbeiten. Damit aus der rohen, intuitiv skizzierten nun eine wirkliche – dezidierte, wissenschaftlich getestete – »Theorie« werde.

Frage zwei: Können Sie die freudianische Analogie zwischen Onto- und Phylogenese des Homo sapiens nachvollziehen, speziell was den »Paradigmenwechsel« vom *intuitiven Polytheismus* (Säugling/frühe Polykratie) über den *Monotheismus* (Kind/monarchische Herrschaftsformen/Ideologien) zum *bewussten Polytheismus* (Erwachsener/Demokratie, plurale Gesellschaft) betrifft?

Die monistische Utopie des Absoluten ließe sich unter dieser psychologischen Betrachtungsweise als eine ego-emanzipatorische Übergangsphase oder

»Überschussreaktion« deuten. Und man sollte annehmen, sie verlöre – was für ein schreckliches Wort! – mit zunehmender Reife des Individuums/der Gattung per emanzipierter (Selbst-)Relativierung ihre fatale Faszination.

Das riecht zwar nach simplifizierender und systematisierender Geschichtsphilosophie; aber so »absolut« unsystematisch, »prinzipiell« zufällig und chaotisch läuft Geschichte wohl doch nicht ab. Und die halb diagnostizierte, halb postulierte *utopische*, sprich *perspektivische* Richtung der beiden »Genesen« sollte Ihrem Weltbild – siehe Ihr »Lob des Polytheismus« – nicht zuwider sein.

Derlei Analogien – die Selbstähnlichkeit des Großen im Kleinen, Kleineren und Kleinsten – wurden ja neuerdings durch die Entdeckung der *Fraktale* sozusagen mathematisch abgesegnet. Man darf wieder Parallelen entdecken, Analogien pflegen und in Bildern sprechen.

Dritte und vorläufig letzte Frage: Das Absolute als (Aus-)Geburt des infantil monistischen – monotheistischen – Weltbildes und sein Gegenspieler, die Polarität, als elementarste Form der »Gewaltenteilung«, die Sie so gerne zitieren – meinen Sie nicht auch, man sollte die Polarität aus dem Dornröschenschlaf der Selbstverständlichkeit erwecken, d.h. sie wiederentdecken und weiterdenken?

»Selbstverständlichkeit« ist bekanntlich die effizienteste Art, in Vergessenheit zu geraten oder übersehen zu werden. Ich denke, das hat die Polarität nicht verdient. In Ihren Ausführungen taucht sie zwar gelegentlich als Stilmittel metaphorisch verdeckt auf, aber niemals als Argument – nackt, wie der Begriff sie schuf. Woher die Scham, warum die Abstinenz?

Beim aktuellen Streit um Dogma und Beliebigkeit, um Weltbilder und Paradigmenwechsel könnte *Polarität* das Denken aus der *Einfalt* – wenn nicht erlösen, so doch befreien, d.h. in den kreativen Widerspruch entlassen. Ist eine solche Aussicht für den eingefleischten Skeptiker nicht überaus verlockend?

Mit Neugier und Spannung erwarte ich Ihren »Return« und grüße Sie...

Peter Sloterdijk

27. Dezember 2010

Sehr geehrter Herr Sloterdijk,

zu Ihrem Artikel in der *Zeit* »*Warum ich doch recht habe*« schrieb ich einen Leserbrief, der nicht abgedruckt wurde. Da es keine weiteren Repliken auf Ihr Statement gab, nehme ich an, dass man Ihnen aus Respekt das letzte Wort überlassen wollte, bevor das Ganze in ein Endlosduell ausarten würde.

Aber da sich ein Leserbrief ja nicht nur an die Leser, sondern auch indirekt an den Autor des in Angriff genommenen Artikels wendet, möchte ich Ihnen meinen etwas provokanten Erguss nicht vorenthalten. Bei aller Pointierung – das verlangt dieses »Format« – denke ich, Sie stecken die eingebauten Spitzen locker weg und extrahieren, was der Leser hinter seiner Fabulierlust an *sachlicher* Kritik sagen wollte. Das darf man von einem Philosophen der »Meisterklasse« erwarten.

Themenwechsel. Politik und speziell Steuerpolitik ist nicht gerade das klassische Feld der Philosophie, eher schon das Thema Ihres letzten *Philosophischen Quartetts:* »Universum ohne Gott«. In dieser Runde haben Sie Ihre gewohnte Analysierkunst ausgespielt. Ihre eigene Meinung zu der »Glaubensfrage« hielten Sie vornehm zurück, zu Recht, denke ich, denn bekennende Gläubige und bekennende Atheisten sind aus dem gleichen naiven Holz.

Einer Ihrer Gäste nannte sich einen »entspannten Atheisten«. Auch wenn er von seinem Instinkt her eher zum »Glauben« an die Nichtexistenz eines Gottes neigt – »entspannter Agnostiker« hätte sympathischer geklungen.

Bei Ihrem Gespräch nahmen Sie und Ihr Kollege Rüdiger Safranski die klassischen Gottesdeutungen unter die Lupe – Gott als Urgrund, Gott als Sinngeber (welchen, eines »höheren« Sinns?) und Gott als moralische Oberinstanz. Im Umkehrschluss mussten Sie die Klischeevorstellungen – ohne Schöpfergott kein Universum, ohne Gott kein Sinn und ohne Gott keine Moral – abarbeiten. Über die Möglichkeit von *Sinn* und *Moral* ohne einen Gott im Hintergrund hätte man trefflich diskutieren und »immanente Antworten« geben können. Besonders Ihr Kollege Rüdiger Safranski beharrte auf der doch akademischen und letztlich nicht beantwortbaren *Erstfrage*: »Gibt es Gott oder gibt es ihn nicht?«

Die wirklich interessanten und auch für Agnostiker als Gedankenspiel annehmbaren *zweiten* und *nachfolgenden* Fragen stellten Sie nicht. Es hätte auch den Rahmen der Sendung gesprengt.

Ein Beispiel: Nehmen wir spekulativ, ohne den Versuch dessen Existenz zu beweisen, einmal an, es gäbe einen Gott – unter Verzicht auf patriarchalische Vorstellungen von einem männlichen Wesen –, *wie könnte oder müsste dieser Gott aussehen*, damit er *erstens* zu seiner Schöpfung passt und damit *zweitens* eine menschenwürdige Beziehung zwischen ihm und dem Menschen vorstellbar ist?

Der Mensch und sein Gott müssen ja schließlich etwas »miteinander anfangen« können, ohne Kommunikation ist jede Beziehung sinnlos. Viele der zeitgenössischen Gottsucher – Esoteriker und Meditierende, auch Buddhisten – verzichten auf einen personalen Gott und begnügen sich mit apersonalen Geistwesen, mit Kraft- und Energiefeldern, aus denen sie Energie für ihr Leben tanken. Was hat es mit solchen »Gottesbildern« auf sich, führen sie weiter?

Für eine Sendung, die für Theologen, Religionswissenschaftler, Psychologen und agnostisch angehauchte Philosophen attraktiv sein könnte, gäbe es eine Menge »Folgefragen« auf die spekulativ angenommene Existenz eines Gottes. Und wenn man explizit das uns nahe liegende jüdisch-christliche Gottesbild in den Fokus nehmen würde, könnte die Diskussion richtig »heiß« werden. Ein paar mögliche Fragen seien genannt:

Was ist das für ein Gott, gemessen an seinem »Ebenbild«, dem Menschen?

Wie repräsentiert er sich in seiner Schöpfung?

Wie sieht es mit seiner Kommunikationsfreude aus?

Wie hält er es mit Gnade und Gerechtigkeit, mit den wenigen »Auserwählten« und der Masse der Nicht-Auserwählten? Ist er ein Gott der Willkür?

Was hat er seinen Gläubigen auf Erden konkret zu bieten?

Welchen Zugewinn an Sinn bedeutet seine Existenz für den Menschen?

Und nicht zuletzt – was darf der Mensch im Sinne von »Menschenrechten« und »Menschenwürde« von seinem Gott erwarten?

Ich vermute mal, der Theologe in besagter Runde bekäme bei der Bearbeitung solcher und ähnlicher Fragen echt Probleme und müsste in allerlei Mysterien (Mysterium des Bösen, Mysterium der Gnade…) flüchten.

Und Mysterien sind bekanntlich das »Totschlagargument« jeglicher geistiger Auseinandersetzung. Einigkeit unter den Teilnehmern würde wohl nicht erzeugt. Aber der Nebel der Unreflektiertheit und frommer Klischees könnte etwas gelichtet werden. Ein Hauch Klarheit könnte dem Zuschauer seine Selbsteinschätzung erleichtern und die Antwort auf die Frage: »Wo innerhalb der Bewusstseinsevolution stehe ich?«

Wir Menschen leben ja offensichtlich in verschiedenen Zeiten und Welten. Es ginge bei jener Diskussion nicht mehr um *die* Wahrheit, sondern um die Berechtigung der *vielen* Wahrheiten – berechtigt, solange sie nicht das Zusammenleben der Menschen stören oder gar unmöglich machen. Destruktive Absolutheitsansprüche, so viel sollte selbstverständlich sein, haben kein Existenzrecht mehr.

In meinem Buch »Abschied vom Absoluten – *Wider die Einfalt des Denkens*« suche ich nicht nach einer Antwort auf jene *Erstfrage* nach der Existenz eines Gottes. Interessanter scheint mir, auf jenes Urmotiv, das wohl hinter jeder Gottesfrage steht, die Suche nach »Erlösung«, einzugehen. Auf naive Erlösungsutopien verzichtend, die Welt *begreifen*, ihre innere Logik und Sinnhaftigkeit, und sie *akzeptieren* – diese philosophisch »kühle« Art von Erlösung trägt, so meine ich, zumindest denkende Menschen besser als vage Träume von einer »anderen«, transzendentalen Welt.

»Suum cuique«, jedem *seine* Art von Erlösung! Vielleicht müssen Sie sich in Ihrem Quartett wieder einmal mit der Sinn- und Gottesfrage auseinandersetzen, zumal alldieweilen von der »Wiederkehr der Religion« die Rede ist. Die Diskussion über Fragen, die nicht beantwortbar sind, könnten Sie abkürzen, aber Fragen aufzunehmen, die zu stellen »gutes Recht« eines denkenden Menschen sind,– das würde der Diskussion richtig »Pep« geben.

Mit Spannung erwarte ich Ihren Return und mit Neugier Ihr nächstes Quartett und grüße Sie

Wolfgang Welsch

22.10.90

Sehr geehrter Herr Professor Welsch,

als unermüdlichem Verfechter der *Postmoderne* möchte ich Ihnen mein soeben erschienenes Buch »Abschied vom Absoluten« schicken. Es könnte für Sie aus zweierlei Gründen interessant sein.

Zum einen stammt es *nicht* aus der Feder eines erlauchten Vertreters der Zunft. Geschrieben *auch* für den »normalen Sterblichen«, bewegt es sich immer nahe am Konkreten. Es ist gewissermaßen ein Zwitter, wendet sich an den »Mann auf der Straße« und kokettiert mit der »Denk-Elite« – ein »postmodernes« Werk also.

Zum anderen konzentriert es sich auf einen Aspekt, der, wie mir scheint, in der Postmodernediskussion zu kurz kommt, mit der Folge, dass die Kontrahenten bisweilen jegliche Konsensfähigkeit verlieren oder in Spiegelfechterei verfallen. Die Rede ist von der *Polarität.*

143

Als Anknüpfungspunkt für einen möglichen Dialog nehme ich Ihren Vortrag »Postmoderne oder ästhetisches Denken – gegen seine Missverständnisse verteidigt«, erschienen im Passagen Verlag unter dem Titel »Postmoderne, Aufbruch einer neuen Epoche?« Die angegebenen Seitenzahlen beziehen sich auf dieses Buch.

Die Kongruenz in unserem Denken ist relativ leicht aufzuspüren. Es geht Ihnen, wie mir, um die Anerkennung der *Pluralität* in allen Bereichen des menschlichen Lebens. Und das bedeutet Abschied von totalitären Konzepten und Erlösungsmythen jedweder Art. Ich nenne dies »das Ende des *monistischen Intermezzos*«. Nur, für mich beginnt das jeglichem Totalitarismus zugrunde liegende monistische Denken nicht mit der Neuzeit oder der »Moderne«, sondern weit früher, mit den monotheistischen Religionen und deren philosophischen und politischen Entsprechungen, mit dem »Logos« der Philosophen und den monarchischen Herrschaftsformen.

Was sich in der »Neuzeit« abspielte, waren meiner Meinung nach nur Metamorphosen dieses monistischen Bewusstseinsmusters bzw. Weltbildes. Mit den modernen »Ideologien« hat es sich schließlich selbst ad absurdum geführt. Die Marktideologie scheint mir die aktuellste Variante des Absoluten zu sein.

Was aber wäre die »postmoderne«, sprich *postmonistische* Alternative? Etwa die Verkehrung des totalitären Monismus in einen ebenfalls totalitären Pluralismus? Ich brauche Ihnen wohl kaum zu erläutern, dass *Ismen* allemal den Keim der Verabsolutierung in sich tragen und derselben Denkungsart entspringen, gleichgültig welchen Aspekt sie als Kristallisationskern haben und welchem »Primat« sie huldigen.

144

Solange Sie in Ihren Ausführungen also von »Pluralität« sprechen – keine Einwände. Wenn Sie aber »Pluralismus« oder gar »*radikale* Pluralität« sagen, sträuben sich mir die Haare. Vermutlich ahnen Sie die Gefahr, den Widerspruch.

Sie vermeiden zwar im Zusammenhang mit *Pluralität* die Adjektive »total« und »absolut«, doch »radikal« ist von jenen Begriffen nicht weit entfernt. Dieses, sagen wir: heimliche Abdriften in monistisch totalitäre Gewässer wird an vielen Stellen Ihres Vortrags deutlich.

Wenn Sie etwa in Anlehnung an Foucault das Ästhetische als »*Grundform* des Daseins« verstehen (S.250) oder wenn Ihnen, in Anlehnung an Nietzsche (S. 252), die Wirklichkeit »*gänzlich* durch Fiktionen konstituiert« erscheint.

Um es einmal provokativ auszudrücken: In Ihrer Argumentation sparen Sie nicht mit den Begriffen aus dem Wörterbuch des monistisch totalitären Denkens (S. 256 »...dass ästhetisches Denken heute das *eigentlich* realistische... die ihrerseits *wesentlich* ästhetisch konstituiert ist...« – S. 257 »... Dass Wirklichkeit heute *eigentlich* Medienwirklichkeit ist...« – S. 258 »... die software *wichtiger* als die hardware... wo Wirklichkeit *nur noch* aus weichen Mäandern...« – S. 259 »... Einsicht in den Fiktionscharakter *aller* Wirklichkeit...« – S. 261 »... dass ästhetisches Denken *dominant* wird...«).

Warum dieser Hang zum »wesentlichen«, »eigentlichen«, »Grund-«, zum »radikalen« und »dominanten« u. ä.? Merken Sie nicht, dass solche Diktion der »kleine Anfang von Terror« (S. 262) ist und Ihrer eigenen Intention widerspricht? Warum dem – fatalen – Primat des *einen* den Primat des *anderen* entgegen-

145

stellen? Warum die *Einheit/Ganzheit* der *Differenz* gänzlich opfern?

Ein ähnlich gelagerter Widerspruch schimmert in Ihrem Text – auf formaler Ebene – durch. Sie plädieren zwar vehement für ein »ästhetisches Denken«. Ihr Text entbehrt aber so ziemlich jeglicher Ästhetik, will sagen: Sinnlichkeit. Für *aisthesis* ist da kaum etwas vorhanden. Statt dessen überaus spröde, abstrakte Begrifflichkeit. Ihre Denk-, Schreib-, Sprechweise ist de facto von einem Element geprägt, das Sie theoretisch am liebsten ausgemerzt sähen.

Verstehen sie mich bitte nicht miss! Das ist keine Herabsetzung Ihres Textes, sondern nur Hinweis auf eine – dem Ästhetischen konträre – Form des Denkens, die Sie ganz offensichtlich *auch* fasziniert. Warum auch nicht?

Warum nicht *neben* Sinnlichkeit und Ästhetik die eher abstrakte Begrifflichkeit? Warum nicht neben der *Kunst* die *Mathematik*?

Und warum – bei aller Anerkennung der Pluralität – kein »einheitsstiftendes Gegengewicht zur Pluralität« setzen (S. 263)? Sie erinnern selbst daran (beinahe verschämt), dass es »Grenzen der Entfaltbarkeit wie der Verträglichkeit gibt« (S. 264). Diese Grenzen der Pluralität dürfte durch das Überleben von *Systemen*, die nun einmal *auch* »Einheiten« sind, gegeben sein. Und genau diese »Systeme« – von den gesellschaftlichen Subsystemen bis zum globalen Ökosystem – sind in Gefahr. Die differenten Konzepte, z.B. einer Wirtschaftselite, müssen sich an einem übergeordneten Ganzen relativieren, damit es nicht zur Katastrophe kommt.

Wie also den Widerspruch lösen, oder besser, einen konsensfähigen, demokratischen Kompromiss schaffen? Meiner Meinung nach geht dies nur über das Prinzip *Polarität*, das streng genommen kein »Prinzip« ist, weil es ja auch den Gegenpol, das »Nichtprinzipielle«, impliziert. Ein »Schlüssel« – anders als die traditionell monistischen – mit *zwei* Bärten; eine Utopie, die nicht *erlöst* und damit *auflöst*, sprich zerstört, sondern *mit* den Konflikten, Widersprüchen, Paradoxien lebt und auch noch Lust daran empfindet.

Die Alternative zu Monismus und Absolutem scheint mir nicht »radikale Pluralität« zu sein – das wäre, unbewusst und ungewollt, »Regress ins Totalitäre« , sondern ein polares Denken, das *auch* der Pluralität Raum lässt und das *Einheit* und *Vielheit* als unerreichbare, imaginäre *Grenzwerte* eines Spannungsfeldes beschreibt.

Nicht Neufassung eines radikalen Entweder-Oder (*entweder* Einheit *oder* Vielheit), nicht die Abschaffung des Entweder-Oder zugunsten eines radikalen Sowohl-Als-auch (*anything goes*), sondern das komplementäre Nebeneinander beider Gegenspieler. Ich nenne das »stereoskopes Denken«.

Nur mit einem polar entwickelten Bewusstsein können Sie neben *Antagonismus* und *Differenz* die Phänomene *Komplementarität* und *Kohärenz*, die Balanceakte der Wirklichkeit erfassen. Dass der evolutionäre »Zug« zur Zeit in Richtung Pluralität fährt, sollte nicht dazu verleiten, das Prinzip Pluralität zu einem radikalen Pluralismus zu verabsolutieren und somit – unbewusst – auf der gleichen Schiene wie ehedem zu fahren.

Nach dem Frustrationsdruck des »monistischen Intermezzos« ist der emphatische Pluralismus nur zu verständlich. Es lässt sich jedoch kaum übersehen,

dass er in einer schon wieder »doktrinär« zu nennen-
den Absolutheit (»Beliebigkeit«), automatisch Funda-
mentalismen verschiedenster Machart provoziert.

Ich weiß, Sie wollen weder das eine noch das andere, aber Sie müssen sich darüber im Klaren sein,
dass Ihre vehemente, fast einseitige Parteinahme für
Pluralität Missverständnisse in dieser Richtung geradezu vorprogrammiert.

Mit dem Wandel vom monistischen zum polaren
Weltbild könnte in der Tat ein Epochenumbruch stattfinden, ähnlich dem Umbruch, den der Wechsel vom
polytheistischen zum monotheistischen Weltbild mar-
kierte.

Nach dem Zeitalter der emanzipatorischen Selbst-
Verabsolutierungen könnte ein Zeitalter der Selbst-
Relativierung – nicht des Relativismus – inklusive
praktizierter Pluralität die von Ihnen erhofften »Wege
in eine lebbare Zukunft« anzeigen.

Wie denken Sie darüber? Wie halten Sie es mit der
Polarität? Mit Spannung erwarte ich Ihren »Return«
und grüße Sie…

Walther Zimmerli

22.3.92

Sehr geehrter Herr Professor Zimmerli,

Ihr Beitrag »*Lob des ungenauen Denkens*« in *UNI-
VERSITAS* (46/Dez.'91) zu dem Schwerpunktthema
»Im Taumel der Moderne« macht mir Lust, Ihnen das
Werk eines solchen ungenauen Denkers zu schicken –
eines Nicht-Wissenschaftlers, der sowohl mit dem
Normal-Sterblichen als auch mit der Denk-Elite ko-
kettiert, der interdisziplinäre Aberrationen also nicht

nur horizontal, sondern auch vertikal betreibt. Ich nehme einmal an, dass Sie von den Berührungsängsten, die solche Seiten-, pardon, Tiefensprünge bei Elitären auslösen können, nicht geplagt werden.

Die Nachteile des Nichtwissenschaftlers hinsichtlich Präzision, Datenmenge und Vollständigkeit könnten Ihrer These zufolge durch dessen »Ungenauigkeit« kompensiert werden. Vertrauend auf die »Macht der Metaphern« und die »heuristische Kraft aller möglichen Sorten von Analogien« habe ich mich im *Abschied vom Absoluten* in der Tat nicht gescheut, zwischen Text- und Grafik-Modus – Begrifflichkeit und Anschaulichkeit –, zwischen Physik und Psychologie, Ästhetik und Ethik, Onto- und Phylogenese zu oszillieren, um einem gewissen Grundmuster der Wirklichkeit und der Vorstellung von Wirklichkeit auf die Spur zu kommen. Die »intuitiven, vor-rationalen Fähigkeiten« des potentiellen Lesers ansprechend, habe ich neben dem logischen den »sublogischen« Zugang zum Verständnis von Phänomenen gesucht.

Lässt man sich erst einmal darauf ein, in Analogien und Fraktalen zu denken, entdeckt man die erstaunlichsten Querverbindungen und ist überrascht, wer da alles mit wem »Lambada tanzt«. Was haben Teilchen und Anti-Teilchen mit den Erlösungsutopien zu tun? Was verbindet Monotheismus und Markt? Warum könnte man den Fehler im Diamanten, den Spritzer Bitter im Cocktail als »kreative Verunreinigung« bezeichnen?

Bei der Lektüre Ihres Beitrags fiel mir eine gewisse begriffliche und wohl auch geistige Kongruenz auf. Die »kreative Ungenauigkeit«, das »Navigieren in einem Bereich der Halbordnung von Wissen und Nichtwissen« und die Betonung »des Nichtwissens als eines Untersuchungsgegenstandes« erinnern mich an meine skizzierten Theorien der *Grenzwerte*, der *Abmischung oder kreativen Verunreinigung* und der *Bitterstoffe*. (S.96 ff.)

Dort geht es mir darum, mit Hilfe des Polaritätsmodells das ideologische System der Verabsolutierung, der sauberen Trennung und der zweidimensionalen Schwarz-Weiß-Malerei zu überwinden und wider alle Erlösungsmythen das Existenzrecht der »Negativ-Phänomene« – der *»Bitterstoffe«* – anzuerkennen.

Die von Ihnen geforderte Beschäftigung mit dem *Nichtwissen* scheint mir gut in die gegenwärtige Tendenz zur Erforschung solcher »Negativ-Phänomene« zu passen. Das Interesse beispielsweise für die *Nicht-Ordnung* (Chaosforschung), das *Nicht-Leben* (Todesforschung) und womöglich auch für die *Nicht-Vernunft* (»der lange Abschied von der Vernunft«) – das alles deutet für mich auf einen Reifungsprozess, auf eine »qualitativ neue Stufe« hin, auf den Wandel vom monistischen zum polaren Weltbild.

Vielleicht sprechen Sie die Gedankengänge meines Buches in irgendeiner Weise an und animieren Sie, noch »ungenauer« zu denken. Vielleicht bekommen Sie Lust, mit einem No-name-Philosophen zu kommunizieren – es muss ja nicht gleich ein »Lambada« sein.

Mit besten Grüßen

6. Soziologen / Psychologen

Hans Joas

01.12.2016

Sehr geehrter Herr Dr. Joas,

Ihr Interview im Deutschlandfunk neulich habe ich mit Interesse verfolgt. Was Sie zunächst zum Thema »Kirche und Moral« sagten, dem kann ich durchaus zustimmen. Ihrem anschließenden Loblied der katholischen Kirche als einer weltumspannenden Institution und Ihrer Deutung »ichtranszendenter Erfahrungen« – dem muss ich ein paar kritische Anmerkungen entgegenstellen.

Dass die katholische Kirche in vieler Hinsicht eine Perversion der Lehre des Jesus von Nazareth darstellt, nicht nur dank historischer Verirrungen, sondern auch »prinzipiell«, darf ich als Exjesuit, der sich mit Person und Lehre jenes Jesus ziemlich gut auskennt, keck behaupten. Ein Papst als Oberhaupt eines (Vatikan-)Staates, obendrein in Prunk und Pomp residierend, so hat sich jener Jesus seinen Stellvertreter auf Erden gewiss nicht vorgestellt.

Dass diese Kirche als weltumspannende Institution die Nationalstaaten quasi ablösen und die Welt befrieden soll, scheint mir eine eher naive, typisch euro- bzw. »christozentrische« Hoffnung oder Anmaßung. Würden die anderen Weltreligionen sich ähnlich institutionalisieren und in Konkurrenz zur katholischen Kirche treten – und das ist bei Religionen, die nun einmal und zu Recht um den Wahrheitsanspruch kämpfen, zu erwarten – was wäre gewonnen?

Nicht ohne Grund beginnen inter- und intrareligiöse Spannungen weltweit zu eskalieren. Eine friedensstiftende weltumspannende Weltanschauung kann nur eine solche sein, die auf intellektuell einleuchtenden und emotional überzeugenden humanen, sprich menschlichen Kriterien gründet. Vorerst ist das dank der Machtspiele der politischen Akteure und deren ideologischen Mäntelchen, ob nationale oder religiöse, reine Utopie. Und ich fürchte mit Blick auf die Realitäten wird das Utopie bleiben.

Dass die christlichen Kirchen in Kontinenten wie Afrika, Südamerika und Asien »Zuwächse« haben, worauf Sie hoffnungsvoll hinweisen, dürfte wohl auch daran liegen, dass der Hauch der Aufklärung, das »Wage zu denken!« in jenen Kontinenten noch kaum zu verspüren ist.

Nicht umsonst haben gerade die evangelikalen »Pfingstkirchen«, deren »Heiliger Geist« von den Gläubigen nur zu gerne mit den Geistern des Schamanentums synkretistisch vereint wird, den Erfolg, von dem Sie schwärmen. Diese Mischformen des Glaubens sind sicher nicht nach dem Geschmack der katholischen Kirche.

Ich weiß nicht, ob Sie, Herr Joas, etwas mit dem Gedanken der Evolution, auch der Bewusstseinsevolution anfangen können. Mir scheint in der Tat, dass in jenen Kontinenten Nachholbedarf an geistiger Evolution besteht. Da bin ich nun einmal stolz auf unser gutes altes Europa, auch wenn es ansonsten aufgrund seiner Hörigkeit gegenüber der »Marktideologie« und des Rückfalls in nationale Heilsutopien am Rand eines Abgrunds steht. Wäre es doch den Gedanken der Aufklärung treu geblieben! Aber, geistige Rückwärtsbewegungen – psychoanalytisch: »Regressionen« – gerade in kritischen Zeiten sind innerhalb der Geschichte nun einmal leider nicht selten.

Zu Ihren »ichtranszendenten« Erfahrungen und deren Deutung als »religiöse« Erfahrungen. Sie geben immerhin zu, dass Menschen »Erfahrungen« benötigen, um an etwas zu glauben, damit sie etwas als »wirklich« annehmen können. Die von Ihnen genannten »ichtranszendenten« Erfahrungen scheinen mir in ihrer Aussagekraft sehr vage.

Das Erlebnis eines Sonnenuntergangs oder das Sich-Verlieben, ja, das ist »ichtranszendent«, aber was deutet da auf eine höhere transzendentale Macht hin? Und wenn es das würde, wie müsste ich diese transzendentale Macht bei einem furchtbaren ichtranszendenten Erlebnis z.B. einer Flutkatastrophe oder eines Erdbebens deuten? Als den vom Christentum so definierten »guten Gott der Liebe«?

Immer nur positive, erhebende oder erhabene Erfahrungen als religiöse Erfahrung oder Gotteserfahrung zu deuten ist einseitig, »wunschgesteuert«. Damit werden Sie der Wirklichkeit und den ambivalenten Erfahrungen mit der Wirklichkeit nicht gerecht.

Eine Beziehungsgeschichte, z.B. zwischen Gott und Mensch, und darauf legt das Christentum ja Wert, kann, so behaupte ich einmal, nur mit der sinnlichen Erfahrung eines personalen Gegenübers stattfinden. Mangels personaler Gotteserfahrung nicht nur heute, sondern schon seit Hunderten von Jahren behilft sich das Christentum mit den »direkten Offenbarungserlebnissen« einiger »auserwählter« Altvorderen in biblischen Zeiten.

In unserer Zeit, das hat man begriffen, findet »Offenbarung« nicht mehr statt. Warum wohl? Bleiben als »religiöse Erfahrungen« also nur noch jene von Ihnen genannten diffusen »ichtranszendenten« Erfahrungen zur Selbstvergewisserung der Gläubigen? Die

Mehrzahl der Menschen hierzulande scheinen mit solchen Erfahrungen nicht gesegnet zu sein. Der diagnostizierte Glaubensschwund könnte aber auch noch andere Gründe als diesen Mangel an »ichtranszendenten Erfahrungen« haben.

Gläubige Menschen – und vor allem Theologen – stellen gewöhnlich die Grundlagen ihres Glaubens nicht infrage. *Erbsünde, Offenbarung, Auserwählung, Opfertod* und *Paradies* – diese »Glaubenswahrheiten« oder »-geheimnisse« werden von den Theologen bestenfalls neu interpretiert, an moderne Gefühlslagen angepasst, nicht aber auf ihre »Fragwürdigkeit« überprüft. Verständlich, denn was steht auf dem Spiel?

Die »Liebesbotschaft« des Gottes Jahwe, der jeden einzelnen von uns, egal, was ihm zustößt, angeblich »liebt«, die finale Gerechtigkeit per »Jüngstes Gericht« und das Happyend für die »Guten« in einem Jenseitsparadies, was soviel bedeutet wie: nur »pro forma« sterben, »tot« sein, in Wirklichkeit jedoch »ewig leben« – also letztlich die Hoffnung auf »Unsterblichkeit« –, wer möchte auf all diese tröstlichen und zugleich verlockenden Perspektiven verzichten?

In der Auseinandersetzung mit Religion sollte es nicht nur um die Deutung von »Erlebnissen«, sondern auch und vor allem um Inhalte gehen. Und diese stehen derzeit zur Disposition. Das versuche ich, der protestantischen »Elite« mit meinen Gedanken zum Reformationsjubiläum unter dem Titel »Jubeljahr mit Bittertropfen« klarzumachen. Ich lege eine Kopie des Textes meinem Brief an Sie bei.

Die Probleme beider christlichen Kirchen sind ja die gleichen. Mit »Religionskritik«, die sich nur auf die Softvariante »Kirchenkritik« beschränkt, kommt man nicht weiter. Die fundierte Begründung meiner

Zweifel an der Glaubwürdigkeit der fundamentalen christlichen Glaubensinhalte finden Sie in meinem beigefügten »Christentum adieu! – Das leise Sterben eines Mythos«.

Damit Sie mich nicht missverstehen – ich möchte niemandem seinen Glauben, wenn er ihn durch die Wirrnisse des Lebens trägt, nehmen. Es gibt ein »Recht auf Illusion«, sofern sie hilfreich ist. Nur denkende Menschen, die ihre Erfahrungen mit sich und der Welt hinterfragen, haben ein Problem mit Illusionen.

Es gehört auch eine Portion Mut dazu, den Illusionen auf den Grund zu gehen. Denn, das »Die Wahrheit wird euch freimachen!« gilt nur bedingt. Die Wahrheit kann auch ernüchtern, traurig stimmen, in die Depression führen.

Vor Jahren habe ich mir die Mühe gemacht, eine Antwort auf folgende philosophischen Fragen zu finden: »Wie ist diese Wirklichkeit konstruiert? Macht dieses ambivalente Neben- und Gegeneinander von Schönem und Schrecklichem, von Gutem und Schlechtem, von Positivem und Negativem Sinn?

Wie ging Homo sapiens innerhalb seiner Bewusstseinsgeschichte mit dieser Herausforderung um? Machen die Erlösungsutopien, egal ob mythische oder säkulare, Sinn? Sind sie »realistisch« – und, wie könnte ein realitätsgerechter Umgang mit der Wirklichkeit aussehen?«

Das Produkt dieser philosophischen Überlegungen war mein Buch »Abschied vom Absoluten – *Wider die Einfalt des Denkens*«. Mit dem darin entwickelten »polaren Weltbild« kann ich ganz gut leben (und sterben). Dass dieses Weltbild sich mit dem christlichen Gottesbild als dem *einen* und *guten »Gott der Liebe«*

nicht vereinbaren lässt, werden Sie verstehen, wenn Sie sich auf die Gedankengänge des Buchs einlassen. Meine Kritik war dort jedoch mehr auf die säkulare Heilsutopie »Marktideologie« bzw. »Kapitalismus« konzentriert.

Ich weiß, dass man einen Gläubigen nicht aus seiner Trutzburg vertreiben kann. Das ist auch nicht meine Intention. Ich wünsche mir aber, dass man versteht, dass ein kritisch denkender Mensch, der seine Erfahrungen ernst nimmt und sie mit den angebotenen Glaubenswahrheiten konfrontiert, gute Gründe hat, sich vom Christentum zu verabschieden, ihm »adieu!« zu sagen.

Als Religionssoziologe verfolgen Sie, denke ich, die zunehmende Säkularisierung der Gesellschaft. Man kann diese Entwicklung als einen Verlust, man kann sie aber auch als einen weiteren Schritt nach vorn innerhalb der Bewusstseinsgeschichte deuten. Jeder wird sie wohl nach seinem »Gusto« deuten. Ein Blick »von außen« auf die eigene Interpretation sollte nicht schaden, selbst wenn sie »nur« zur Schärfung der eigenen Position dient.

Ich denke, ich habe Ihnen genügend Stoff zum (Nach-)Denken gegeben. Ich weiß nicht, ob Sie motiviert sind, die alt- und neutestamentlichen Erzählungen, die Fundamente Ihres Glaubens, anhand meiner Bücher philosophisch-theologisch noch einmal auf den Prüfstand zu stellen. Ob Sie sich auf dieses Abenteuer einlassen, ist Ihre Sache. Wenn Sie es nicht tun, ich kann es Ihnen nicht »verdenken«. Es stünde ja schließlich, s. oben, einiges auf dem Spiel.

Mit den besten Grüßen eines »Nachdenklichen«

Horst-Eberhard Richter

Sehr geehrter Herr Professor Richter,

als unermüdlichem Kämpfer für ein neues Bewusstsein möchte ich Ihnen mein Buch »Abschied vom Absoluten« schicken. Geschrieben für »den Mann auf der Straße« und doch mit der »Elite« kokettierend, konzipiert weder aus einer wissenschaftlichen noch aus einer rein intuitiven Sicht der Dinge, könnte es den interdisziplinären Dialog – horizontal *und* vertikal – fördern.

Vielleicht kommen wir über das Buch in ein Gespräch, zumindest über die psychologischen Ansätze meiner Thesen. Ihr Urteil als Fachmann würde mich natürlich interessieren; für Anstöße zur Korrektur oder zur Vertiefung des Gedachten wäre ich dankbar.

Wie ich derzeit bei der Lektüre Ihres Buches »Der Gotteskomplex« immer wieder feststelle, ist die Kongruenz unseres Denkens frappant. Der aktuelle Anlass zum Schreiben und die konkreten Zukunftsperspektiven dürften ähnlich sein. In der Interpretation der Phänomene jedoch werden Unterschiede deutlich, die zu durchleuchten sich lohnen sollte.

Bei der gegenwärtigen Diskussion um *Paradigmenwechsel* und *neues Weltbild* scheint mir ein Aspekt zu kurz zu kommen oder nicht konsequent genug durchdacht zu werden. Es ist dies das scheinbar selbstverständliche Phänomen oder »Seinsprinzip« *Polarität*. Um die Polarität und den Umgang des menschlichen Bewusstseins mit Polarität – speziell mit der »Negativseite« des Seins (Sie nennen das die »Krankheit, nicht leiden zu können«) – kreist, wie Sie bei der Lektüre meines Buches unschwer erkennen werden, mein Denken. Hier scheint mir der »Knackpunkt« vieler Probleme, von den banalen bis zu den hochgeistigen, zu liegen.

Die Polarität dürfte *die* Herausforderung sein. Traditionell versuchte das menschliche Bewusstsein – zumindest in den zurückliegenden Jahrtausenden – das Problem »monistisch«, d.h. zugunsten des Einen, des »Positiven«, zu lösen.

Das monistische Denken, die »Erlösung« vom Negativen (Sie konzentrieren sich auf die Ohnmacht-Macht-Polarität), beginnt meiner Meinung nach nicht erst mit der Säkularisierung der monotheistischen Gottesidee. Diese selbst scheint mir schon eine illusionäre Wunschprojektion des menschlichen Bewusstseins auf einer emanzipatorischen Entwicklungsstufe zu sein. Die Säkularisierung war nur ein zweiter, konsequenter Schritt.

Ich meine also, wir sollten weiter zurück an die Wurzeln gehen und die monotheistische Religion und ihr Fundament – das sogenannte Absolute – nicht ausklammern oder schonen. Nicht erst die Vereinnahmung des Absoluten durch den Menschen, sondern die Utopie des »Absoluten« an sich erscheint mir fragwürdig und letztlich zerstörerisch.

Dies wird besonders deutlich, wenn Sie die geschichtlichen Metamorphosen dieses Absoluten und dessen methodische Konsequenz, das Verabsolutieren, am Beispiel der diversen Heilsideologien verfolgen. Offensichtlich hat das Absolute als Ur-Utopie des monistischen Denkens nicht *Erlösung*, sondern *Auflösung*, sprich *Zerstörung* zur Folge.

Meine Argumente für den Paradigmenwechsel vom monistischen zum polaren Weltbild gründen sich auf einen logischen und – für Sie sicherlich interessanter – auf einen »sublogischen« Zugang zur Polarität. Ich meine die *emotionale Ambivalenz*, die – korrigieren Sie mich, wenn das nicht stimmt! – von der Psychologie eher als mysteriöses Paradoxon denn als natürliches Reaktionsmuster gedeutet wird.

Meine Frage an Sie, den Psychoanalytiker: Können Sie die Ambivalenz gleichsam als psychologisches Fundament eines polaren Weltbildes akzeptieren? Stimmen Sie mit mir in der Hypothese überein, dass die vorbewussten Anteile der menschlichen Psyche dem Bewusstsein »voraus« sind? Die »Instinkte« hatten ja auch Millionen Jahre Zeit, das menschliche Bewusstsein dagegen »nur« etwa 50000 Jahre.

Damit kommen wir zum zweiten, eher »utopischen« oder perspektivischen Aspekt meiner Überlegungen, zur Bewusstseinsevolution. Wenn man – hypothetisch – Phylogenese und Ontogenese in Analogie setzt, scheint es Ihnen gerechtfertigt, die Paradigmenwechsel vom vorbewusst *polar pluralen* (*polytheistischen* der Naturvölker/des Säuglings) über das *monistische* (monotheistische/ideologische der Hochkulturen/des Kindes) zum bewusst *polar pluralen* (postideologischen der Zukunft/des Erwachsenen) *Weltbild* als eine »natürliche Entwicklung« zu interpretieren?

Bei einer solchen Sichtweise, die allerdings riesige Zeiträume umfasst (ich denke, das Faktum Evolution verlangt dies vom Betrachter), könnte man den infantilen Größenwahn und dessen weltanschauliches Pendant, das monistische Weltbild, als emanzipatorische Übergangsphase oder »Überschussreaktion« deuten. Und aus vielem, was sich momentan in Naturwissenschaft, Politik und Kunst bis hin zur Ökobewegung abspielt, ließen sich Ansätze eines »Erwachsenwerdens« des Homo sapiens herauslesen.

Erscheint Ihnen dieser onto- und phylogenetische »Raster« realistisch oder als zu optimistisch?

Der Gedanke der Bewusstseinsevolution befreit die Menschheit von sinnlosem Lamentieren und Appellieren. Wer auf – mögliche – Entwicklung setzt, hat eine tragfähigere Motivation als jene, die ständig auf eine »moralische Besserung« des Menschen hoffen. *Entwicklung statt Bekehrung!* hieße die Losung eines solchen Denkens.

Das kollektive menschliche Bewusstsein müsste also »nur« nachvollziehen, was intuitiv im vorbewussten Bereich schon angelegt ist und – im günstigen Fall – beim individuellen Reifungsprozess stattfindet. Der Übergang von der emanzipatorischen Selbst-Verabsolutierung zur emanzipierten Selbst-Relativierung müsste *phylogenetisch* Wirklichkeit werden. wie ich meine, die Diskussion um die Zukunft der

In Politik, Religion und Ästhetik hat das monistische Denken ja schon an Terrain verloren. Im ökonomischen Bereich scheint es seine letzte verheerende Schlacht zu schlagen. Doch auch hier formiert sich eine Front, die Anlass zur Hoffnung gibt. Es käme also darauf an, die heimlichen Querverbindungen aufzudecken, die Ansätze zu einem neuen Weltbild auf ein möglichst breites (universelles) Fundament zu stellen und damit die Kräfte des Widerstandes zu bündeln. Die *Akzeptanz der Polarität* bei der Analyse der Wirklichkeit und beim perspektivischem Neuentwurf – der »Abschied vom Absoluten«, der *auch* den Abschied vom »Gotteskomplex« bedeuten würde – scheint mir die unabdingbare Voraussetzung für ein neues, »erwachsenes« Welt- und Selbstverständnis zu sein.

Wie denken Sie aus psychoanalytischer und philosophischer Sicht darüber? Welche meiner Thesen können Sie nachvollziehen, was sehen Sie anders?
Ich würde mich freuen, von Ihnen zu hören und grüße Sie...

7. Theologen / Kirchenvertreter

Hans-Martin Barth

Reformationsjubiläum 2016/17
Sehr geehrter Herr Dr. Barth,

auf Ihrer Website zeigen Sie sich weltoffen. Sie richten sich z.B. auch an »Anders-denkende«, ein Begriff, der zum Nachdenken reizt. Denken die Menschen nicht alle »gleich«? Bedeutet Denken nicht, die Welt und die eigenen Erfahrungen mit dieser Welt zu betrachten, Schlüsse zu ziehen?
Ja, Denken kann, gerade im Bereich oder in der Konfrontation mit dem Glauben zu unterschiedlichen, jeweils »anderen« Ergebnissen führen. *Glauben* kann durch das *Denken* bestätigt, aber eben auch infrage gestellt werden. Wem sollte man den »Primat« zugestehen, dem Glauben oder dem Denken? Ist »Homo sapiens« nicht gerade dazu »verdammt« zu denken, um »wissend« und »weise« zu werden?
Zum Reformationsjubiläum habe ich mir ein paar Gedanken unter dem Titel »Jubeljahr mit Bittertropfen« gemacht. Ich frage mich nämlich und vielleicht sollten die Vertreter der Kirchen sich auch fragen, ob diese Feier als »Fest der Selbstvergewisserung« genügt, ob neben den aktuellen ethischen und gesell-

schaftspolitischen Fragen, z.B. zur Flüchtlingsproblematik, nicht elementarere Probleme wie der offensichtliche »Glaubensschwund« innerhalb der Gesellschaft zur Debatte stehen sollten. Die Begründung meiner und vieler Zeitgenossen Zweifel an den christlichen Glaubensfundamenten finden Sie in beigefügtem »Christentum adieu! – Das leise Sterben eines Mythos«. Als Exjesuit und Exkatholik weiß ich, wovon ich spreche. Zum besseren Verständnis ein paar biografische Details.

Nach dem Austritt aus dem Jesuitenorden und meiner ironisch-polemischen Zeitkritik »Zarte Stachel – Süße Ohrfeigen« stellten sich mir die philosophischen Fragen: »Wie ist diese Wirklichkeit konstruiert? Macht dieses ambivalente Neben- und Gegeneinander von Schönem und Schrecklichem, von Gutem und Schlechtem, von Positivem und Negativem Sinn? Wie ging Homo sapiens innerhalb seiner Bewusstseinsgeschichte mit dieser Herausforderung um? Machen die Erlösungsutopien, egal ob mythische oder säkulare, Sinn? Sind sie »realistisch« und – wie könnte ein realitätsgerechter Umgang mit der Wirklichkeit aussehen?«

Das Produkt dieser philosophischen Überlegungen war mein »Abschied vom Absoluten – *Wider die Einfalt des Denkens*«. Mit dem darin entwickelten »polaren Weltbild« kann ich ganz gut leben (und sterben). Dass dieses Weltbild sich mit dem christlichen Gottesbild als dem *einen* und *guten* »*Gott der Liebe*« nicht vereinbaren lässt, werden Sie verstehen, wenn Sie sich auf die Gedankengänge des Buchs einlassen. Meine Kritik war dort jedoch mehr auf die säkulare Heilsutopie »Marktideologie« bzw. »Kapitalismus« konzentriert.

Über zwanzig Jahre später, als ich das Gefühl bekam, die Religionen treten wieder mehr in den Vordergrund, befasste ich mich noch einmal intensiver mit dem Christentum, auch, um meine *intuitive* Ablehnung in eine *reflektierte* umzuwandeln. Nach meinem Austritt aus dem Jesuitenorden war für mich das Thema Religion für lange Zeit »gestorben« gewesen. Eine Beziehung zu einem Gott, der nicht als sinnlich erfahrbares Gegenüber in Erscheinung tritt, hielt und halte ich für unmöglich und deshalb für sinnlos, im Widerspruch zur Conditio humana.

Die »Offenbarungen« an einige auserwählte Altvorderen entsprechen ebenso wenig wie die »Gnade des Glaubens« meinen Vorstellungen von Gerechtigkeit. Das klingt für mich schlicht nach »Willkür«. Ganz zu schweigen von den vielzitierten »Glaubensgeheimnissen«, mit denen man Ungereimtheiten, s. Theodizee, zu verbrämen sucht. Glauben contra Denken? Wozu hat uns der Schöpfer – um in Ihrem Bild zu bleiben – den Verstand und unsere innersten Empfindungen gegeben?

Gläubige Menschen – und vor allem Theologen – stellen gewöhnlich die Prämissen ihres Glaubens nicht infrage. *Erbsünde, Offenbarung, Auserwählung, Opfertod* und *Paradies* – diese »Glaubenswahrheiten« oder »-geheimnisse« werden von den Theologen/Innen bestenfalls neu interpretiert, nicht aber auf ihre »Fragwürdigkeit« überprüft. Verständlich, denn was steht auf dem Spiel? Die »Liebesbotschaft« des Gottes Jahwe, der jeden einzelnen von uns, egal, was ihm zustößt, angeblich »liebt«, die finale Gerechtigkeit per »Jüngstes Gericht« und das Happyend für die »Guten« in einem Jenseitsparadies, was soviel bedeutet wie: nur »pro forma« sterben, »tot« sein und dann doch »ewig leben« – also letztlich die Hoffnung auf »Unsterblichkeit« –, wer möchte auf all diese tröstlichen und zugleich verlockenden Perspektiven verzichten?

Ich weiß, dass man einen Gläubigen nicht aus seiner Trutzburg vertreiben kann. Das ist auch nicht meine Intention. Jedem sei sein Glaube, solange er ihn durch die Wirrnisse des Lebens trägt, zugestanden. Ich wünsche mir aber, dass man versteht, dass ein kritisch denkender Mensch, der seine Erfahrungen ernst nimmt und sie mit den angebotenen Glaubenswahrheiten konfrontiert, gute Gründe hat, sich vom Christentum zu verabschieden, ihm »adieu!« zu sagen.

Wenn Sie, Herr Barth, sich im Lauf des Reformationsjubiläums nicht nur um die »eigene Achse drehen« möchten und sich auch auf den »Blick von außen« einlassen wollen, lesen Sie meine Gedanken zu diesem Jubiläum unter dem Titel »Jubeljahr mit Bittertropfen«. Das Ende ist zugegeben etwas polemisch überspitzt, aber auch jener Jesus von Nazareth übte sich in dieser Art von Rhetorik. Manchmal frage ich mich, ob er nicht *auch* Ironiker und Provokateur war. Es gibt genügend Zitate, die wörtlich genommen nur Kopfschütteln hervorrufen können.

Zusammen mit dem »Abschied vom Absoluten« und »Christentum adieu!« schicke ich Ihnen meine »Kritik des Manifests des evolutionären Humanismus«. Ich bin nämlich neuerdings auch mit der Gegenseite der Religion, den Humanisten, ins Gespräch und ins Gehege gekommen. Neben meinen Zweifeln an deren Thesen der »Sinnleere des Universums« und des »Zufalls« und der »Ziellosigkeit« als bestimmende Faktoren der Evolution, habe ich, man höre und

164

staune, eine Lanze gebrochen für jenen Jesus von Nazareth, mit Hinweis auf dessen »revolutionären Beitrag« innerhalb der Mythengeschichte dank der Gleichsetzung von Gottes- und Nächstenliebe. Sie stellt, wie ich meine, seinerseits natürlich unbewusst und ungewollt, einen ersten Schritt in Richtung »Säkularisation« dar.

Ich denke, ich habe Ihnen genügend Stoff zum (Nach-)Denken gegeben. Ich weiß nicht, ob Sie motiviert sind, die alt- und neutestamentlichen Erzählungen, die Fundamente Ihres Glaubens, anhand meiner Bücher philosophisch-theologisch noch einmal auf den Prüfstand zu stellen. Ob Sie sich auf dieses Abenteuer einlassen, ist Ihre Sache. Wenn Sie es nicht tun, ich kann es Ihnen nicht »verdenken«. Es stünde ja, s. oben, einiges auf dem Spiel.
Mit den besten Grüßen eines Anders-Denkenden

Inhaltlich gleichlautende Briefe zum Reformationsjubiläum (www.abschied-vom-absoluten.de/Varia/»Jubeljahr mit Bittertropfen«) gingen an Margot Käßmann, Wolfgang Huber, Heinrich Bedford-Strohm und Kardinal Reinhard Marx .

19. März 2017
Sehr geehrter Herr Barth,

vermutlich ist Ihnen die Lust auf einen Dialog mit »Andersdenkenden« – vielleicht sollten Sie den Begriff rechts oben auf Ihrer Website löschen? – vergangen, zumal ich in meiner letzten Mail an Sie etwas provokant wurde. Ein Hauch Provokation, denke ich, schadet in Diskussionen nicht. Mit Beifall und Streicheleinheiten allein kommt man nicht weiter. Ich will Sie auch nicht von Ihren Projekten abhalten, erlaube

mir aber dennoch einen Nachtrag zu unserem Mini-
dialog.

Auf Joachim Kahls Website entdeckte ich die Zusammenfassung eines Streitgesprächs, die mich in
mancher Hinsicht zum Denken herausforderte. Ich
hänge Ihren Artikel, falls Sie ihn nicht mehr zur Hand
haben, an die Mail an. Sie tragen da ein paar typische
Argumente vor, die ich als den forschen und zugleich
verzweifelten Versuch ansehe, etwas zu retten, was
nur schwer zu retten ist.

Es geht um das Gottesbild. Ihre Vorstellungen lassen Ihren Gott mittels abstrakter Spekulationen im
Vagen, wie in einer Fata Morgana sich bis zur Un-
kenntlichkeit auflösen. Kein Wunder, über Objekte,
die jenseits unserer Erfahrung liegen, bleibt dem, der
daran glaubt, nur die Spekulation. Und für Spekulationen gibt es bekanntlich keine Grenzen.

Je verschwommener Sie diesen Gott jedoch zeich-
nen, desto fragwürdiger werden die den Gläubigen
abverlangten Einstellungen und Praktiken. Einen phi-
losophisch-abstrakt, »poetisch« oder »indirekt« vor-
gestellten Gott, der »weder ist noch nicht ist«, den
kann der Mensch nicht lieben, zu dem kann er nicht
sprechen oder beten. Mit poetischen Bildern spricht
man nicht.

Beziehungen – und das Christentum deutet die Geschichte zwischen Gott und Mensch ja als eine Beziehungsgeschichte – verlangen ein personales Gegenüber. Und da die »Person« die höchstmögliche Entwicklungsstufe zumindest auf unserem Planeten darstellt, ist eine »anthropomorphe« personale Gottesvorstellung als »Gegenüber« durchaus legitim, ich
würde sogar sagen: die einzig wirklich ansprechende
Möglichkeit der Kommunikation.

Kommunikation verlangt eine gewisse Ebenbürdigkeit, die »gleiche Augenhöhe«. Ein Stein, eine Pflanze, ein Tier kann mit einem Menschen nicht wirklich kommunizieren. Der Schöpfungsmythos ist in diesem Punkt ehrlicher, menschlicher als Ihr Angebot an Vorstellungen, indem er die »Ebenbildlichkeit« zwischen Gott und Mensch betont. Man kann den Mythos natürlich auch umkehren: Da sprachen die Menschen: »Lasset uns Götter machen, nach unserem Abbild, uns ähnlich...«.

Natürlich bleibt es jedermann überlassen, sich seinen Gott nach Belieben »zusammenzudichten« – er wird jedoch immer ein Problem damit haben, mit abstrakten, apersonalen Vorstellungen zu kommunizieren.Der Erfolg des Christentums beruht ja nicht zuletzt *auch* auf der Idee der Menschwerdung Gottes. Endlich hat man hier den »Sohn« eines »Vaters«, eine Person also als Gegenüber, die zumindest nach Aussage der kirchlichen Autoritäten »Gott« ist.

Nicht umsonst beziehen ja auch Sie, wenn ich das richtig sehe, Ihr »Vertrauen« ganz aus der Person des Jesus von Nazareth. Ohne diesen Jesus stünde Ihr Vertrauen auf wankendem Boden, es hätte keinen konkreten »Anhaltspunkt« mehr.

Den monotheistischen Konkurrenzreligionen ist der Gedanke der Menschwerdung Gottes völlig fremd, zu Recht. Sie brauchen diesen Gottessohn nicht, weil sie an ihrem personalen Gottesbild festhalten und ihrem Gott das verzeihende Erbarmen mit dem »sündigen« Menschen auch ohne das grausame Opfer des eigenen Sohnes zutrauen. Ob Sie als protestantischer Theologe noch an die Gottessohnschaft des Jesus glauben oder auch das nur für »Poesie« halten, weiß ich nicht. Dass jener Jesus sich selbst für den leiblichen Sohn seines »Vaters im Himmel« hielt, wage ich zu bezweifeln. Wenn er am Kreuz wirklich sagte: »Gott, mein Gott, warum hast du mich verlassen?« – dieses Zitat unterschlagen Sie zugunsten des: »In deine Hände, Gott, empfehle ich meinen Geist« – spricht das nicht dagegen, dass er sich selbst für »Gott« oder »Gottes Sohn« hielt? Als Gott hätte er sich seiner »Göttlichkeit« sicher sein müssen.

Nein, der »Vater im Himmel« ist das Gottesbild einer patriarchalen Gesellschaft, der jener Jesus nun einmal angehörte und in deren Bildwelt er verfangen war. Das mindert nicht seine Leistung, seinen revolutionären Beitrag innerhalb der Mythengeschichte: die Betonung der horizontalen, »säkularen« gegenüber der vertikalen, »transzendentalen« Komponente des Mythos per Gleichsetzung der Nächstenliebe mit der Gottesliebe.

Sie spielen mit zwei konträren Gottesvorstellungen – die spekulativ-abstrakte, poetische, indirekte Variante bedient die feinsinnig intellektuelle Klientel, für den einfachen Gläubigen gilt noch die konkrete Vorstellung des Vatergottes, die zusammen mit dem bizarren Konstrukt der Heiligen Dreifaltigkeit eine gewisse Anschaulichkeit bekommt. Ist die Heilige Dreifaltigkeit für Sie auch nur »Poesie«?

Um diese Tatsache kommen Sie trotz raffiniertester Spekulation nicht herum: Der Mensch ist auf sinnliche Wahrnehmung angelegt und angewiesen. Die Altvorderen beriefen sich auf die »direkte Offenbarung« – sie hörten »konkret« Gottes Stimme –, der heutige Gläubige muss sich mit »religiösen Erfahrungen«, sprich mit Offenbarungen im Kleinformat zufriedengeben, wenn er denn über die nötige »religiöse Musikalität« verfügt.

Und da kommen wir in den fragwürdigen Bereich der »Auserwählung«, der »Gnade« und der lutherischen »Prädestination«, allesamt Glaubenswahrheiten der arroganten Art, die 99,9% der Menschheit – die gibt es ja schon einige zig- oder hunderttausend Jahre *vor* Christus – von dem Heilsgeschehen ausschließt. Solches zu glauben, dazu gehört schon eine gehörige Portion egozentrischer, auf sich und den eigenen Kulturkreis beschränkter Sichtweise.

Noch eine Anmerkung zur »beschränkten Sichtweise«. Sie »bewundern und feiern die unendliche Kreativität« Gottes. Ich nehme an, Sie schauen sich kaum oder nie Naturfilme an. Vermutlich sprechen Sie auch von den »Naturparadiesen«, relativ ahnungslos, was sich dort abspielt. Diese Paradiese sind trotz Blütenpracht, zwitschernden Vögelchen und phantastischen Sonnenuntergängen brutale Schlachtfelder.

Diese Tatsache rückt die von Ihnen »gefeierte und bewunderte Kreativität« des Schöpfers in ein schiefes Licht. Allein das Grundprinzip des Lebens: »Töte, um zu überleben!« lässt sich kaum mit einem Gott der Liebe vereinen.

Wenn Sie an einen Schöpfergott glauben, was ja nicht grundsätzlich abzulehnen ist, dann müssen Sie schon ein anderes Gottesbild, notfalls »poetisch« entwerfen. Und da waren die vor- und außerchristlichen polytheistischen oder dualistischen Gottesvorstellungen näher an der Wirklichkeit als das monotheistische. Womit wir beim Theodizeeproblem wären, mit dem Sie auch nur voll (blinden) Vertrauens, notfalls mit dem heroischen »Credo, quia absurdum« umgehen können. Da muss, wenn man sich den Schöpfer als einen »Gott der Liebe« erhalten will, das Denken abgeschaltet werden.

Sie sagen, weder Christen noch Atheisten hätten eine Antwort auf das Leiden in dieser Welt. Es *gibt* eine Antwort und die ist relativ leicht einzusehen. Ich habe sie Ihnen in meinem Buch »Abschied vom Absoluten« gegeben, wo ich vom »Existenzrecht« und der »logischen Notwendigkeit der Negativseite des Seins« spreche. Diese antagonistische, polare Struktur als »sinnvoll« anzuerkennen, sich damit gewissermaßen zu »versöhnen«, fällt natürlich jedem unreflektiert Hoffenden, Glaubenden, auf ein Happyend Vertrauenden unendlich schwer. Da prallen Wunsch und Wirklichkeit unversöhnlich aufeinander.

Nur, diese unsere Wirklichkeit lässt sich nicht nach unseren Wünschen *prinzipiell* verändern. Und hier trennen sich die Wege der Glaubenden und der Denkenden. Was Sie als »prophetische Kraft des christlichen Glaubens zur Alternative« anpreisen, ist die Projektion einer Alternative im *Jenseits*. Dort, nur dort wird es, darauf »vertrauen« Sie, die Alternative zu der in Ihren Augen offenbar »unvollkommenen« oder »misslungenen« Wirklichkeit geben: jenes zum Guten bereinigte Paradies, die ewige Glückseligkeit.

Der die Wirklichkeit kritisch hinterfragende Denkende muss sich in der Tat mit der »Unerlösbarkeit von allem Übel« und der Endlichkeit hienieden anfreunden. Er muss versuchen, in *dieser* Welt seine Lebensumstände zu verbessern. Er muss versuchen, ein Minimum an Gerechtigkeit im *Hier und Jetzt* herzustellen, ohne Hoffnung auf die finale Gerechtigkeit am Jüngsten Tage. Ja, das alles ist eine Nummer kleiner, bescheidener, jedoch realistischer als die von Ihrer »prophetischen«, ich würde sagen: »poetischen« Kraft beschworene mögliche Alternative in einer anderen Welt.

170

Diesen konsequenten Bezug zur vorgegebenen Wirklichkeit und den Versuch, sie ohne Träume von einer »anderen Wirklichkeit« zu begreifen, halte ich jedoch nicht, wie Sie es nennen, für eine »Selbstbegrenzung des Denkens«. Ich halte es eher für eine »Demut« des Denkens gegenüber der Wirklichkeit. Wenn jemand mit dieser so gearteten Wirklichkeit nicht zurecht kommt, sie nicht begreift und glaubt, sich eine ganz andere (Wunsch-)Wirklichkeit zusammenphantasieren zu müssen, ist das sein Problem.

Ich behaupte, unser Denken muss sich dieser Wirklichkeit unterwerfen, denn »sie hat Recht«. Wer sich in eine andere Welt flüchtet oder hineinträumt, hat diese Welt nicht verstanden. *Dessen* Denken, von Wünschen und Ängsten blockiert, ist in der Tat »selbstbegrenzt«.

Nun, ich gebe zu, grenzenloses »Vertrauen«, Vertrauensseligkeit, ungetrübt von Zweifeln, kann beruhigend bis euphorisch wirken, es kann glücklich machen. Es setzt allerdings eine gewisse Naivität und einen ungebremsten »genetischen« Willen zum Vertrauen, das Charakterkostüm des »unverbesserlichen Optimisten« voraus, allerdings auch eine gewisse Ungerührtheit gegenüber den Realitäten, den Geschehnissen ringsum. Nennen wir es eine »selbstbegrenzte Empathie«: ich und mein Vertrauen, ich und mein Heil, ich und mein Gott. Was da draußen passiert, kann mein »Vertrauen« nicht erschüttern.

»Selig die Armen im Geiste...« und »Wenn ihr nicht werdet wie die Kinder...« – in diese Loblieder oder Seligpreisungen der Naivität und der Vertrauensseligkeit kann ich nicht einstimmen. Habe ich Ihnen Stoff zum »unbegrenzten Denken« geliefert? Mit den besten Wünschen eines »Andersdenkenden«

Sehr geehrter Herr Barth,

danke für Ihre Mail und dafür, dass Sie sich trotz widriger Umstände die Zeit genommen haben, auf meine zugegeben etwas provokante Mail zu antworten. Der Hauch Provokation, den ich in der Tat liebe, soll mein Gegenüber nicht herabsetzen oder lächerlich machen. Die von Ihnen beanstandeten Begriffe (Profigläubiger...) sind eher zugespitzte Formulierungen, die hinter scheinbare Selbstverständlichkeiten Fragezeichen setzen sollen. Der Angesprochene oder Leser soll sozusagen aus seiner einschläfernden »Seelenruhe« und Selbstgewissheit aufgeschreckt werden. Natürlich ist dieses Stilmittel je nach Temperament und Empfindlichkeiten nicht jedermanns Geschmack. Es will also wohldosiert sein und manchmal ist es besser, darauf zu verzichten. In »Christentum adieu!« bin ich deshalb ausgesprochen sachlich geblieben.

Am Beispiel »Profigläubiger«. Als Theologe müssen Sie sich natürlich fragen lassen oder sich selbst hinterfragen, ob Sie nicht durch den »professionellen« (»Profi«-)Umgang mit Ihrem Glauben und durch die Tatsache, dass Ihre, auch finanzielle Existenz auf dem Erhalt dieses Glaubens beruht, ob Sie da noch wirklich in der Lage sind, »unvoreingenommen« Ihre Glaubensfundamente hin und wieder zu überprüfen, Ihren eventuellen Zweifeln nachzugehen. Die Vermutung liegt nahe, dass Sie Ihren Glauben sowohl *emotional,* z.B. per fragloses »Vertrauen«, als auch *rational* mit jedwedem möglichen Argument – z.B. mittels Ihrer äußerst problematischen, »grenzwertigen« Gottesvorstellungen in der Auseinandersetzung mit Joachim Kahl (s.meine letzte Mail) – am Leben erhalten. Letztere Methode, die Suche nach vernünftigen Gründen für »unvernünftige« Einstellungen oder Verhaltensweisen nennt die Psychoanalyse »Rationalisieren« und das kann tatsächlich in »Spitzfindigkeit« enden. Mit der Psychoanalyse, der »säkularen Seelenkunde«, sind Sie, das vermute ich mal, nicht sehr vertraut.

Das von Ihnen permanent vorgebrachte »Vertrauen« bildet sich ja in den ersten Kindheitsjahren als »Urvertrauen« heran, umso stärker, als diese Kindheit behütet und ohne Brüche oder Traumata vonstatten ging. Es stützt sich später nicht auf irgendwelche vertrauenerweckende Botschaften wie die des Jesus, sondern darf auf normalerweise zu erwartende Gesetzmäßigkeiten, natürlich auch unterstützt durch vertrauenswürdige Menschen im Umfeld, bauen.

Statistisch gesehen werden Sie das Alter... erreichen. Aber diese Statistik ist brüchiges Eis, ein für viele, sehr viele Menschen trügerisches Versprechen. Schon in der nächsten Sekunde kann die statistische Wahrscheinlichkeit wie eine Seifenblase »zerplatzen«. Insofern bleibt, Sie haben Recht, der Boden immer »wankend«.

Sie sprechen von »Dankbarkeit«. Ja, man kann dem Schicksal, diesem Gemisch aus Ordnung und Chaos, aus Gesetz und Zufall dankbar sein, wenn man Glück hat. Wenn Sie aber statt von »Glück« von der »Gnade« sprechen, »die das Leben trägt«, dann muss das in den Ohren derer, die z.B. einem »gnadenlosen« Unglück zum Opfer fallen, wie Spott und Hohn, fast schon zynisch klingen. Denen würde auch durch einen Sprecher im Jenseits nur schwer zu vermitteln sein, dass ihr »Leben eigentlich von der Gnade getragen« war und dass sie als Kompensation für erlittenes Leid die ewige Glückseligkeit bekämen, nach dem

Motto: Ende gut, alles gut!. Den Satz von der »Gnade, die das Leben trägt« kann nur sagen, wer auf einer Insel der Seligen jenseits von Armut und Bedrohung und vielleicht auch noch in abgehobener, privilegierter Stellung lebt. Da halte ich es lieber mit der in mancher Hinsicht bitteren Pille eines realistischen Weltbilds, das nichts beschönigt, als mit dem, sorry, kitschig-süßen Geschmack einer zwar wohlmeinenden, aber von dem eigenen »Vertrauen auf die Gnade« trunkenen Predigt. Ja, man kann alle Bedenken, Zweifel und schlimmen Erfahrungen in seinem, provokant ausgedrückt: »zweckoptimistischen« Vertrauen auf ein Happyend ertränken – psychoanalytisch gesehen auch eine durchaus tragfähige Überlebenstaktik. Sie bleibe jedermann unbenommen.

Was die von Ihnen gepriesene »Botschaft des Jesus« und den Zustand der Welt angeht, wie diese aussehen würde, wenn die Botschaft des Jesus... Auch da gibt es eine relativ einfache Erklärung für die Utopie dieses »Wenn...« Die Botschaft des Jesus, die ich einmal auf das zentrale Gebot der undifferenzierten Nächsten- und Feindesliebe verkürze, funktioniert nicht, weil es »unnatürlich« ist. Sie können es auch »übernatürlich« oder »utopisch« nennen. Dieses Gebot wurde niemals geschichtswirksam.

Schauen Sie sich die Geschichte des »christlichen Abendlandes« an – aus Sicht des Jesus von Nazareth eine einzige Pleite, nicht nur was die Nächsten- und Feindesliebe betrifft. Das Versagen zeigt sich schon innerhalb des institutionalisierten Christentums mit der Bildung hierarchischer Strukturen. »Wer von euch der Erste sein will,...« Jener Jesus würde sich im Grabe drehen, wenn er von gut dotierten, beamteten Pastoren und Landesbischöfen u.ä. hören würde. Auch die wissenschaftliche Aufarbeitung und Deutung seiner doch recht einfach gestrickten, leicht verständlichen Botschaft von Seiten der Theologieprofessoren wäre ihm, der mit den »Schriftgelehrten« permanent im Clinch lag, ein Gräuel. Seine Botschaft wurde in vieler Hinsicht schon von seiner Kirche pervertiert oder sagen wir: auf ein menschliches, »natürliches« Maß reduziert. Die »Natur« des Menschen setzte sich sozusagen gegen die »Übernatur« durch.

Und wäre dem Wanderprediger ein längeres Leben beschieden gewesen und hätte er vom Lager der Prediger ins Lager der Denker gewechselt, er hätte vielleicht verstanden, warum sein so anrührend klingendes Gebot nicht »funktionieren« kann, bzw. nur bei wenigen Menschen auf fruchtbaren Boden fällt.

Die Liebesfähigkeit, »Empathie« des Menschen ist begrenzt und wählt aus. Sie können zwar mit allen leidenden Menschen auf dieser Erde Mitleid haben, aber es wird virtuell bleiben müssen. In der Konkretisierung ist es begrenzt durch seinen Gegenspieler, die »Selbstabgrenzung«, derzeit aktuell beim Thema Flüchtlingskrise. Diese Selbstabgrenzung hat etwas mit dem ebenfalls »natürlichen«, in Ihrer Denkweise »vom Schöpfergott gewollten« Aggressionstrieb zu tun – auch so ein elementarer Trieb, mit dem Sie vermutlich nicht viel anfangen können. Der ist nicht nur böse, wie Sie vielleicht meinen, der füttert jegliche Aktivität, den Konkurrenzkampf, die Eroberung von Rang und Privilegien und deren Verteidigung. Ohne ihn, sorry, wären Sie kein Professor an einer Hochschule geworden. Also, die Empathie ist quantitativ begrenzt, kann aus Überlebensgründen nicht auf Feinde bezogen werden und wird durch den Gegenspieler »Selbstabgrenzung« in Schach gehalten, oder sagen wir ausbalanciert. Das Leben in einer Gemeinschaft spielt sich, wenn es gelingen soll, zwischen Konkurrenz und Kooperation ab.

Ich habe Jesus in meinen Büchern einen »aggressionsgehemmten Hyperempathiker« genannt. Wieder so ein Ausdruck aus der Psychoanalyse, der Ihnen vermutlich nicht schmeckt. Dass dieser Jesus auf empathisch besonders begabte Menschen eine Anziehungskraft ausübt, ist nur natürlich. Damals u.a. auch ein Grund meinerseits, in den Jesuitenorden einzutreten. Auf Empathie allein ist jedoch kein transzendentaler Glaube aufzubauen. Empathie funktioniert übrigens ebenso gut auch ohne Jesus.

Ich fürchte, aus den von mir genannten »natürlichen« Gründen wird die Welt niemals so aussehen, wie Sie es sich wünschen, was nicht heißt, dass Sie sich nicht für die »Verbesserung der Welt« engagieren sollten. Die Frage ist nur, mit welcher Botschaft, mit welchen Erwartungen? Diese ständig wiederholten frommen Appelle von Bedford-Strohm, Kardinal Marx bis hin zu Papst Franziskus klingen ja schön und anrührend, aber sie verhallen oder sprechen nur die an, die sie ohnehin nicht nötig haben. Mit realistischen Argumenten statt übernatürlich begründeten »Liebesappellen« käme man vielleicht ein Stückchen weiter im Bemühen um »Frieden«, »Solidarität«, »soziale Gerechtigkeit«…

Ja, auch ich begegne einem »Größeren« und fordere sogar – s. meine letzte Mail – »Demut«, die Unterwerfung des Denkens unter die uns vorgegebene Wirklichkeit. Ich fordere zu dem Versuch auf, sie zu verstehen, anstatt an ihr herumzunörgeln und auf eine andere Wirklichkeit zu hoffen. Ich gestehe aber auch jedem vom Unglück Betroffenen zu, diese Welt samt

176

tatsächlichem oder vermeintlichem Schöpfergott zu verfluchen, sofern es ihm nicht gelingt, seinen Standpunkt zugunsten eines höheren, philosophischen Blicks auf das Ganze zu »transzendieren«, seine Rolle in diesem Spiel zu erkennen und »fatalistisch« zu akzeptieren. Es bleibt ihm ohnehin nichts anderes übrig, ob mit oder ohne tröstliche Jenseitsperspektive. Zu Ihrer »prophetischen Kraft des Christentums zur Alternative« s. meine letzte Mail.

Sie ermuntern mich am Schluss Ihrer Mail zu »Lebensmut« und »Humor« und zum Blick auf die »Lilien im Felde«. Keine Sorge, ich bin kein trübsinniger Skeptiker. Meine Frau und ich haben fast die ganze Welt bereist. Als Fotograf habe ich immer versucht, die Schönheiten der Natur festzuhalten. Ich freue mich an den Schneeglöckchen und an jedem Krokus, der in unserem Gärtchen blüht. Ich bin mir aber bewusst, dass das nur die eine Seite der Medaille ist (s. letzte Mail zum Thema *Natur*).

Die von Ihnen »bewunderte und gefeierte Kreativität« wird im Bereich des Lebendigen durch »natürliche Feinde«, Naturkatastrophen und den destruktiven Vorgang des Alterns und des Zerfalls – vornehm als »Werden und Vergehen« beschrieben – egalisiert, und zwar *jede* Form des Lebendigen. Der große Kreator ist, wenn es nach monotheistischer Vorstellung ein und dieselbe Macht ist, zugleich der große Destruktor. Auch so eine »Polarität«, für die die Heilsutopien einfache Lösungen, sprich Erlösungen anbieten.

Und was den Humor betrifft – in meinem Freundeskreis bin ich derjenige, der die anderen am meisten zum Lachen bringt. Mit Humor den Widrigkeiten zu widerstehen ist eine Taktik, die ich von Jugend an übe und beherrsche. Ich kann nur hoffen, dass ich nicht irgendwann einmal doch an die Grenzen des Humors stoße.

Ihnen wünsche ich, dass Sie nicht an die Grenzen Ihres »Vertrauens« stoßen und natürlich auch gute Besserung, was die Folgen Ihres Unfalls betrifft. Und, was war das Thema Ihres geplanten Vortrags in Rom? Mit besten Grüßen

9. April 2017

Sehr geehrter Herr Barth,

danke für Ihre »Abschiedsmail«. Wenn ich Ihnen durch mein »Psychologisieren« zu nahe getreten bin, tut es mir leid. Es ist nicht meine Intention, im Seelenleben meines Gegenübers herumzustochern, aber manchmal kommt man, wenn man den anderen verstehen will, um die Psychologie nicht herum. Eine meinerseits angedeutete psychologische »Möglichkeit« muss im konkreten Fall nicht unbedingt eine »Wirklichkeit« sein. Auf definitive Schlussfolgerungen und Urteile verzichte ich als »Agnostiker« grundsätzlich.

Dass wir in unserem Gespräch, wie Sie sagen, »nicht vorankommen« in Richtung einer finalen übereinstimmenden Meinung, war ja vorauszusehen. Natürlich ist mir klar, dass jeder Mensch *sein* Weltbild hat, das er sich nicht nehmen lässt. Resonanz entsteht nur zwischen ähnlich strukturierten Menschen, ähnlich in Genen und Geschichte. In diesen beiden Punkten unterscheiden wir uns offensichtlich.

Dennoch halte ich in solchen Fällen ein Gespräch für gewinnbringend, insofern ich etwas über die Denkungsart meines Gegenübers erfahre und zugleich gezwungen bin, meine eigene Position zu schärfen. Des-

178

halb habe ich auch unser Gespräch niemals für sinnlos oder frustrierend gehalten. Ich stellte ein paar Themen in den Raum – Ihre vagen Gottesvorstellungen, die Möglichkeit der Beziehung zwischen Gott und Mensch, die Ambivalenz der Natur, das »Existenzrecht des Negativen«, die Unterwerfung des Denkens unter die gegebene Wirklichkeit, die meiner Meinung nach »arroganten« Vorstellungen von *Auserwählung*, *Gnade* und *Prädestination*, die utopische Unmöglichkeit des Gebots der Nächsten- und Feindesliebe usw. Diese Themen und Ihre Meinung dazu waren mir wichtiger als die eher persönlichen Aspekte des Glaubens. Leider sind Sie auf keines dieser Themen wirklich eingegangen – entweder *wollten* oder *konnten* Sie nicht – und argumentierten ausschließlich auf der emotionalen Ebene, mit »Vertrauen«, »Dankbarkeit«, »Lebensmut«…

Diese Ihre Argumentationsweise war *mein* Erkenntnisgewinn an der Geschichte. Ich versuche ja nicht, gläubige Menschen und schon gar nicht Theologen zum »Unglauben« zu »bekehren«. Mich interessiert, ob die offiziellen Glaubensvertreter ihre Wahrheiten überhaupt noch thematisieren und zur Disposition stellen. Angesichts der Austrittswelle sollten sie das vielleicht. Denn eine Verkündigung, die sich nur noch auf das Sozialverhalten beschränkt und die Glaubensfundamente ausklammert, kann den Glaubensschwund der Mitglieder nicht aufhalten. »Sozialpredigten« erschallen heutzutage aus allen Richtungen.

Ein Kompliment muss ich Ihnen noch machen. Sie waren einer der wenigen, die auf meine Anregung reagierten und sich auf ein Gespräch einließen, ein Zeichen von Charakter »alter Schule«, den ich auf beiden

Seiten, bei den »Transzendentalen« und den »Säkularen«, schon oft vermissen musste. Ja, Sie werden es nicht glauben, auch mit Ihrer Gegenseite, den »Humanisten«, und deren Thesen habe ich mich kritisch auseinandergesetzt. In meiner »Kritik des Manifests des evolutionären Humanismus« habe ich sogar für jenen Jesus von Nazareth Partei ergriffen, seine historische Leistung innerhalb der Mythengeschichte gewürdigt. Nachzulesen in der »Kritik...« und auch in »Christentum adieu!«

Was die von Ihnen anempfohlene Kritik mir selbst gegenüber angeht – ich frage mich schon seit einiger Zeit, ob es Sinn macht, Menschen ihren Glauben per kritischem Hinterfragen »madig« zu machen und deren trostreiche Perspektive in einer anderen Welt infrage zu stellen, zumal sehr viele Menschen praktisch keine Chance auf ein befriedigendes Leben im Diesseits haben.

Ich frage mich auch, ob dieses schon fast rührend kindliche Vertrauen auf jenseitige Götter, das ich auf meinen Reisen z.B. durch Südostasien und Indien erlebt habe, durch den aufklärerischen Appell »Sapere aude!« ins Wanken gebracht werden sollte.

Und manchmal frage ich mich, ob die historisch seltenen Perioden philosophischer »Aufklärung« letztlich nicht immer nur Episoden und zum Scheitern verurteilt sind, ob die Menschen nicht doch eher zur Unterwerfung unter die eigenen Ängste und Wünsche »verdammt« sind als zum Erkennen und Begreifenwollen der Wirklichkeit. Auf den naiven Angst- und Wunschglauben anstelle eines »Erfahrungsglaubens« setzen ja alle Heilsutopien. In dieser Hinsicht unterscheiden sich die säkularen nicht wirklich von den transzendentalen Utopien.

180

Ein reflektiertes Weltbild, das sich u.a. mit dem Widerspruch zwischen Utopie und Wirklichkeit, zwischen Verkündigungen und eigenen Erfahrungen auseinandersetzt, scheint mir ein relativ elitäres Unternehmen zu sein. Für die meisten Menschen, denen man gewiss nicht sagen muss: »Wenn ihr nicht werdet wie die Kinder...« – denn sie sind es ja schon oder noch – ist das sich-und-die-Welt reflektierende »Erwachsenwerden« nicht attraktiv. Der Weg des Glaubens ist der müheloseste, einfachste Weg, zumal, wenn er ins Jenseits- oder Konsumparadies zu führen verspricht..

In Ihrer Palmsonntagspredigt betonen Sie bezeichnenderweise die »Autorität« des Jesus und appellieren damit unbewusst an die Autoritätsgläubigkeit bis -hörigkeit Ihrer Zuhörer. Damit, dass Jesus die »Auferstehung und das Leben ist«, dessen »Autorität« zu begründen, das erscheint mir mehr als fragwürdig. Autorität erwirbt man sich durch besondere Leistungen, Kenntnisse, Charaktereigenschaften, nicht durch messianische Selbstüberhöhung.

Durch Ihre Predigt zieht sich eine, mit Verlaub, gewisse Naivität. Und sie bleiben mit der Eselchen-Geschichte wieder einmal auf einem anrührend kindlich-emotionalen Niveau. Überzeugende Argumente bleiben außen vor. »Denken« bedeutet gerade *auch*: Autoritäten infrage stellen. Es gibt keinen Endpunkt, keine Wahrheit »ein für allemal«. Denn die Suche nach der Wahrheit dürfte ebenso wie »Homo *sapiens*« ein unvollendetes, vielleicht sogar unvollendbares Projekt der Evolution sein.

Für die, die das mühsame Geschäft des Verstehenwollens betreiben, wird es vermutlich immer nur zuerst ein Akt der Selbstvergewisserung bleiben – der

Entwurf eines Weltbilds, mit dem sie leben und sterben können. Wenn man einem anderen damit »auf die Sprünge hilft«, etwas in Worte fasst, was ohnehin in ihm schlummert, ist es gut. Wenn nicht, auch gut!

Suum cuique! Jedem *sein* oder auch *kein* Weltbild! Ist Ihnen das Selbstkritik genug?

Mit den besten Wünschen – egal, wohin der Weg Sie auch führen mag...

1. Mai 2017

Sehr geehrter Herr Barth,

es ist gar nicht so einfach, einen Schlusspunkt zu setzen, zumal wenn die Schlussbemerkung des Gegenübers wieder zur Reaktion herausfordert, aus Gründen z.B. eines Missverständnisses, das bei Ihnen der Begriff »arrogant« hervorgerufen hat.

»Arrogant« sind nicht Ihre Gottesvorstellungen, für »arrogant« halte ich die Selbsteinschätzung eines Volkes oder eines Gläubigen, der sich von seinem Gott »auserwählt« fühlt und der das »Nicht-auserwählt-Sein« der übrigen Menschheit nicht infrage stellt. Der Gedanke der »Auserwählung« und der »Gnade Gottes« nur gegenüber »Auserwählten« rückt diesen Gott unweigerlich in den Ruch der Willkür und Ungerechtigkeit.

Eine Gottesvorstellung, die nicht auf der universellen Zuneigung Gottes zu *allen* Menschen beruht, ist eine Provokation, würde diesen Gott in meinen Augen »disqualifizieren«.

Die »Gnade«, nach Luther, per Glaube, Glaube, Glaube... quasi zu erzwingen oder von der eigenen Glaubensfähigkeit und – bizarrer noch – die Prädestination nach Calvin vom eigenen, womöglich finanziellen Erfolg im Diesseits abzulesen, macht die Sache nicht besser, nur noch fragwürdiger.

Was Ihr Zitat betrifft: »Du siehst, aber dein Blick ist kein Berühren«... Es mag Ihnen ja gegeben sein, transzendentale Dimensionen zu »sehen« und auf »Berührung« zu verzichten, aber die mit diesem Zitat verbundene beschworene »Sinnfälligkeit« oder »Sinnlichkeit« der Wahrnehmung dieser Transzendenz dürfte dem »gemeinen Menschen« nicht gegeben sein. Wenn es schon mir, als einem idealistisch gesonnenen jungen Mann, der in den Dienst jenes Jesus treten wollte, in dreijährigem Bemühen nicht gelungen ist, die jesuitische »familiaritas cum Deo« zu entwickeln, der statt dessen einem schweigenden imaginären Gott gegenüberstand bzw. -kniete, wie sollte der normale Mensch in Kontakt mit einem »schweigenden Gott« kommen?

Nicht ohne Grund leeren sich die Kirchen, die Orte der liturgischen, direkten Begegnung mit Gott. Gespräche in nur *eine* Richtung funktionieren nicht. Menschliche Beziehungen scheitern bekanntlich u.a. an der »Sprachlosigkeit« der Partner. Also, alles wieder eine Frage der »Gnade« oder »Auserwählung«?

Interessanterweise lehnt auch ein Kollege von Ihnen, der katholische Freiburger Fundamentaltheologe Magnus Striet, zu dem ich Kontakt aufgenommen habe, den Gedanken der »Auserwählung« ebenso wie den von Gott geforderten »Opfertod« des Jesus von Nazareth als »inakzeptabel« ab. Er spricht von notwendigen »Aufräumarbeiten« der Theologie und ist durch seine Thesen bei konservativen Katholiken in den Ruch eines »Häretikers« geraten. Obwohl sein Buch den Titel »Gottes Schweigen« trägt, geht er auf dieses für eine »Beziehungsgeschichte zwischen Gott und Mensch« zentrale Problem, soweit ich sehe, nicht wirklich ein.

Stattdessen begründet er seine Argumentation für den Glauben, ähnlich wie Sie, auf der »Sehnsucht« *nach* und der »Hoffnung« des Menschen *auf* »finale Gerechtigkeit« und darauf, dass schließlich alles »gut« wird und dass der Tod nicht »das letzte Wort« hat. Diese Hoffnung ist verständlich und ich habe, wie schon gesagt, eigentlich keine rechte Lust, sie jemandem, den sie trägt, zu nehmen. Ob sie realistisch oder utopisch ist und warum sich der Schöpfer für viele Menschen solche zum Teil »grausamen Umwege« auf dem Weg zum Paradies hat einfallen lassen, darüber darf nachgedacht werden.

Ich halte es da lieber mit der Polarität, die eine relativ einfache Theo- oder Kosmodizee erlaubt, die allerdings mit dem christlichen Gott der »Liebe« nicht vereinbar ist. (s. »Christentum adieu!«) Da müsste man, wenn man unbedingt einen Schöpfergott braucht, sich ein anderes, z.B. »polares« Gottesbild einfallen lassen, das zu dieser »Schöpfung« passt.

Und noch ein kurzer Gedanke zu der »Umwertung der Werte« in Ihrer Palmsonntagspredigt. Ich frage mich, was für einen Sinn macht es, die als positiv empfundenen »natürlichen« Werte, wie z.B. Kraft, Schönheit, Stärke, Stolz, Selbstbewusstsein, Erfolg, Genuss usw. usw. – von dem Schöpfer ja ursprünglich als solche geschaffen – nachträglich »umzuwerten« und deren traurigen »Gegenwerte«, symbolisiert im Kreuz, das man täglich auf sich nehmen sollte, als neue und wahre Werte hochzustilisieren?

Hat sich der Schöpfer mit seinem Anfangskonzept der »natürlichen Werte« vertan oder ist diese Umwertung vielleicht doch nur das Trostpflaster für die Zukurz-Gekommenen, die Unterprivilegierten und Lei-denden, die »Mühseligen und Beladenen«, um ihnen ein neues Selbstbewusstsein zu verleihen? Muss »übernatürlich« gleich »unnatürlich« sein?

Jetzt habe ich Ihnen wieder ein paar Gedanken »in den Rachen« geworfen, die vielleicht nicht so leicht verdaulich sind. Sorry! Aber Sie sind natürlich nicht verpflichtet, gemäß Ihrem Vorschlag, dem ich zustimme, darauf einzugehen. Wenn Sie zu neuen Gedankengängen angeregt wurden, war es ja auch nicht umsonst.

Weiterhin Freude beim Denken, Mut zum Zweifeln und zu möglichen »Aufräumarbeiten« der Theologie wünscht Ihnen

Heinrich Bedford-Strohm

30.03.2015

Sehr geehrter Herr Bedford-Strohm,

wieder steht ein christliches Hoch-Fest vor der Tür. Nach Weihnachten, dem vielleicht genialsten Rühr-stück der Mythengeschichte (Gott, arm und schwach als Säugling in der Krippe im Stall...) feiert man nun das grausame Blutopfer des Jesus von Nazareth und dessen Auferstehung. »Gottvater« opfert seinen »leiblichen« Sohn, um den Menschen seine Liebe zu zeigen (»So sehr hat Gott...«) und ihnen ihre Sünden verzeihen zu können. Und, was für die Gläubigen noch tröstlicher ist – sie erlangen das »ewige Leben«, gleichbedeutend mit der »Unsterblichkeit«, die bis dahin nur den Göttern vorbehalten war. Nichts scheint schwerer zu sein, als die Vergänglichkeit, sprich: die eigene Endlichkeit zu akzeptieren.

Trotz dieses nicht zu überbietenden Heilsverspre-
chens kehren zumindest in unseren Breiten die Gläubigen ihren Kirchen zunehmend den Rücken. Als
Grund vermutet man in der katholischen Kirche den
»Mangel an Modernität«. Doch auch die moderneren
protestantischen Kirchen haben mit dem Mitgliederschwund zu kämpfen. Sind es also neben der Kirchenkritik womöglich tiefere Gründe, ein elementarer
»Glaubensschwund«, der das leise Sterben dieses Mythos verursacht? Hat auch das vermeintlich »aufgeklärte Christentum«, das doch den ersten Schritt in
Richtung Säkularisation gemacht hat, indem es den
Blick auf die Probleme des Diesseits verstärkte, ausgedient?

Die Reduktion des Christentums auf soziales Engagement, Bewahrung der Schöpfung, fairen Umgang
mit der Dritten Welt usw. wird den Kern der Botschaft – das »versülzte« *Gottesbild* (»Gott der Liebe«), das von der »Erbsünde« geprägte, negativ gefärbte *Menschenbild* und das christliche *Geschichtsbild* – die Deutung von Geschichte als einer »Heilsgeschichte« – vermutlich nicht retten. Dass Europa in
der mythengeschichtlichen Evolution dank des unvollendeten Projekts *Aufklärung* eine Vorreiterrolle in
der Bewegung weg von den transzendentalen Mythen
spielt, ist nur logisch und konsequent. Die Hoffnung
der christlichen Kirchen auf Kontinente wie Afrika
oder Südamerika mit deren retardierter Bewusstseinsentwicklung ist zwar verständlich. Aber auch diese
Kontinente werden im Lauf der geistigen Globalisierung Ansätzen einer »Aufklärung« und der damit verbundenen Säkularisierung nicht entkommen.

Mein Buch »Christentum *adieu!* – Das leise Sterben eines Mythos« ist trotz des etwas provokanten Ti-

tels kein hämischer Abgesang auf das Christentum. Ich betrachte es als Analyse und kritische Auseinandersetzung mit den fundamentalen Glaubensinhalten des Christentums, mit dessen Wirkungsgeschichte und derzeitigem Zustand. Als ehemaliger Jesuit weiß ich, wovon ich spreche.

Vielleicht ist das Buch für Sie Anstoß zu theologischer Reflexion und zum Verständnis dessen, was sich »mythengeschichtlich« derzeit abspielt. Ein Perspektivwechsel, der Blick von außen kann manchmal erhellend sein. Grund zu kritischer Selbstreflexion hat, nebenbei bemerkt, natürlich auch der säkulare Heilsmythos *Kapitalismus*.

Es grüßt Sie trotz unterschiedlicher »Weltanschauung« mit allen guten Wünschen

Bleistein SJ

11.3.2004

Sehr geehrter Herr Bleistein,

Ihr Artikel »Verlust der Utopie?« in den *Stimmen der Zeit* vom Januar ist für mich Anlass, Ihnen mein Buch »Abschied vom Absoluten« zu schicken. Natürlich auch die Tatsache, selbst einmal Mitglied der Gesellschaft Jesu gewesen zu sein. Sie dürfen also annehmen, dass ich Ihre (die christlich transzendentale) Sicht der Dinge »von innen« her, d.h. einigermaßen vorurteilslos kenne.

Ihr Statement zum Thema »Utopie« verrät ein bisschen die derzeit häufig anzutreffende Mischung aus Verunsicherung und heroisch trotziger Parteinahme für »Utopie«. Vielleicht wäre es nützlicher, statt des beschwörenden Pathos in der Stimme den Begriff

Utopie einmal genauer zu definieren und das Welt-bild, das sich hinter den jeweiligen Varianten von Utopie verbirgt, zu analysieren. So geschehen im »Abschied vom Absoluten«. Ich habe versucht, das Absolute (oder den Absoluten) als Ur-Utopie des monistischen Weltbildes zu definieren, die Geburt und Metamorphosen dieser Utopie und deren zwanghaftes Scheitern innerhalb der Geschichte aufzuzeigen. Neben der kritischen Analyse scheute ich nicht den alternativen Entwurf einer »Meta-Utopie« – jenseits der klassisch monistischen Erlösungsutopien.

Auch wenn Sie Ihr Fundament (das Absolute) nicht in Frage stellen – selbst innerhalb der Kirche werden Sie nicht umhinkommen, sich mit dem »Paradigmenwechsel« vom monistischen zum polaren Weltbild auseinanderzusetzen. Die feministische Theologie untergräbt derzeit den Primat des patriarchalen »Vatergottes«; die Befreiungstheologie hat den Primat der Transzendenz gebrochen, und die Ökumene lässt sich mit dem Absolutheitsanspruch des Katholizismus nun wirklich nicht vereinen.

Praktisch ist ja mit dem 2. Vatikanum (Religions- und Gewissensfreiheit) schon manches vollzogen. Hinsichtlich der theoretischen Aufarbeitung jedoch scheut man naturgemäß das Weiter- und Tieferbohren. Denn dann würde man zwangsläufig auf die Wurzeln stoßen, und das gesamte (monistische/monotheistische) Weltbild geriete ins Wanken.

Wie immer Sie über den »Abschied vom Absoluten« denken, Ihre kritischen Anmerkungen würden mich natürlich interessieren. Sie wissen ja: Nur durch die Argumente der Gegenseite sind Entwicklung und Fortschritt im eigenen Denken zu erwarten.
Mit freundlichen Grüßen eines »Meta-Utopisten«

188

Eugen Drewermann

Sehr geehrter Herr Drewermann,

Sie sind ein vielbeschäftigter Mann. Sie treten auf verschiedenen Parketts auf. Sie stellen relativ unbequeme Fragen – und das ziemlich unerschrocken und furchtlos. Als Psychoanalytiker wissen Sie, dass es nichts nützt, um Taburäume einen Bogen zu schlagen. Durch diese für die arrivierten Kirchenkreise provokative, »halbketzerische« Haltung wurden Sie für das kritische Potential unter den Gläubigen so etwas wie ein Hoffnungsträger. »Wenn *der* noch in der Kirche bleibt, warum sollte dann *ich* aus dem maroden Verein austreten?« wird sich wohl mancher frustrierte Katholik fragen.

Das ist schon erstaunlich, was Sie zu Pille, Papst und christlicher Sexualmoral sagen. Nur – diese Themen erscheinen mir, mit Verlaub, ziemlich peripher. Die Schäflein machen ohnehin schon längst, was sie wollen. Und wenn sie behaupten, aus Gründen rigider Sexualmoral oder verknöcherter päpstlicher Autorität aus der Kirche auszutreten, dann habe ich das Gefühl, dass sich dahinter oft »Wesentlicheres« versteckt, etwas, was sie selbst vielleicht noch gar nicht wissen. Nennen wir es den Verlust »christlich-religiöser Substanz«, des Glaubens an einen *personalen Gott*, an ein *ewiges Jenseits* usw.

Das spricht natürlich – aus allerlei infantilen Restängsten – kaum einer aus. Vielleicht wagt man es nicht einmal, es zu denken. Aber *unbewusst* ist der heimliche Glaubensverlust längst wirksam.

Mich interessieren also weniger die Grabenkämpfe an der Peripherie als die Frage, inwieweit Sie ans wirklich »Eingemachte« gehen, an Ihren *Glauben an ein Absolutes*.

In meinem Buch »Abschied vom Absoluten« habe ich versucht, das Absolute – in jeglicher Variante, vom Monotheismus bis zur Marktideologie – als Utopie eines »infantil-monistischen« Weltbildes darzustellen.

Dagegen halte ich ein polares Weltbild, welches das Absolute höchstens noch als »unerreichbaren Grenzwert« zulässt und das zwar keine »Erlösung total« verspricht, dafür aber einen, wie ich meine, adäquateren Umgang mit der Wirklichkeit ermöglicht.

Ich habe mich in meiner Argumentation neben den philosophisch logischen hauptsächlich auf psychologische Aspekte konzentriert, beispielsweise auf das Phänomen der *emotionalen Ambivalenz*, das Ihnen als Psychoanalytiker nicht fremd sein dürfte.

Die »Polarität des Seins« ist der Dreh und Angelpunkt meines Denkens, und in diesem Zusammenhang fällt mir ein, dass Sie einmal in einer Gesprächsrunde (»Nachtcafé«?), wo es um das Thema »Heirat und Ehe gleichgeschlechtlicher Paare« ging, als Argument die gottgewollte »Polarität der Geschlechter« anführten und sagten, Gott habe den Menschen als Mann und Frau »nach seinem Ebenbild« geschaffen.

Wo, frage ich Sie, hat Polarität bei *einem* (monotheistischen) Gott Platz? Ist dieser Gott männlich oder nach feministischer Vorstellung weiblich? Oder ist er gar androgyn? Wäre da die Vorstellung eines Götterpaares nicht ehrlicher? Aber dann wäre die »Absolutheit« wieder dahin, ich weiß, ich weiß... Schwierig, Polarität und Monismus unter einen Hut zu bringen!

Mit dem sogenannten Bösen ist es ähnlich. Einfache, sprich *einfältige* Erklärungen überzeugen nur den

»Einfältigen«. Provokative Frage: Ist nicht das Gute »schuld« am Bösen? Wäre das Gute ohne das Böse überhaupt denkbar? *Bedingt* nicht das eine das andere?

Und weiter: Was ist so faszinierend am Bösen (und Kaputten)? Warum zog es jenen Jesus von Nazareth geradezu magisch zu den Dirnen und Zöllnern, zum »Abschaum« der Gesellschaft?

Was zieht *Sie* zu den psychisch Kranken? Wirklich nur die hehre Absicht, sie zu »erlösen« – oder vielleicht *auch* eine elementare Faszination, die vom sogenannten Negativen ausgeht und um dessen Notwendigkeit und Existenzberechtigung weiß? Doch was sollte dann unter solch »zwiespältigen« Voraussetzungen ein »Paradies«, das in seiner sterilen, *monotonen* Vollkommenheit sehr bald unerträglich langweilig würde?

Sie sehen, das Thema *Polarität und Monismus/ Monotheismus* führt geradewegs zum »Eingemachten« und es würde mich interessieren, wie Sie als fragender und kritischer Mensch mit diesem Thema umgehen.

Mit Neugier und Spannung erwarte ich Ihre Antwort und verbleibe
mit den besten Grüßen eines »Meta-Utopisten«

22.7.91

Sehr geehrter Herr Drewermann,

vielen Dank für Ihren Brief. Ich hatte schon befürchtet, dass »Zeit und Überlastungsprobleme« einer genaueren Auseinandersetzung mit dem »Abschied vom Absoluten« im Wege stehen könnten. Aber da, wie Sie ja wissen, das »Zeit-Argument« bisweilen *auch* ein Rationalisierungs-, sprich Verdrängungs-Argument ist, erlauben Sie, dass ich ihre Zeit noch einmal für ein paar Minuten strapaziere und dort nachhake, wo mich Ihre Zeilen »aufhorchen« ließen.

Sie sagen: »Gott ist in meinen Augen das Gegenüber eines unbedingten Vertrauens und insofern eine »absolute« Person...« Da drängt sich mir die Frage auf: Warum suchen Sie das Gegenüber eines »unbedingten Vertrauens« – ohne Wenn und Aber? Ist solches Vertrauen nicht »inhuman«? Sind wir für solches Vertrauen überhaupt geschaffen?

Irgendwie erinnert mich das an das Phantom der »großen, absoluten Liebe«. Sie wissen, dass an dieser infantilen Projektion jede reale Liebe scheitern muss. Sie wissen auch, dass die »große Liebe« nur zu gerne von denen propagiert wird, die zur realen Liebe nicht fähig sind und mit dem Glauben an die »große Liebe« ein prächtiges Alibi zu besitzen glauben.

Wer sucht so etwas? Einer, der enttäuscht wurde? Einer, der den Verletzungen, die die *menschliche* – »bedingte« – Liebe zufügen kann, entkommen möchte? Einer, der sich narzisstisch hinter der eigenen vermeintlichen »Absolutheit« verbarrikadiert, der sich nicht mit »Zweitrangigem« abgeben möchte?

Damit Sie mich nicht missverstehen – ich möchte nicht in Ihr Intimleben eindringen. Sie haben mich nicht darum gebeten und Sie sind selbst »Psychologe genug«, um... Das sind Gedankenspiele, um einen mir fragwürdigen Tatbestand zu erklären. Als Analytiker spielen Sie ja täglich solche »Spiele«.

Sie sagen weiter: »... aber er (Gott) ist so wenig »bekannt«, wie eine Person nur unbekannt sein kann.« Dahinter schimmert fast so etwas wie geistige Kapitulation vor dem »Unbegreiflichen« durch – und

192

die trotzige Verweigerung, diesen »Gott« überhaupt näher kennenlernen zu wollen. Auch hier die Frage: Ist das Vertrauen auf einen absolut *unbekannten* Gott nicht »inhuman«? Will der Mensch nicht sein Gegenüber kennenlernen? Und das zu Recht? Weil es sein instinktives Vertrauen stärkt und bestätigt?

Ich gebrauche hier wieder bewusst den Begriff »inhuman«, weil Sie bei öffentlichen Diskussionen oder Kommentaren mit Vorliebe – und für das Publikum überzeugend – z.B. von der »humanitären statt der autoritären Wahrheit« sprechen.

Warum also nicht *auch* das Modell eines »humanitären statt absoluten Vertrauens« (oder Liebe) entwerfen?

Die Idee eines – »notwendigerweise« – unbekannten Gottes, passt gewissermaßen zur Idee der »großen Liebe«. Beide ergänzen sich, beide haben etwas »Unmenschliches«. Ich kann mir nicht vorstellen, dass Sie Patienten, die mit ihrer »großen Liebe« Schiffbruch erlitten haben, als Ausweg oder Rettung die einzig »wahre und große Liebe« zu dem unbekannten – transzendentalen – Gott empfehlen.

Das mythische Verbot, sich von Gott »ein Bild zu machen« scheint mir auf der gleichen Linie zu liegen wie das Verbot, »vom Baum der Erkenntnis zu essen«. Ein gleichfalls »inhumanes« Verbot. Die Erkenntnisfähigkeit zu besitzen, sie jedoch nicht anwenden zu dürfen, darin kann ich keinen Sinn erkennen. Diesen Gott, wenn er sich schon als Gegenüber anbietet, »kennenlernen« zu wollen, das scheint mir durchaus legitim.

Und natürlich gibt es einen Weg zur »Gotteserkenntnis« – wenn man ihn einmal hypothetisch als existent betrachtet. In Abwandlung des berühmten Jesus-Zitats: »An ihren Früchten werdet ihr sie erkennen!« würde ich – provokativ – sagen: »An seiner Schöpfung werdet ihr den Schöpfer erkennen!« Armer Christ! ...

Mein Buch »Abschied vom Absoluten« ist solch ein Versuch, das *Sein* – in Ihrer Diktion: die *Schöpfung* – zu erkennen und zu verstehen. Die diesem Sein zugrunde liegende Polarität verbietet jedoch meiner Meinung nach das klassische Bild von dem »einen, guten – absoluten – Gott«.

Denkverzicht und »bedingungsloser« Glaube an ein Mysterium sind für mich ebenso inakzeptabel und »menschenverachtend« wie der Glaube an die »große«, sprich *absolute* Liebe. Bei allem Verständnis für die persönlich bedingten Motive eines solchen Glaubens – kindliche Illusionen, auch wenn sie sich noch so hehr und heilig geben, müssen sich den analytisch kritischen Blick gefallen lassen. Ich fände es schade, wenn man auf der Suche nach der – »seiner« – Wahrheit auf halbem Wege stehen bliebe.

In der Hoffnung, nicht allzu sehr in einer persönlichen Tabuzone »herumgestochert« zu haben – oder wenn, dann in einer konstruktiven Weise –, verbleibe ich mit besten Wünschen und freundlichen Grüßen

Karl-Josef Kuschel

16.7.91

Sehr geehrter Herr Dr. Kuschel,

es tut sich fürwahr Erstaunliches, sogar innerhalb der christlichen Kirchen. In Ihrem Artikel »Christologie und interreligiöser Dialog« in den *STIMMEN DER*

ZEIT (6/91) setzen Sie sich mit der »pluralistischen Religionstheologie« auseinander. Da wird die »einzigartige Definitivheit, Absolutheit und Normativität« Christi in Frage gestellt. Es wird konstatiert, dass es »keinen festen Ort für die Wahrheit« gibt, und jener Jesus von Nazareth wird, zumindest hypothetisch, als *eine* von *vielen* möglichen Inkarnationen Gottes gedeutet. Dass derartige angelsächsische Häresien im germanoromanischen Raum wenig Beachtung finden, sprich verdrängt werden, nimmt nicht Wunder. Umso bewundernswerter Ihr Vorstoß auf dieses gefährliche Terrain.

Ich möchte nicht auf Ihre Gratwanderung eingehen, die Einzigartigkeit des geschichtlichen Jesus herauszustellen und sie gleichzeitig zu relativieren. Kritisches Denken und Dogmengeschichte auf einen Nenner zu bringen, dieses »Kreuz« kann ich Ihnen nicht abnehmen.

Mein Ansatzpunkt zu einem Dialog mit Ihnen wäre der skeptische Unterton, den ich herauszuhören meine, wenn Sie von der »*triumphalen* Absolutheit, *arroganten* Superiorität und *intoleranten* Exklusivität« des Christentums gegenüber anderen Religionen sprechen. Diese Kritik dürfte übrigens auch für Islam und Judentum – also für *alle* monotheistischen Religionen – zutreffen. Absolutheitsanspruch und Intoleranz sind allem Anschein nach keine Entgleisungen, sondern unvermeidliche Folgen des monotheistischen Gottesbildes.

Das *Verabsolutieren* hat für Sie offensichtlich einen negativen Beigeschmack. Aber wie halten Sie es mit dem *Absoluten* und dem ihm zugrunde liegenden *monistischen* Weltbild? Ist die *Methode* – das Verabsolutieren – nicht die logische Konsequenz des *Pro-*

gramms – des Glaubens an den *Einen,* den *Absoluten?* Wo sollte unter solchen – *monistischen* – Prämissen Platz sein für *Pluralität?*

Monismus/Monotheismus und Polarität/Pluralität unter einen Hut zu bringen, dürfte kaum gelingen. Ich lade Sie also ein, einen Schritt weiter zu gehen und die *Utopie des Absoluten* einmal kritisch zu durchleuchten. Die Probleme mit dem »interreligiösen Dialog« könnten sich dann beinahe wie von selbst lösen, und auch ein Dialog zwischen theistischen und posttheistischen Standpunkten würde so unmöglich nicht mehr scheinen. Und auf diesen Dialog wird die Menschheit auf Dauer ohnehin nicht verzichten können.

Ich würde mich freuen, von Ihnen zu hören, und verbleibe

mit freundlichen Grüßen

Hans Küng

17.10.90

Sehr geehrter Herr Professor Küng,

Ihr Vortrag in der SWF3-Sendereihe »TELEAKADE-MIE« über das Thema »Europa im Epochenumbruch – eine theologische Zeitanalyse« hat mich spontan dazu animiert, den Dialog mit dem »Querdenker« zu suchen und Ihnen das Buch eines Ebensolchen zu schicken. Unsere Thematik ist offensichtlich die gleiche. In Analyse und Interpretation dürften unsere Standpunkte allerdings differieren. Dennoch... Da ich Ihre Glaubensüberzeugung dank meiner Zeit bei den Jesuiten von innen her wohl einigermaßen kenne, lade ich Sie ein, die Dinge einmal »von außen« zu betrachten. Vielleicht entsteht ein für beide Seiten fruchtbarer Dialog. Meine Anmerkungen zu Ihrem Text und die Seitenangaben beziehen sich auf Ihr Manuskript, das mir die TELEAKADEMIE freundlicherweise zur Verfügung stellte.

Sie diagnostizieren in Ihrem Vortrag zunächst (auf S. 2) zwei »Konzeptionen, die sich diametral gegenüberstehen«, die kirchliche Restauration und die funktionalistische Ökonomie. Meine Gegenthese: Beide Konzepte sind nur scheinbar diametral. Sie beruhen auf dem gleichen (»monistischen«) Bewusstseinsmuster. Der religiöse und ökonomische Absolutismus haben die gleichen Wurzeln. In meinem Buch habe ich das unter den Kapiteln »Das monistische Intermezzo«, »Die Geburt des Absoluten« und »Metamorphosen des Absoluten« aufzuzeigen versucht.

Das Versagen der politischen und anderen »Monismen« der Neuzeit (Faschismus, Nationalismus, Kommunismus, Neokapitalismus, Japanismus, Fortschrittsglauben usw.) definieren Sie zu Recht als ein Versagen der »Großideologien«. Sie übersehen jedoch, dass diese »Quasi-Religionen« in ihrer ideologischen *Einfalt* und *Einseitigkeit* nur säkulare Neufassungen des alten monistischen Weltbildes der monotheistischen Religionen darstellen.

Ihre politische Vision eines »Mischsystems« jenseits von Kapitalismus und Kommunismus bzw. Sozialismus orientiert sich, wie mir scheint, mehr intuitiv als reflektiert an einem polar-pluralen Weltbild, wie übrigens auch alle Ihre folgenden praktischen Vorschläge zu einer neuen Art des Zusammenlebens.

Auf die von Ihnen aufgeführten »Paradigmenwechsel« ließe sich ein gröberer Raster auflegen, der größere geschichtliche und kulturelle »Räume« als das christliche Abendland umfasst und grundlegendere Entwicklungen innerhalb der kulturellen Evolution des Menschen ins Auge fasst. Ich meine – hypothetisch – den Paradigmenwechsel vom unbewusst polaren (polytheistischen) über das monistische (monotheistische, ideologische) zum bewusst polaren (postmonistischen, postideologischen) Weltbild der »Postmoderne«, in dem der auch von Ihnen angeprangerte Dogmatismus, totalitäre Elemente und Absolutsetzungen jedweder Art keinen Platz mehr haben.

Wie aber, frage ich Sie, kann man das »Verabsolutieren« ablehnen, ohne das »Absolute« in Frage zu stellen? Bedingen sich nicht die Utopie (das Absolute) und die Methode (das Verabsolutieren) gegenseitig? Wie sollen »Polyzentrik«, »Dialog«, »Ökumene« (Vorsicht mit »Ökumen*ismus*«!), »Gewissensfreiheit« und »polyreligiöses Paradigma« unter der Flagge des Absoluten funktionieren?

Allem Anschein nach rütteln Sie nicht an dem für Sie vermutlich *selbstverständlichen* Fundament Ihrer Überzeugung, am »Absoluten« oder »Unbedingten«. Die von Ihnen geforderte »*unbedingte* Ethik« wirkt denn auch innerhalb Ihrer Ausführungen wie ein Fremdkörper, zumal wenn Sie gleichzeitig die Wahrheit als nur in »geschichtlicher, zeit*bedingter* Form zugänglich« beschreiben (S.15) Und auch die von Ihnen zitierten Einstein und Heisenberg tragen sicher nicht zur Ehrenrettung des Absoluten bei. Hier klafft eine gewaltige argumentative Lücke.

Am vielleicht fragwürdigsten und für die von Ihnen gewünschte »Koalition der Glaubenden und Nicht-glaubenden« nicht eben förderlich dürfte Ihre unbewusste Gleichsetzung von Religion und Moral sein (S. 19 »... eine Gesellschaft ohne Religion – und dann faktisch oft auch ohne Moral – ...«) Solche »Ausrutscher« können auf engagierte Andersdenkende verletzend wirken. Ich möchte daran erinnern, dass das christliche Abendland (samt Drittem Reich und einem hohen Prozentsatz von Leuten, die an »etwas Übernatürliches« glauben) gewiss nicht der Ort hochstehender Moral war. Die statistisch erfasste Gläubigkeit (S. 21 »... 70% ...«) besagt weder etwas über die faktische Gläubigkeit noch etwas über das Ethos dieser Gläubigen.

Beim Thema *Moral* würde ich eher auf *natürliche* ökosoziale Potentiale im Menschen setzen als auf die *übernatürliche* Motivation durch den Glauben an etwas Absolutes oder Unbedingtes. Ich gehe sogar weiter und behaupte, gerade die Einsicht der gegenseitigen *Bedingtheit* animiert eher zu sozialem Verhalten als der heimliche Traum von einer *unbedingten* (»absoluten«, »autonomen«) Existenz.

Trotz aller Verschiedenheit der Interpretation, glaube ich, sind unsere praktischen Ziele (und Feindbilder) die gleichen. Weder Sie noch ich wollen die Erde als einen »gigantischen Markt«. Soziale Kälte und Umweltzerstörung als ethische Herausforderung – ebenso wie das tolerante Neben-/Miteinander verschiedener Kulturen und Glaubensbekenntnisse – dürften unser beider Anliegen sein. Nur, ich bezweifle, dass die Lösung dieser Probleme mit dem gleichzeitigen Festhalten am sogenannten »Absoluten« vereinbar ist.

Zweifellos stehen wir am Beginn eines Zeitalters der Relativierungen, das, um zu überleben, die gegenseitige Abhängigkeit und Bezogenheit realisieren muss und damit dem vorhergehenden Zeitalter der Verabsolutierungen gewissermaßen diametral gegenübersteht. Dieses neue Zeitalter könnte, um in der Diktion des Mythos zu sprechen, tatsächlich ein »religiöses« sein, wenn man »religio« in seiner ursprünglichen Bedeutung als »Rückbindung« (an das Gegenüber, an das übergreifende Ganze) versteht. Die Gretchenfrage ist nur, ob das »Absolute« – das von allem »Losgelöste« – als Idol eine tragfähige Grundlage für »religio« darstellt.

Ist es Zufall oder logische Konsequenz, dass die frühen polytheistischen Religionen mit der Umwelt »ökologischer« und mit dem Andersgläubigen toleranter umgingen als die monotheistischen Religionen Judentum, Christentum und Islam? War das monistische Weltbild wirklich ein Fortschritt oder vielleicht nur Krücke für ein sich emanzipierendes menschliches Bewusstsein, die es nun zur Seite legen kann?

Nicht ohne Grund schließen Sie Ihren Vortrag mit dem heroischen »Speramus contra spem!«, als ahnten Sie den heimlichen Widerspruch zwischen Ihrer Zukunftsperspektive und Ihrem geistigen Fundament. Um es noch einmal provokativ auszudrücken: Ihre eher praxisorientierte Intuition ist, wie mir scheint, Ihrer philosophischen Reflexion voraus. Würden Sie den Paradigmenwechsel vom monistischen zum polaren Weltbild nicht nur praktisch, sondern auch in der Theorie vollziehen – vielleicht könnten Sie dann nicht *gegen* alle Hoffnung, sondern *mit gutem Grund* hoffen. Und das war der Zweck dieses Briefs.

Ich weiß nicht, welche Thesen meines Buches sie noch nachvollziehen können und welche nicht; und ob Sie die Grundlage Ihrer Glaubensüberzeugung tatsächlich in Frage stellen wollen (oder können). Auf jeden Fall würde mich interessieren, wie sie darüber denken und ob sie einen »Koalitionspartner« mit meinem philosophisch weltanschaulichen Hintergrund in der »Koalition der Glaubenden und Nicht-glaubenden« akzeptieren würden.

Mit Ungeduld und Neugier erwarte ich Ihre Antwort und verbleibe
mit herzlichen Grüßen

12.11.90

Sehr geehrter Herr Professor Küng,

vielen Dank für Ihren Brief und das Buch »Projekt Weltethos«, das natürlich nicht auf meine Einwände gegen das *monistische Weltbild* und dessen Ur-Utopie, den *Monotheismus*, eingeht. Schade, dass Sie als vielbeschäftigter Theologe nur zum Durchblättern von eingesandten Büchern kommen und dass dies vielleicht umso flüchtiger geschieht, als fehlende wissenschaftliche Reputation und umfangreiche Bibliografie am Ende eines Buches Ihnen sagt, der Autor *könne* keine entscheidend neuen Gedanken zu dem Thema beitragen. Schade...

Ich weiß nicht, ob es fruchtbar für Ihre Arbeit ist, wenn Sie Leute »außerhalb der Zunft« einfach negieren. Wenn Sie sich tatsächlich nur noch unter Ihresgleichen bewegen, könnte es sein, dass – um einen berühmten Zeitgenossen zu zitieren – »die Geschichte Sie bestrafen wird«.

Das Zeitalter des elitär abgeschotteten Spezialistentums ist vorbei. Die entscheidenden Impulse für die moderne Philosophie kamen aus den Naturwissenschaften. Und es gibt neuerdings Theologen, die sich mit Chaosforschung und Systemtheorie herumschlagen, um ein Gottesbild (da sie nun einmal glauben, ohne Gott gehe das alles nicht) zu entwerfen, das sie mit ihrem Denken und ihren Erfahrungen »auf die Reihe bringen« können. Immerhin, ein lobenswerter Versuch.

Es geht ja längst nicht nur um die Frage: Gott – ja oder nein? Selbst wenn Sie die Frage nach der Existenz Gottes für sich als entschieden betrachten, die feministische Theologie z.B. wird das christlich patriarchalische Triumvirat »Vater, Sohn und Heiliger Geist« nicht mehr akzeptieren, und sie wird sich auch nicht mehr mit der »Mutter Gottes« als weiblicher Ersatzgottheit abspeisen lassen. Sie sehen, das Prinzip *Polarität*, in diesem Fall die sexuelle Polarität, wird dem monistischen Gottesbild noch zu schaffen machen.

Im Zusammenwachsen der verschiedenen Kulturen samt Religionen zur globalen *Welthybridkultur* wird jener Jesus von Nazareth zu *einem* unter vielen Religionsstiftern relativiert werden. Und das zu Recht. Die historische »Bevorzugung« des christlichen Abendlandes gegenüber den anderen Kulturkreisen muss auf jene wie eine zynische Verhöhnung wirken.

Und kein noch so fortschrittlicher Theologe wird es je schaffen, aus jenen Religionen das spezifisch Christliche herauszukitzeln, nach dem Motto: Sie sind ja schon Christen, sie wissen es nur nicht. *Buddhismus ist gleich anonymes Christentum.* Der Absolutheitsanspruch der katholischen Kirche wird, wenn Sie auf wirkliche Ökumene setzen, fallen. Und damit fällt das Absolute selbst, egal ob man es als Prinzip oder als personifizierte Gottesutopie definiert.

Das Murren der Schäfchen innerhalb der Kirchen wendet sich zur Zeit noch »nur« gegen den römisch katholischen Dogmatismus, der genau genommen

202

keine Perversion reaktionärer Päpste, sondern logische Konsequenz ist. Wer an das Absolute bzw. den Absoluten und dessen »Offenbarung« glaubt, darf diese auch mit Absolutheitsanspruch verkünden. Das gemeine Volk stört sich vorerst nur an der *Methode* und an der *Institution*. Doch wenn es die ihm »eingebläute« kindliche Bestrafungsangst überwunden hat, wird es eines Tages auch die dahinter stehende Utopie, die *Substanz*, in Frage stellen.

Das schizoide Nebeneinander von diffuser Schein- oder Restgläubigkeit (94%) und praktischer Ungläubigkeit – siehe den amerikanischen Alltag, der mehr Beweiskraft hat als alle Gallup-Umfragen (»an ihren Früchten werdet ihr sie erkennen«) – wird sich zugunsten einer entschiedenen Diesseitigkeit auflösen, die sich mit *einem, endlichen* Leben begnügt und den Tod als das akzeptiert, was er ist. Die spezifisch christliche, auf ewige jenseitige Glückseligkeit zielende Botschaft wird kein Gehör mehr finden.

Alle von Ihnen genannten »positiven Folgen von Religion« in der jüngsten Geschichte – Befreiung in Richtung Menschenrechte und Humanität – mag in den Ländern des Ostens und der Dritten Welt aus den Reihen und unter dem Schutz der Kirchen entstanden sein; aber ihre Zielrichtung war *säkular*, d.h. auf Verbesserungen *im Diesseits* ausgerichtet. Gerade wegen dieser kämpferischen Diesseitigkeit tut sich ja die Kirche – die römisch katholische mehr als die protestantische – so schwer mit der »Befreiungstheologie«.

Und warum, glauben Sie, werden die Kirchen in der ehemaligen DDR *nach* dem Gelingen der Revolution plötzlich wieder leer? Die Kirche als »Schutzraum« für subversives Denken hat ihre Schuldigkeit getan; sie kann wieder abtreten.

Ganz zu schweigen von der »neuen Religiosität« in den orthodoxen Staaten des Ostens. Natürlich wird dort jetzt – wie zum Trotz gegenüber den alten, erklärt atheistischen Machthabern – die Madonna durch die Straßen getragen und auf öffentlichen Plätzen wird mit Weihrauch und erhebenden Gesängen Liturgie gefeiert.

Doch liturgische Frömmigkeit ist, das wissen Sie so gut wie ich, spätestens seit der Reformation auf dem absteigenden Ast. Warum? Weil sie *jenseitsorientierte* Frömmigkeit ist. Das Jenseits als Substanz des Christentums – man setze mir die christliche Lehre nicht immer nur mit »Nächstenliebe« gleich! – hat eben ausgedient. Und »säkularisiertes« Christentum ist nur Übergangsform.

Die »ängstlichen« Zweifler stellen immer zuerst die Institution in Frage, dann spezifische Glaubensinhalte und schließlich den transzendentalen Überbau insgesamt. Die Halbherzigen,-denkenden, die mit den Traditionen nicht völlig brechen wollen, reduzieren Religion auf eine ethische Grundüberzeugung. Und dort treffen sie mit den agnostischen und atheistischen »Ethikern« zusammen. Es entstehen dann kuriose »Koalitionen«, die eher Zweck denn Überzeugungskoalitionen sind, Vernunft-, nicht Liebesehen.

Freud hat einmal gesagt, man solle bei Leuten über 50 Jahren auf die Psychoanalyse verzichten, es sei ziemlich aussichtslos. Mit dem Umdenken dürfte es im höheren Lebensalter ähnlich sein. Die psychischen und geistigen Strukturen sind gewöhnlich schon zu verhärtet, als dass eine wirkliche Neuorientierung wahrscheinlich wäre. Der gute alte Seneca war radikaler und sagte, man solle »seine Zeit nicht mit Andersdenkenden vergeuden«.

Ich hätte diesen Brief ganz gewiss nicht an Papst Wojtyla oder an Bischof Lehmann geschrieben. Und ich bin mir ziemlich sicher, dass Sie bestimmte Gedankengänge schon aus Gründen des Selbstschutzes (des geistigen) nicht nachvollziehen können. Aber da Sie nun einmal eine gewisse Offenheit predigen und den Dialog mit den Andersdenkenden suchen, müssen sie damit rechnen, auf Leute mit ähnlicher Denkstruktur wie der meinigen zu stoßen.

Und diesen – engagierten – Leuten können Sie, wenn Sie sich nicht hoffnungslos ins Abseits manövrieren möchten, nicht mehr mit dem *Absoluten* und *Unbedingten* als »Letztbegründung« kommen. Mit solchen Argumenten finden Sie höchstens noch bei Gleichgesinnten Beifall.

Ihre Vision von der ökumenischen, interreligiösen und interkulturellen Kommunikation und von der Koalition der Glaubenden und Nicht-glaubenden können Sie unter solchen – latent doktrinären – Prämissen begraben. Man wird Sie höflich aber bestimmt überhören. Das Projekt »Weltethos« müsste unter diesen, nun wirklich obsoleten Denkansätzen scheitern. Es genügt nicht mehr, Einstein, Heisenberg und Gödel zu zitieren. Man muss deren philosophische Konsequenz – auch wenn es ein Einstein selbst *nicht* tat – zu denken wagen!

Dann allerdings, wenn dies geschähe, könnte die plurale Weltgesellschaft – in dem Bewusstsein ihrer gegenseitigen *Bedingtheit*, Abschied nehmend von allen Utopien des *Unbedingten* – vielleicht doch noch zu einem tragfähigen Weltethos finden. Und das wollen doch auch Sie?

Sie entschuldigen den etwas offensiven Tonfall meines Briefs; aber wie gesagt, Leute, die man re-

spektiert und noch nicht »abgeschrieben« hat, sollte
man auch einmal etwas härter anfassen. Beifall werden Sie von Ihrer Verehrerschaft sicher genügend bekommen.

Weiterhin ungebrochene Tatkraft für Ihr »Projekt«
und Mut zum Weiterdenken, wenn einmal ein Zweifel
auftaucht, der alles in Frage zu stellen scheint,
wünscht Ihnen

Jörg Lauster

11.05.2017

Sehr geehrter Herr Lauster,

neulich sah ich Ihr Interview in »alpha Forum«. Sie
argumentierten wortgewandt, hatten eine ausgesprochen positive Ausstrahlung und vertraten mit Ihrer
äußerst toleranten Meinung gegenüber »anderen
Wahrheiten« eine Haltung, die in kirchlichen Kreisen
nicht gerade üblich ist. Ob Ihnen jener Jesus allerdings Beifall gespendet hätte, darüber darf gestritten
werden. Ihr durchaus sympathischer Optimismus
dürfte Stärke und Schwäche Ihrer Argumentationen
ausmachen. Erlauben Sie mir deshalb ein paar kritische Anmerkungen.

Die Idee, dass das Christentum zur »Verzauberung
der Welt« beigetragen, diese Verzauberung womöglich erst ermöglicht habe, erscheint mir mehr als gewagt. Zur Verzauberung der Welt tragen, denke ich,
nicht die Glaubensbekenntnisse bei, sondern die
Künste mit ihrer dem jeweiligen Zeitgefühl entsprechenden Ästhetik. Michelangelo hätte jeden anderen
zeitgemäßen Mythos auf seine Art bebildert. Den
Adam könnte man durch Prometheus oder andere my-

thische Helden ersetzen und eine anmutige Madonna hätte ebenso gut eine hübsche Aphrodite sein können. Die Ästhetik der Renaissance wurde gewiss nicht durch die christliche Lehre von der Erbsünde, dem Opfertod Jesus u.ä. geprägt. Auch die Entdeckung des Individuums, der Aufbruch der Wissenschaften und die »verzaubernde« Sinnenlust des Barock kann man schwerlich einer Religion zuschreiben, die die »Fülle des Lebens« erst für ein Jenseits verspricht.

Das von Ihnen genannte »Aufleuchten göttlicher Gegenwart« würde ich eher ein »Aufleuchten menschlicher Kreativität« nennen, die sich seit den Anfängen des Homo sapiens entsprechend der gesamten Evolution kontinuierlich in Richtung eines »Höheren«, Komplexeren, Sublimeren entwickelte. Der »Überschuss«, von dem Sie reden, dürfte auf dem unersättlichen Potential des menschlichen Gehirns bzw. Geistes und auf dessen Spiel mit Möglichkeiten beruhen.

Die Themen gab den Künstlern immer das jeweils herrschende Weltbild mit dessen Erzählungen vor. Insofern geschah die »Verzauberung der Welt« auch schon in vor- oder außerchristlichen Kulturen. Schauen Sie sich im alten Griechenland, im Orient und in Fernost um.

Von der »Verzauberung«, die Sie wohl eher den künstlerisch-kulturellen Leistungen und vielleicht noch einer feudalen Oberschicht zuschreiben können, dürfte der kleine Mann im Lauf der abendländischen Geschichte wenig gespürt haben. Wenn ihm die christliche Botschaft auch Trost und Erlösung im Jenseits versprach und ihm half, die Widrigkeiten des Lebens leichter zu ertragen – der Preis, den er für diesen Trost bezahlen musste, war, das wissen Sie, hoch.

Für den »gemeinen Menschen« der letzten zweitausend Jahre muss der Titel Ihres Buchs, sorry, wie Spott und Hohn klingen. Die zwei Welten – die der Kunst und die der Lebensrealitäten – stimmen leider oft oder meistens nicht überein. Und die Künstler arbeiteten gewöhnlich nicht im Auftrag des Volkes, sondern für die Eliten der Macht und des Mythos.

Wechseln wir von der Ästhetik zur Theologie. Sie schwärmen von Michelangelos Adam, der als »Ebenbild Gottes« gleichsam »auf gleicher Augenhöhe mit Gott« dargestellt wird. Mit der postulierten Ebenbildlichkeit habe ich ein Problem. Wie diese zwischen einem transzendentalen »reinen Geist« und einem Sinnengeschöpf aus Fleisch und Blut möglich sein soll, übersteigt mein Vorstellungsvermögen.

Und wenn Sie die »immaterielle« Ebenbildlichkeit, die Personalität, das Bewusstsein, die Psyche, die Bedürfnisse betonen, kann ich kaum Übereinstimmungen »auf Augenhöhe« erkennen. Wieweit sollte oder darf die Ebenbildlichkeit reichen? Und warum gilt dann das: »Ihr werdet sein wie Gott!« als *die* satanische Versuchung schlechthin?

Und wenn Sie den Menschen auf sein »Ebenbild Gott« zurückspiegeln, dann kommen Sie mit Ihrem christlichen Gottesbild ganz schön in die Bredouille. Hat auch Gott wie der Mensch die Freiheit, »Böses« zu tun, oder ist das sogenannte Böse ein Terrain, das er als »Gott der Liebe« nicht betreten kann oder darf, das er fast schon neidvoll seinen Geschöpfen überlassen muss, das er aber quasi als »Versuchsanordnung« erschaffen musste? Oder ist dieser Schöpfergott womöglich wie sein Ebenbild *auch* »zu allem fähig«, im Guten wie im Bösen? Das würde manches, was in der »Schöpfung« geschieht, erklären.

Die Begegnung mit Gott »auf gleicher Augenhöhe« scheint mir ebenfalls Ihrem, mit Verlaub, etwas naiv optimistischen Blick geschuldet zu sein. Derweil sich Ihre Kollegen, z.b. Magnus Striet, zu Recht an einem »schweigenden Gott« abarbeiten, scheinen Sie noch unverdrossen auf »religiöse Erfahrungen« zu setzen, z.b. mittels einer Passion von J. S. Bach. Bei aller Erhabenheit künstlerischer Erlebnisse – Gefühlsaufwallungen, die auch griechische Tragödien erzeugen können, ersetzen nicht das, was die Grundlage jeglicher Beziehung ausmacht, die *Kommunikation*.

Was glauben Sie, warum sich sonntags die Kirchen, die Orte der direkten, liturgischen Begegnung zwischen Gott und Mensch zusehends leeren? Gespräche in nur *eine* Richtung, wie Anbetung und Bittgebete, funktionieren auf Dauer nicht. Sie »versickern« und »schlafen ein«.

Die vom Christentum postulierte Beziehungsgeschichte zwischen Gott und Mensch ist gerade mangels Kommunikation auf »gleicher Augenhöhe« zum Scheitern verurteilt. Sie mag vielleicht noch einigen Menschen in der Sphäre der Imagination, der Träume und der Sehnsucht nach »finaler Gerechtigkeit« und einem »ewigen Leben«, sprich nach »Unsterblichkeit«, gelingen. Der »Durchschnittsgläubige« hat das Gespräch *mit* seinem Gott längst aufgegeben.

Ästhetisch gesehen ist das »christliche Abendland« durch seine Riten, Kathedralen und Kunstwerke sicherlich vom Christentum geprägt. Geschichtswirksam wurde die Lehre des Jesus von Nazareth jedoch ebenso sicher *nicht*. Aus dessen Sicht dürfte die Geschichte des Abendlandes eine einzige Pleite sein. Durch das Stichwort »Auschwitz« sind Sie in Ihrem Gespräch bei der Theodizee angelangt und konnten natürlich dank Ihres Gottesbildes des »Gottes der Liebe« keine Antwort geben. Zum Thema Theodizee brauchen Sie nicht das Extrembeispiel »Auschwitz« zu zitieren. Ein Blick in die von der menschlichen Erbsünde »unbelastete« außermenschliche Natur würde genügen, den Widerspruch zwischen dem christlichen Bild des Schöpfergottes und seiner Schöpfung festzustellen. Die von Ihnen bevorzugte Kulturgeschichte ist ja nur die Fortführung der Naturgeschichte auf einem geistigen, »höheren« Niveau.

Ich vermute mal, Sie schauen sich nicht viele Naturfilme an. Sie sollten das. Das Geschehen in der Natur würde Ihnen einiges über den tatsächlichen oder vermeintlichen Schöpfergott verraten. Wenn Sie unvoreingenommen, d.h. nicht durch die rosarote Brille (»Naturparadiese«) hinschauen, werden Sie feststellen, dass der große »Kreator« zugleich der große »Destruktor« ist. Im Bereich des Lebendigen wird jedes *kreative* Geschehen neben dem grausamen elementaren Prinzip: »Töte, um zu überleben!« spätestens durch den einprogrammierten *destruktiven* Prozess des Alterns und Verfalls egalisiert. *Kreativität* und *Destruktivität* – eine der vielen Positiv-Negativ-Polaritäten, die man eher einem »polaren« als einem »guten« Gott zuschreiben könnte. Trotzig und gewagt erscheint mir, nach der *ersten*, ursprünglichen Schöpfung auf eine *zweite*, »bessere« Neuschöpfung zu hoffen!

Dabei wäre das Problem, philosophisch gesehen, ohne Fixierung auf das christliche Gottesbild relativ leicht zu lösen. In meinem Buch »Abschied vom Absoluten« habe ich ein »polares Weltbild« entworfen, das die »logische Notwendigkeit«, das »Existenzrecht der Negativseite der Wirklichkeit« erklärt, als unabwendbar postuliert. Eine scheinbare Selbstverständlichkeit, die aber nicht konsequent zu Ende gedacht wird. Daraus folgernd könnte man zur Theo- oder Kosmodizee sagen: der Schöpfer des Universums, wenn es ihn denn gibt oder gäbe, »hatte gar keine andere Wahl«. Diese polar strukturierte Wirklichkeit – eine andere Wirklichkeit ist für uns nicht vorstellbar – verlangt allerdings, wenn man einen transzendentalen Schöpfer und Sinngeber sozusagen als das »Schloss«, in das der »Schlüssel Wirklichkeit« passt, sucht, ein anderes als das christliche Gottesbild. Es verlangt einen, sagen wir: ebenfalls »polar strukturierten« Gott.

Die polytheistischen und dualistischen Gottesbilder waren näher an der Wirklichkeit als der Monotheismus. Wie dessen Entstehung zu erklären ist und was seine Faszination ausmacht, habe ich in meinem Buch »Abschied vom Absoluten« darzustellen versucht.

Der Monotheismus scheint mir wie alle monistischen Heilsutopien – transzendentale und säkulare – der naiv unreflektierte Versuch zu sein, die Polarität des Seins in Struktur und Geschichte zugunsten des Einen, Guten, Positiven »glatt bügeln« zu wollen. »Erlöse uns von dem Bösen!« Vermutlich ist der Monotheismus *der* Sündenfall der Bewusstseinsgeschichte, von dem sich die Menschen – oder besser: einige »aufgeklärte« Exemplare Homo sapiens, allmählich verabschieden. Stichwort: »Plurales Weltbild«.

Ich schicke Ihnen meine beiden Bücher zu den angesprochenen Themen. Im »Abschied vom Absoluten« habe ich, wie gesagt, ein »polares Weltbild« entwickelt, das mir die Welt erklärt und mit dem ich diese Welt akzeptieren kann. In »Christentum adieu!« setze ich mich mit den Fundamenten des Christentums, seiner Geschichte und seinem derzeitigen Zustand auseinander. Als Exjesuit (drei Jahre Mitgliedschaft) weiß ich, wovon ich spreche. Ob Sie als »verzauberter« Dogmatiker mit meinen eher »ernüchternden« Gedanken etwas anfangen können?

Verstehen Sie mich nicht falsch. Es geht mir nicht darum, jemandem seinen Glauben, sofern er ihn durch die Wirrnisse des Lebens trägt, zu nehmen oder madig zu machen. Aber man sollte verstehen, dass es gute Gründe gibt, warum der christliche Glaube sich wider Ihre optimistische Erwartung allmählich verflüchtigt. Die »aufgeklärten« Christen sind ja im Grunde schon »teilsäkularisiert«. Für Sie könnte die Lektüre zur Schärfung Ihrer eigenen Positionen dienen. Sie wissen ja, im Widerstand, nicht im Weihrauch wächst das Denken!

In diesem Sinne wünsche ich Ihnen Freude beim Denken und einen kreativen Umgang mit »Ernüchterungen«, sofern sie denn stattfinden sollten…

15.10.2021

Sehr geehrter Herr Lauster,

neulich hörte ich Ihr Interview im DLF zu Ihrem Buch über den »heiligen Geist«. Dazu zitiere ich zunächst meine Anmerkungen aus meinem letzten Brief an Sie (2017), den ich zur Erinnerung an die Mail angehängt habe: »Sie argumentierten wortgewandt, hatten eine ausgesprochen positive Ausstrahlung… Ihr durchaus sympathischer Optimismus dürfte Stärke und Schwäche Ihrer Argumentationen ausmachen. Erlauben Sie mir deshalb ein paar kritische Anmerkungen.«

Die Ausführungen über den heiligen Geist innerhalb der verschiedenen christlichen Kirchen und Strömungen übergehe ich hier einmal. Nur soviel: Zu der prinzipiellen Fragwürdigkeit einer Gottesoffenbarung zu einem relativ späten Zeitpunkt der Menschheitsgeschichte an ein »auserwähltes Volk«, darüber habe ich mich in »Christentum adieu!«, das ich Ihnen zusammen mit »Abschied vom Absoluten« geschickt hatte, ausgelassen. Auch das elitäre, exklusive Prinzip der »Gnade des Glaubens« und der individuellen Gotteserfahrung »religiös begabter« Menschen, wie z.B. der »Mystiker«, rückt das christliche Gottesbild eines guten und gerechten Gottes in ein äußerst fragwürdiges Licht.

Interessant finde ich Ihren philosophischen Ansatz, der sich gegen materialistische Vorstellungen wendet. Hier stimme ich mit Ihnen überein. Die Geschichte des Universums, die Evolution auf dem Planeten Erde nur mit dem Prinzip »Materie«, mit »Anpassungs-« und »Optimierungsprozessen« zu erklären, erscheint mir zu dürftig. In meinem neuen Buch »Vom Urknall zum Gottesmythos« habe ich mich u.a. darüber ausgelassen. Das Buch schicke ich Ihnen per Post zu. Ich empfehle Ihnen die Seiten 15 bis 31, wo es in kurzen Kapiteln um *Struktur*, *Potential (»Geist«)*, *Zufall/Notwendigkeit*, *Transzendenz* und *Utopie* innerhalb der Evolution geht – alles unter der Annahme einer »Materie-Geist-*Polarität*« (nicht eines »Materie-Geist-*Dualismus*«). Hier, denke ich, liegen wir auf der gleichen oder einer ähnlichen Linie.

Aber – und jetzt kommen wir wieder zu dem gleichen Problem wie seinerzeit bei Ihrer »Verzauberung der Welt...«, begründet durch die, sorry, rosarot gefärbte Brille Ihrer Betrachtung der Welt, der Geschichte und der Natur. »Den Geist in der Natur erkennen« und »Die Natur spricht zu uns«, sagen Sie.

213

Ja! Aber, was für eine Natur ist das? Was für ein Geist »offenbart« sich in ihr? Ist das wirklich ein »nur heiliger« Geist? Und wenn wir »mit der Natur in Resonanz treten«, dürfen wir das nur bei der erhebenden Betrachtung eines »Sonnenuntergangs«? Was, wenn wir die Dramen und Tragödien innerhalb der Natur betrachten, das grausame Fressen-und-gefressen-Werden oder zerstörerische Naturphänomene, wie Vulkanausbrüche, Wirbelstürme, Tsunamis etc.? Mischt sich da zur staunenden Bewunderung der Natur nicht auch ein Erschrecken?

Was sagt uns dieses Erschrecken über den in der Natur waltenden »Geist«? Wird das kreative Potential letztlich nicht immer durch ein destruktives Potential »egalisiert«? Wird nicht jedes Lebewesen mit dem Tod ausgelöscht? Gewagt, wenn auch verständlich, die Hoffnung, dass der Mensch hier eine Ausnahme bildet. Doch macht es einen Sinn, den Tod abzuschaffen? Hätte »Leben« ohne den Gegenspieler »Tod« überhaupt eine Bedeutung? Sie merken, ich steuere auf mein »polares Weltbild« (»Abschied vom Absoluten«) zu. Hier ergeben sich zwangsläufig Wiederholungen meiner Argumente.

Sie können, denke ich, den »Geist« – ob als »apersonales Prinzip« oder personalisiert als »göttlichen Geist« definiert – durchaus als existent und wirkmächtig postulieren. Um ihn als »heiligen« Geist zu retten, bedarf es jedoch eines auf das Positive verengten Blickwinkels oder einer Kapitulation vor eklatanten Widersprüchen, s. das aus christlicher Sicht unlösbare Theodizeeproblem.

Bleibt dann nur die Flucht in ein »Geheimnis des Glaubens«. Gestehen Sie doch dem »Geist« *beide* Pole zu, »Kreativität« *und* »Destruktivität«, wohl wissend, dass eine »monopolare Welt« nicht vorstellbar wäre! Gut ohne Schlecht, Positiv ohne Negativ – das geht nicht, macht keinen Sinn. Damit entlasten Sie den (Welten-)Geist, berauben ihn aber zugleich des »Heiligenscheins«. Das christliche Gottesbild würde ins Wanken geraten.

Ich fürchte, dieser Schritt dürfte Ihnen dank Ihres, s. oben, durchaus sympathischen Optimismus mit leicht euphemistisch-euphorischen Zügen schwerfallen. Doch – was wäre der Gewinn? Sie kämen näher an die Wirklichkeit, an die Natur, die Geschichte und das Menschsein. Ihre »Biographie des heiligen Geistes« wäre ehrlicher, überzeugender, müsste nichts ausklammern. Sie könnten die Sinnhaftigkeit der Welt erklären, ihre Ambivalenz akzeptieren, ohne den Zwang, in eine »andere Welt«, in die Projektion einer »neuen Schöpfung« flüchten zu müssen. Und das ist ja wohl der Impetus Ihres Denkens und Schreibens, oder?

Mit besten Grüßen

Thomas Löhr, Weihbischof

9.7.2021

Sehr geehrter Herr Löhr,

vielen Dank für Ihr Schreiben. Ich möchte kurz darauf eingehen. Mit der »Bewahrung der Schöpfung« habe ich kein Problem. Eher ein Problem sehe ich in der »Schöpfung« und den Rückschlüssen, die man/die Theologie auf den Schöpfergott ziehen könnte oder sollte. Jeder Kreative »verrät« sich ja in seinen Kreationen. Ich weiß nicht, ob Sie sich Naturfilme anschauen. Wenn nicht, sollten Sie das.

Diese Natur ist nicht nur schön und wunderbar, sie ist auch ein Ort schrecklicher Grausamkeiten. Denken Sie nur an das Überlebensprinzip »natürliche Feindschaft«, an das erbarmungslose »Fressen-und-gefressen-Werden«.

Dieses Konzept einem Gott der »(Nur-)Liebe« zuzuschreiben, scheint mir mehr als gewagt. Die Theologie, die »Rede über Gott«, sollte, denke ich, mit der »Rede über die Natur/Schöpfung« abgeglichen werden. Genau das vermeidet die christliche Theologie und beschränkt ihren Blickwinkel auf das Schöne und Wunderbare der Schöpfung. Die Flucht angesichts der »Negativseite der Wirklichkeit« in ein »Geheimnis des Glaubens« erscheint mir wohlfeil.

Und das biblische: »Macht euch die Erde untertan!« beinhaltet nicht Umwelt- und Artenschutz. Es war nur die mythische Vorausahnung des heute sogenannten »Anthropozäns«, das letztlich auf der Überlegenheit des Homo sapiens beruht und seine Dominanz begründet.

Anweisungen zum Umgang mit der Dominanz finden Sie weder im Alten noch im Neuen Testament. Der richtige Umgang mit der »unterlegenen« Natur ist kein ethisch-moralisches Problem, sondern eine Frage der selbsterhaltenden Klugheit. Das hat inzwischen fast jedermann begriffen, dazu benötigt man keine christliche Begründung.

Jenen Jesus von Nazareth, über den ich als ehemaliger Jesuit einiges weiß, für politische, soziale und ökologische Fragen einzuspannen, halte ich für fragwürdig. Seine Botschaft der Nächstenliebe, heute würde man sagen: der »allgemeinen Menschenliebe«, bezog er auf das Individuum, nicht auf politische Systeme.

Politik war nicht sein Ding: »Gebt dem Kaiser,...« Er konzentrierte sich nicht auf diese Welt: »Mein Reich ist nicht von dieser Welt...«, sondern richtete den Blick auf die »andere Welt« und zeichnete ein für die jüdische Tradition neues Gottesbild, das eines »barmherzigen Vaters«: »Euer Vater im Himmel...«

Die Säkularisierung hat die Blickrichtung vom Jenseits abgewendet. Wenn die Kirche – um noch wahrgenommen zu werden – dieser Blickrichtung folgt, gibt sie eine ihrer Kernforderungen, die Ausrichtung auf eine Existenz nach dem Tod, auf. Allerdings, jener Jesus war mit seiner Gleichsetzung von Gottes- und Nächstenliebe nicht ganz unschuldig an diesem Wechsel der Blickrichtung. Überspitzt gesagt hat er damit innerhalb der Mythengeschichte ungewollt die Säkularisierung eingeleitet.

Was die Kirchenkritik und den sich dahinter verbergenden Glaubensverlust betrifft, das haben Sie gut formuliert. Zitat: »dass aber hinter all dem ein Glaubensverlust nicht übersehen werden darf, ist äußerst wichtig. Auf vielfache Weise wird die Glaubwürdigkeit der Kirche erschüttert. Gravierend ist es vor allem, wenn dadurch die Glaubwürdigkeit der Botschaft Jesu in Frage gestellt wird. Dieser Verlust dauert schon Jahre und Jahrzehnte und nimmt jetzt immer drastischere Formen an, je kleiner die Zahl der Gläubigen wird.«

Auch Ihren Ausführungen zur Sexualmoral kann ich zustimmen. Die Konzentration auf den Missbrauch überlagert derzeit bei den Gläubigen und Kirchenkritikern die notwendige Auseinandersetzung mit den fundamentalen Glaubensfragen.

Die aus meiner Sicht berechtigten, auf der in mancher Hinsicht »fragwürdigen« Botschaft des Christentums beruhenden Gründe für den Glaubensverlust habe ich in meinem Buch »Christentum adieu!– Das leise Sterben eines Mythos« beschrieben – sachlich, nicht polemisch, »sine ira et studio«. Einen Vergleich der beiden konträren Weltbilder, des transzendentalen und säkularen – deren Stärken, Schwächen und unbewussten Gemeinsamkeiten – habe ich in meinem Buch »Vom Urknall zum Gottesmythos – Utopie und Evolution« angestellt. Wenn Sie meine Analysen interessieren, kann ich Ihnen die beiden Bücher zuschicken – sie sind auch im Buchhandel und Internetbuchhandel erhältlich.

Eine Frage, der Sie sich wohl immer stellen müssen: Inwieweit entspricht die Institution Kirche der Botschaft des Jesus? Inwieweit hat sie, wenn ich an das feudalistisch anmutende »Gepränge« denke, diese pervertiert? Was hat diese ausgeprägte Hierarchie noch mit jenem: »Wer von euch der Erste sein will,...« gemein? Und, mit der zunehmenden Entmythologisierung der biblischen Texte durch die moderne Exegese verlieren diese »Offenbarungen« ihre Anziehungskraft auf den »naiven Gläubigen«.

Ein befreundeter Jesuit nennt Jesus nicht mehr den »Gottessohn«, sondern eine »Ikone«. Den Auferstehungsbericht nennt er eine »Lügengeschichte«, um die Missionierten »mit aller Gewalt« zu überzeugen. Dennoch glaubt er, eine Botschaft Gottes in diesen Texten herauszuhören. Auch sagt er: »Gott kommt in dieser Welt nicht vor.« Wenn solche Erkenntnisse auf der Kanzel gepredigt werden oder würden, dann verlassen, denke ich, noch die letzten Gläubigen die Kirche. Hier beschreitet die Theologie einen schmalen Grat zwischen tradiertem und »modernisiertem« Glauben.

Die Vermeidung der klassischen Erdlösungsbotschaft des Jesus – der Vergebung der Sünden dank seines Opfertods und des Versprechens der ewigen Glückseligkeit – lässt den Verdacht aufkommen, dass die Kirchenvertreter selbst nicht mehr so recht an die Attraktivität und Überzeugungskraft dieser Botschaft glauben. Ihr Schwenk zu säkularen Themen scheint mir ein verzweifelter Versuch zu sein, die Gläubigen doch noch irgendwie zu erreichen. Hier im Mainstream mitzuschwimmen, um sich als »auf der Höhe der Zeit« zu präsentieren, fruchtet offenbar nicht. Die Austrittszahlen beweisen das.

Und zu Ihrer »Gemeinschaft mit Gott«. Neben dem mit der »Schöpfung« nicht vereinbaren christlichen Gottesbild halte ich die Beziehung zwischen Gott und Mensch für das fragwürdigste Postulat. Beziehung funktioniert nur über »Kommunikation«. Wie die Kommunikation mit einem nicht erfahrbaren und – laut besagtem Jesuiten – »in der Welt nicht vorkommenden« Gott funktionieren soll, ist mir ein Rätsel.

Die nebulöse »religiöse Erfahrung«, die nur »religiös begabten« oder »religiös musikalischen« Menschen gegeben ist und auch noch auf der »Gnade des Glaubens«, also auf der Willkür eines Gottes beruht und damit eine äußerst elitäre Angelegenheit ist, als Grundlage einer Beziehung zu Gott zu definieren, halte ich persönlich neben dem »schrägen« Gottesbild für die größte Zumutung, die der christliche Glaube abverlangt.

Trotz aller Kritik meinerseits habe ich kein Problem damit, wenn Sie Ihren »Schäflein« jenen Trost vermitteln, den die säkularen Heilsbotschaften den »Mühseligen und Beladenen« nicht spenden können. Ob Illusion oder Wirklichkeit – als »offener, ent-

spannter Agnostiker« bin ich bei den »letzten«, in meinen Augen unbeantwortbaren Fragen zurückhaltend und verzichte auf dezidierte Aussagen.
Mit freundlichen Grüßen

Reinhard Marx, Kardinal

30.03.2015
Anmerkungen zum Ihrem Gespräch mit Peter Voss in 3sat

Sehr geehrter Herr Marx,

Sie werden vielleicht verstehen, dass ich Sie nicht mit »Eminenz« anspreche, zumal jener Jesus von Nazareth (»Wer von euch der Erste sein will,...) vermutlich nicht gewollt hätte oder ahnen konnte, dass die Verkünder seiner Botschaft einmal mit solchen Titeln glänzen und in bischöflichen Residenzen wohnen würden. Hätte Karl Marx, der Kämpfer für die unterprivilegierte Klasse, mit dem Sie immer mal wieder kokettieren, in einer pompösen Villa residiert, man wäre wohl auch erstaunt gewesen.
Sie werden das »historisch« erklären, mit der Institutionalisierung und der Repräsentationspflicht – ein Ärgernis wird die feudale Prachtentfaltung der katholischen »Kirchenfürsten« immer sein, auch wenn derzeit Papst Franziskus das Bild durch selektive, symbolische Bescheidenheit zu korrigieren versucht.
Zurück zum eigentlichen Thema, zu Ihrem Gespräch mit Peter Voss im Fernsehen. Sie haben die Fragen Ihres eher skeptischen Gegenübers sehr wortreich, gut formuliert, aber eben immer doch ausweichend pariert. Provokant ausgedrückt könnte man sa-

gen, Sie haben »Nebelkerzen« geworfen. Auf all die unangenehmen Fragen – zu den Themen *Eucharistie* (»Dies ist mein Leib...), *Umgang mit den Geschiedenen* (ist »Scheitern« eine Sünde?), *Zölibat* (ein »Schatz«), die *Gnade des Glaubens* (trotz aller Anstrengung letztlich doch Gnade) usw. – hatten Sie nebulöse, das Problem »schönredende« Antworten. Die Versuche einer »modernen« Interpretation der Glaubensinhalte wirkten bemüht.

Peter Voss hätte noch unangenehmere Fragen stellen können: Warum hat der »Gott der Liebe« diese Welt so und nicht anders geschaffen? Warum bedurfte es des Blutopfers seines eigenen Sohnes, um den geliebten Menschen verzeihen zu können? Warum offenbarte er sich nicht in den ein- bis zweihunderttausend Jahren der Menschheitsgeschichte vor der biblischen Offenbarung, ließ die Menschen in »heidnischen« Ahnen-, Dämonen- und Götterglauben verfallen? Waren ihm all diese Menschen gleichgültig...?

Innerhalb des Systems, der katholischen Kirche, sind Sie gewiss ein Hoffnungsträger, auch wenn Sie die Hoffnungen ungeduldiger Gläubiger immer wieder dämpfen, indem sie den Faktor *Zeit* anführen und infrage stellen, was man jetzt unter Papst Franziskus oder irgend wann einmal später an »Erneuerung« erwarten dürfe.

Jener Jesus von Nazareth würde Ihnen vielleicht sagen: »Lass die Toten ihre Toten begraben... wirf den Ballast von gestern, an den du nicht mehr glaubst ohne Rücksicht auf kirchliche Autoritäten ab! Streite für deine Überzeugung, wenn es denn sein muss, auch mit meinem Stellvertreter auf Erden...« Theologen wie Hans Küng haben so etwas versucht und sind letztlich an ihrer Kirche gescheitert.

Sie haben es heute vornehmlich mit der Kirchenkritik aufmüpfiger Gläubiger zu tun und verlieren darüber vielleicht den Blick dafür, dass das Christentum – ähnlich den anderen transzendentalen Weltbildern – dem Niedergang, Stichwort »Säkularisation«, geweiht ist. Das vermeintlich »aufgeklärte Christentum« stellt sich für den kritischen Betrachter als ein erster Schritt dar, weg von der Transzendenz hin zum Diesseits. Im Fokus der Überlegungen und Predigten stehen nicht mehr die Vergebung der Sünden und die Hoffnung auf das Jenseitsparadies, sondern soziale Probleme. Nicht umsonst betonten Sie in Ihrem Gespräch Ihre »sozialwissenschaftliche« Kompetenz.

Sie kämpfen durchaus ehrenhaft gegen den säkularen Heilsmythos *Kapitalismus* bzw. *Marktideologie*. Nur, um den Kapitalismus zu zähmen, bedarf es nicht der Frohen Botschaft oder der allzeit beschworenen »christlichen Nächstenliebe«.

Sie wissen genau, dass der moderne Sozialstaat nicht die späte Frucht christlicher Nächstenliebe ist, sondern mit Revolutionen und Streiks erkämpft wurde. Gesellschaftliche Reformen oder Veränderungen waren übrigens auch nicht das Thema des Jesus von Nazareth. »Gebt dem Kaiser…«

Mit transzendental begründeten Argumenten kommen Sie in unserer heutigen Welt nicht mehr voran. Im Gegenteil. Sie geraten auf Kollisionskurs mit den konkurrierenden Religionen, die denselben Anspruch auf geoffenbarte »Wahrheit« wie Sie betonen. Der »interreligiöse Dialog« mag dem Selbsterhalt der Religionen dienen, indem diese ihren guten Willen angesichts der katastrophalen Konflikte zeigen. Wenn Sie jedoch nicht einmal zu einer Ökumene der christlichen Religionen fähig sind, wie sollte die Ökumene mit Islam, Hinduismus und noch weiter entfernten Religionen möglich sein? Die Lösung der von Ihnen genannten Probleme wird, wenn überhaupt, nur noch mit human, sprich säkular begründeter Argumentation möglich sein.

Die Reduktion des Christentums auf soziales Engagement, Bewahrung der Schöpfung, fairen Umgang mit der Dritten Welt usw. wird den Kern der Botschaft – das »versülzte« *Gottesbild* (»Gott der Liebe«), das von der »Erbsünde« geprägte, negativ gefärbte *Menschenbild* und das christliche *Geschichtsbild,* die Deutung von Geschichte als einer »Heilsgeschichte«, die sich letztlich auf »Paradies und Hölle« hinbewegt –, vermutlich nicht retten.

Dass Europa in der mythengeschichtlichen Evolution dank des unvollendeten Projekts *Aufklärung* eine Vorreiterrolle in der Bewegung weg von den transzendentalen Mythen spielt, ist nur logisch und konsequent. Die Hoffnung der christlichen Kirchen auf Kontinente wie Afrika oder Südamerika mit deren retardierten Bewusstseinsentwicklung ist zwar verständlich, aber auch diese Kontinente werden im Lauf der geistigen Globalisierung Ansätzen einer »Aufklärung« und der damit verbundenen Säkularisierung nicht entkommen.

Mein Buch »Christentum adieu! – Das leise Sterben eines Mythos« ist trotz des etwas provokanten Titels kein hämischer Abgesang auf das Christentum. Ich betrachte es als Analyse und kritische Auseinandersetzung mit den fundamentalen Glaubensinhalten des Christentums, mit dessen Wirkungsgeschichte und derzeitigen Zustand. Als ehemaliger Jesuit weiß ich, wovon ich spreche. Die gegenwärtige Kirchenkritik, was mangelnde »Modernität« (Frauenrechte, Zölibat etc.) betrifft, halte ich für eher marginal. Die Ursachen des Niedergangs liegen, denke ich, tiefer.

Vielleicht ist das Buch für Sie Anstoß zu theologischer Reflexion. Ein Perspektivwechsel, der Blick von außen kann manchmal erhellend sein. Für Ihr Bemühen, gesellschaftliche Probleme wie z.B. den Kapitalismus »sozialwissenschaftlich«, d.h. jenseits transzendentaler Argumentation zu bearbeiten, wünsche ich Ihnen viel Erfolg!

Es grüßt Sie trotz unterschiedlicher »Weltanschauung«
mit allen guten Wünschen

Reformationsjubiläum 2016/17
Sehr geehrter Herr Kardinal Marx,

im März letzten Jahres schickte ich Ihnen einen Brief inklusive meines Buchs »Christentum adieu!«. Von Ihrer Seite kam keinerlei Reaktion. Ich weiß nicht, ob Sie meinen Brief überhaupt bekommen haben oder ob er samt Buch im Nirgendwo gelandet ist. Ich denke, es wäre eine normale, menschliche, vielleicht auch »christliche« Geste gewesen, mir wenigstens durch Ihr Sekretariat eine Bestätigung, notfalls mit einer »frommen Ausrede« verbunden, zukommen zu lassen. Jener Jesus hatte jedenfalls keine Berührungsängste gegenüber Kritikern und Andersdenkenden.

Nun, zu Ihrer Entschuldigung sei gesagt: Sie sind ein vielbeschäftigter Mann, gerade auch jetzt in Zeiten des Reformationsjubiläums. Sie haben die undankbare Aufgabe, den Spagat zwischen Versöhnlichkeit und Abgrenzung gegenüber den protestantischen Kirchen auszuführen. Das gelingt nur, wenn die unüberwindbaren Gegensätze ausgeklammert werden und man sich z.B. auf allgemeinmenschliche, gesellschaftspolitische Aspekte beschränkt. Die Konzentration bei den Predigten der Vertreter beider Konfessionen auf politische Themen und die Flüchtlingsproblematik in Ehren – aber haben katholische und protestantische Kirchen wirklich keine anderen, »fundamentaleren« Probleme, was z.B. die Austrittswelle der Gläubigen und die damit verbundene zunehmende Säkularisierung der Gesellschaft angeht?

Ein paar zugegeben »pointierte« Gedanken zu den Themen, die beide christlichen Konfessionen anlässlich des Reformationsjubiläums betreffen, unter dem Titel »Jubeljahr mit Bittertropfen« füge ich dem Brief bei. Die sachlich fundierten Ausführungen eines Exjesuiten und Exkatholiken dazu finden Sie in besagtem »Christentum adieu! – Das leise Sterben eines Mythos«, das ich Ihnen zuschickte, sofern das schmale Bändchen bei Ihnen nicht verschollen ist. Ich fürchte, Sie werden nicht umhinkommen, die Fundamente Ihres Glaubens, deren »Glaubwürdigkeit« neu zu erklären. »Selbstverständlich« sind sie schon lange nicht mehr.

Falls Sie meine Summa philosophica »Abschied vom Absoluten – *Wider die Einfalt des Denkens*« interessiert, in der ich mein mit der christlichen Vorstellung des *einen* und *guten* »*Gottes der Liebe*« allerdings nicht vereinbares »polares Weltbild« erkläre, schicke ich Ihnen das Buch gerne zu. Ein Blick »von außen« kann nicht schaden, selbst wenn er »nur« zur Schärfung der eigenen Position dient.

Übrigens, in meiner »Kritik des Manifests des evolutionären Humanismus« gehe ich mit der Gegenseite der Religion, den Humanisten, nicht weniger kritisch um. Neben meinen Zweifeln an deren Thesen der »Sinnleere des Universums« und des »Zufalls« und der »Ziellosigkeit« als bestimmende Faktoren der Evolution, würdige ich dort sogar jenen Jesus von Nazareth als einen Mann mit einem mythengeschichtlich »revolutionären Ansatz«. Seine Gleichsetzung von Gottes- und Nächstenliebe stellt, wie ich meine, seinerseits natürlich unbewusst und ungewollt, einen ersten Schritt in Richtung »Säkularisation« dar. Wenn Sie meine Humanismuskritik interessiert, sagen Sie es. Ich schicke sie Ihnen gerne zu.

Mit besten Grüßen

Johanna Rahner

19. Jan 2018

Sehr geehrte Frau Prof. Rahner,

in Ihrem gestrigen Deutschlandfunk-Interview mit Christiane Florin sprachen Sie recht munter über das »kritische Potential der Theologie«, über deren Auseinandersetzung mit der »Welt von heute« und mit der »Tradition«. Sie sprachen von »Selbstreflexion« und »Selbstaufklärung« und erinnerten an ein Zitat von Karl Rahner, meinem ehemaligen »Mitbruder« in der Gesellschaft Jesu: »Ein Gläubiger muss nicht dumm sein.«

Bei aller kritischen Reflexion moderner Theologie, speziell auch mittels historisch-kritischer Textinterpretation – ich habe nicht das Gefühl, dass die Theologen ihre Glaubensfundamente »neu« hinterfragen. Sie sprachen z.B. von der »Ebenbildlichkeit« des Menschen zu einem Gott, der ja wohl kaum menschenähnlich aussehen kann, der weder materiell-körperlich noch geistig intellektuell oder emotional dem

Menschen »ebenbildlich« sein dürfte, es sei denn, man interpretiert den Mythos umgekehrt in dem Sinn, dass der Mensch sich seine Götter oder seinen Gott »nach seinem Abbild« schuf. Das »theomorphe« Menschenbild also in Wahrheit nur das Spiegelbild oder die Perversion des in früheren Zeiten gängigen anthropomorphen Gottesbildes? Ein gewisser Größenwahn steckt ja wohl hinter dieser Vorstellung. Und in der Tat, an der »Gottähnlichkeit« (Allmacht, Allwissenheit, Allgegenwart) arbeitet Homo sapiens zusehends erfolgreich, sie scheint fast so etwas wie die Leitidee oder Zukunftsprojektion der kulturellen Evolution zu sein.

Die vermeintliche Gottebenbildlichkeit nur als *ein* Beispiel nicht hinterfragter, scheinbar »selbstverständlicher« Glaubensfundamente. Weitere Beispiele finden Sie in meinem Buch »Christentum adieu! – Das leise Sterben eines Mythos«, das ich Ihnen in den nächsten Tagen zusende. Verstehen Sie mich nicht falsch! Ich möchte Ihnen Ihren Glauben, sofern er Sie trägt, nicht madig machen. Der Mensch hat ein Recht auf Illusion. Für viele Menschen sind Illusionen der letzte Anker, um ihr Leben emotional einigermaßen unbeschadet durchzustehen. Aber Sie als Theologin sollten vielleicht auch verstehen, warum sich Menschen – und es werden täglich mehr – durch »Selbstreflexion« und »Selbstaufklärung« mit gutem Grund von ihrem christlichen »Kinderglauben« verabschieden.

Wer daran festhält, muss in der Tat nicht »dumm« sein. Er tut dies jedoch, denke ich, nur zu oft unreflektiert, aus reiner Gewohnheit, vielleicht auch gemischt mit einer Portion »Restangst«. Und, ich will Ihnen nicht zu nahe treten, als »professionelle Theologin« können Sie nicht an dem Ast sägen, auf dem Sie sitzen. Davor schützt Sie Ihr Unbewusstes. Da müssten schon Erschütterungen eintreten, die ich Ihnen nicht wünsche.

Meiner Meinung nach genügt ein »offener Blick« auf die Welt und die Menschen, um eklatante Widersprüche zwischen dem christlichen Glauben und der Wirklichkeit festzustellen. Auf Dauer werden Sie als Theologin in Zeiten zunehmender Säkularisierung um die Begründung Ihrer Glaubensfundamente nicht herumkommen. Modernisierung per »Anpassung an die Welt von heute« oder intelligente Rationalisierungsversuche nach Art Karl Rahner bis hin zur intellektuellen Kapitulation vor »Glaubensgeheimnissen« erscheinen mir wohlfeil und etwas zu dürftig.

Vielleicht ist mein Buch ein Anreiz für Sie und Ihre Studenten, noch einmal »fundamental«, ganz »von vorne« anzufangen, die Glaubwürdigkeit und Überzeugungskraft Ihrer Glaubenswahrheiten zu überprüfen und eigene Zweifel zuzulassen. Am Beginn der Erkenntnis steht bekanntlich oft der Zweifel. Vielleicht wäre dies auch eine »intellektuelle Herausforderung«, von der Sie in dem Interview sprachen.
Mit den besten Wünschen

Michael Seewald

11.6.18

Sehr geehrter Herr Seewald,

in Ihrem Interview mit Frau Florin zeigten Sie sich, was die derzeit klassischen Themen der Kirchenkritik (Frauenordination, gemeinsame Kommunion konfessionsunterschiedlicher Ehepaare...) betrifft, relativ offen für mögliche Neuerungen. Als es aber ans »Einge-machte« ging, formulierten Sie überaus blumig, wenn Sie z.B. von der Person Jesu sprachen, die »Gott in unüberbietbarer Weise zum Vorschein gebracht hat...« Da kann man so ziemlich alles herauslesen, was man will. War Jesus nun Gott oder war er Mensch? Auf diese klare Ansage hatte Frau Florin wohl gehofft. Und die »Offenbarung« reduzierten Sie auf das, »was sich in Jesus Christus ereignet hat... Gott, der menschlich unter Menschen verkehrt...« Ja, und das Alte Testament, ist das nun »Gottes Wort«, also »Offenbarung«, oder vielleicht doch nur »Men-schenwort«?

Manchmal habe ich das Gefühl, dass »kritische« Theologen sich um klare Aussagen drücken, z.B. auch zu dem von Frau Florin erwähnten Dogma von der »leiblichen Aufnahme Mariens in den Himmel«. Die Kirche lässt, sagen Sie, unpopuläre (weil absurde) Dogmen notfalls »auslaufen«. Was machen *Sie* mit solchen Dogmen? Wie können Sie, wenn auch nur *ein* Dogma »fällt«, die prinzipielle Berechtigung der Dogmen retten? Als Frau Florin Sie an die Gläubigen erinnerte, die nicht mehr an die Gottessohnschaft und die Heilige Dreifaltigkeit glauben, wichen Sie mit ei-ner Bemerkung über die »falsche Hierarchie der Wahrheiten« aus und blieben Ihre persönliche Ant-wort schuldig. Was sagen Sie solchen »Gläubigen«? Genügt es wirklich, sachte an diesem oder jenem Dogma zu rütteln, es »historisch« ein bisschen zu re-lativieren, aber dann doch an den »verbindlichen Strukturen«, sprich am Dogma festzuhalten?

Solange Sie Ihren Glauben in erster Linie als »in-tellektuelle Herausforderung« sehen, werden Sie im-mer wieder Gründe finden, irgendwie an ihm festzuhalten. Was aber, wenn Ihnen emotionale, intuitive Zweifel kommen, wenn z.B. Ihr Gesprächspartner im Himmel, falls Sie sich an ihn wenden, schweigt? Kann eine Beziehung ohne persönliches Gegenüber, nur mit Blick auf die »Offenbarung« an die Altvorderen funktionieren? Entspricht eine solche Beziehung der »Conditio humana«?

Meine philosophischen Zweifel an jeglicher Art von Heilsutopien habe ich in meinem Buch »Abschied vom Absoluten« formuliert. Die Fragwürdigkeit der speziell christlichen Glaubensinhalte habe ich in »Christentum adieu! – Das leise Sterben eines Mythos« aufgezeigt. Sie werden nicht umhin können, sich neben der Neuinterpretation oder Neuformulierung der Dogmen mit den Realitäten, z.B. dem Mitgliederschwund innerhalb der katholischen Kirche auseinanderzusetzen. Ich kann mir nicht vorstellen, dass Sie sich mit einem »Nischendasein« für wenige »Auserwählte« zufrieden geben wollen.
Mit den besten Wünschen

Magnus Striet

20.04.2017

Sehr geehrter Herr Striet,

neulich hörte ich ein Interview des Deutschlandfunks mit Ihnen zum Thema *Auferweckung*.

Sie sprachen von notwendigen »Aufräumarbeiten« der Theologie. Dieses Bemühen hat Sie, wie ich im Internet entdeckte, bei konservativen Katholiken in den Ruf eines »Häretikers« gebracht. In der Tat haben Sie in dem Interview z.B. den von Gott geforderten Opfertod des Jesus von Nazareth und den Gedanken der »Auserwählung« als inakzeptabel abgehakt. Wanken bei Ihnen auch noch einige andere Fundamente des christlichen Glaubens, die man als »zeitbedingte Narrative« interpretieren könnte? An der Menschwerdung Gottes zweifeln Sie wohl nicht. Und das beste Argument für den Glauben dürfte Ihrer Meinung nach die »Sehnsucht« nach oder »Hoffnung« auf eine »finale Gerechtigkeit« und auf ein »gutes Ende« sein, im dem Sinne, dass der Tod nicht »das letzte Wort« hat. Laut Statistik glauben die meisten Menschen hierzulande an diese Art von Happyend nicht mehr so recht, aber sie hoffen darauf. Warum sollte man ihnen diese Hoffnung nehmen?

Das Leben im Diesseits ist zumindest in unseren Breiten dank »Demokratie und Menschenrechten« einigermaßen gut geregelt, besonders auch dank der Freiheitsrechte, die Sie gerne betonen. Bleibt also nur das leidige Problem der Ungerechtigkeit und des Todes und all dessen, womit die Theodizee nicht zurecht kommt, unter der Prämisse des »guten Gottes der Liebe« nicht zurecht kommen *kann*.

Dabei wäre das Problem, philosophisch gesehen, ohne Fixierung auf das christliche Gottesbild relativ leicht zu lösen. In meinem Buch »Abschied vom Absoluten« habe ich ein »polares Weltbild« entworfen, das die »logische Notwendigkeit«, das »Existenzrecht der Negativseite der Wirklichkeit« erklärt, als unabwendbar postuliert. Eine scheinbare Selbstverständlichkeit, die aber nicht konsequent zu Ende gedacht wird.

Daraus folgernd könnte man zur Theo- oder Kosmodizee sagen: der Schöpfer des Universums, wenn es ihn denn gibt oder gäbe, »hatte gar keine andere Wahl«. Diese polar strukturierte Wirklichkeit – eine andere Wirklichkeit ist für uns nicht vorstellbar – verlangt allerdings, wenn man einen transzendentalen Schöpfer und Sinngeber sozusagen als das »Schloss«, in das der »Schlüssel Wirklichkeit« passt, sucht, ein anderes als das christliche Gottesbild. Der Monotheismus scheint mir wie alle monistischen Heilsutopien – transzendentale und säkulare – der naiv unreflektierte Versuch zu sein, die Polarität des Seins in Struktur und Geschichte zugunsten des Einen, Guten, Positiven »glattbügeln« zu wollen. »Erlöse uns von dem Bösen!«

Ich schicke Ihnen meine drei Bücher zu den angesprochenen Themen. Als Exjesuit (drei Jahre Mitgliedschaft) weiß ich in puncto Christentum, wovon ich spreche. Vor einiger Zeit bin ich mit der »Gegenseite« der Transzendentalen, den Humanisten, in Kontakt gekommen. In meiner »Kritik des Manifests des evolutionären Humanismus« habe ich einige ihrer Thesen infrage gestellt und mir u.a. erlaubt, die historische Leistung des Jesus von Nazareth innerhalb der Mythengeschichte zu würdigen. Vielleicht haben Sie Zeit und Lust, in meine Texte hineinzuschnuppern, nicht unbedingt, um sich »bekehren« zu lassen, sondern, um Ihre eigenen Positionen zu schärfen. Sie wissen ja: im Widerspruch, nicht im Weihrauch wächst das Denken. In diesem Sinne, weiterhin viel Vergnügen beim Denken, beim Zweifeln und bei den noch anstehenden Aufräumarbeiten…

7,Mai 2017

Sehr geehrter Herr Striet,

erlauben Sie mir zunächst eine bescheidene Frage: Ist meine Büchersendung, die ich Ihnen vor einiger Zeit zukommen ließ, bei Ihnen angekommen? Es würde mich beruhigen zu wissen, dass sie nicht im Labyrinth der Uni irgendwo verschollen ist. Eine kurze Bestätigung per Email würde genügen.

Unter dem Suchbegriff »Gottes Schweigen« – vielleicht haben Sie ein »Rezensionsexemplar« Ihres Buchs für mich übrig? – habe ich im Internet Ihren Artikel »Existiert ein Gott, der schweigt?« in »Christ-in-der-Welt« gefunden. Sie setzen sich dort mit den diversen Formen des Atheismus auseinander. Um es vorneweg zu sagen, ich würde mich nicht als »Atheisten«, sondern als einen »offenen, entspannten Agnostiker« bezeichnen, offen für »alles Mögliche«, kritisch jedoch gegenüber den Angeboten der Religionen, diese Angebote immer mit meinen Erfahrungen und meiner Vorstellung einer Conditio humana vergleichend. Über Dinge, die jenseits meiner Erfahrungen liegen, spekuliere ich nicht gerne.

Stichwort »Erfahrungen«. Mir fällt auf, über »Gottes Schweigen« lassen Sie sich zumindest in Ihrem Artikel nicht wirklich aus. Die direkten »Offenbarungen« des Gottes Jahwe – z.B. an Moses aus dem »brennenden Dornbusch«, an Mohammed per Diktat des Erzengels Gabriel u.ä. – deuten Sie vermutlich historisch kritisch als »Erzählungen«. Diese Offenbarungen dürften der kreativen Phantasie der Propheten und damaligen »Geschichtserzähler« geschuldet sein.

Das Terrain der kleinen Variante von Offenbarung, der »religiösen Erfahrungen«, betreten Sie nur zögerlich, deuten aber eine Art genetischer Veranlagung zur »Religiosität« an. Die Idee des »Homo religiosus« beziehen Sie vornehmlich aus der Suche nach dem »letzten Grund« und der Sehnsucht nach finaler »Gerechtigkeit« und einem »guten Ende« im Jenseits.

»Im Diesseits sich auszuleben« erscheint Ihnen fragwürdig, fast schon moralisch anrüchig. Warum eigentlich? Dass die »Fülle des Lebens« für den Menschen, ein Geschöpf, das auf das (Aus-)Leben in dieser Welt angelegt ist, in einem entsinnlichten, geschichtslosen Jenseits bereitet sein sollte, ist mir nicht nachvollziehbar (s. »Christentum adieu!«, *Paradies und ewiges Leben*). Das Diesseits nur als »Probelauf« oder »Vorspiel« für das Eigentliche, das Jenseits?

Bleibt noch als »letzte Offenbarung« die Menschwerdung Gottes. Ob jener Jesus sich als leiblichen Sohn seines »Vaters im Himmel« begriff, darf bezweifelt werden. Er sagte es nie ausdrücklich. Der »Vater« dürfte meiner Meinung nach nur Ausdruck des jüdischen patriarchalischen Gottesbildes sein, das ja noch bis in unsere Gegenwart hineinwirkt. Wenn Jesus aber als »Nicht-Gottmensch« nur in der Reihe der »Propheten« steht, bleibt wenig, womit Gott sein »Schweigen« gegenüber dem Menschen bricht. Und damit sind wir bei dem für mich zentralen Punkt oder Problem mit den transzendentalen Mächten.

Wenn Sie eine Beziehungsgeschichte zwischen Gott und Mensch postulieren, dann müsste Kommunikation stattfinden. Sie sagen in Ihrem Artikel: »Der Glaube kommt nachdenklichen Menschen nicht leichtfertig abhanden«. Das kann ich nur bestätigen.

Wenn es mir als einem idealistisch gesonnenen jungen Mann, der in den Dienst jenes Jesus treten wollte, in dreijährigem Bemühen nicht gelang, die jesuitische «familiaritas cum Deo« zu entwickeln, da ich in diesen drei Jahren einem schweigenden imaginären Ansprechpartner gegenüberstand bzw. -kniete, wie sollte es einem »normalen« Gläubigen gelingen, eine Beziehung zu einem »schweigenden Gott« zu

234

entwickeln? Beziehungen leben von der Kommunikation, sie scheitern nur zu oft an der »Sprachlosigkeit« der Partner. Dass sich die Kirchen sonntags zusehends leeren, liegt, denke ich, auch daran, dass der »teilemanzipierte« Mensch der Gegenwart, der nicht mehr in der Welt seiner Träume und Ängste lebt, bzw. verfangen ist, auf reale Erfahrung angewiesen ist, sie erwartet. Die Orte der direkten, liturgischen »Begegnung mit Gott« geben ihm die Erfahrung eines Gegenübers nicht. Gespräche, die nur in *eine* Richtung geführt werden, die sich auf Anbetung und Bittgebete beschränken, funktionieren auf Dauer nicht. Sie »versickern« oder »schlafen ein«.

Hinzu kommt: den »Opferkult«, die »Wandlung« und die »Kommunion«, d.h. die »Verspeisung des Herrn«, kann auch kaum einer mehr nachvollziehen. Und die Predigt der »Nächstenliebe«, des undifferenzierten »liebenden« Sozialverhaltens gegenüber jedermann ist zum einen utopisch, zum andern schallt sie heutzutage von allen möglichen säkularen Kanzeln. »Natürliches« Sozialverhalten gelingt auch ohne die Botschaft des Jesus von Nazareth.

Sie sagen: »Gott wirbt«, und sprechen von einem »Säuseln«. Für meine Begriffe ist dieses »Werben«, dieses »Säuseln«, das sich nur in der vagen Sehnsucht nach kosmischer Geborgenheit und einem Happyend ausdrückt, zu dürftig. Aber: »Suum cuique!«. Wem diese Sehnsucht und Wunschträume helfen, die Widrigkeiten des Lebens zu überstehen, dem seien sie unbenommen.

Zusammenfassend würde ich als meine Antwort auf Ihre Frage: »Existiert ein Gott, der schweigt?« sagen: Die Existenz eines schweigenden Gottes ist möglich, eine Beziehung zu ihm jedoch unmöglich, bzw.

nur möglich in der Sphäre der Imagination, der Phantasie, der Träume, der Sehnsüchte…

Über das Theodizeeproblem habe ich mich kurz in meinem Brief an Sie ausgelassen und auf mein Buch »Abschied vom Absoluten« verwiesen. Ihre These, dass die Freiheit des Menschen nur durch die Freiheit, z.B. auch »abgrundtief böse« zu sein, ermöglicht wird, beinhaltet ja, dass dieser Gott das Böse quasi als »Versuchsanordnung« miterschaffen musste. Das rettet das christliche Gottesbild eines »Gottes der Liebe« gewiss nicht.

Auch dass für viele, sehr viele Menschen der Weg zu einem »guten Ende«, sprich ins Paradies, über äußerst grausame Umwege führen soll, klingt nicht überzeugend und rückt den Schöpfergott in ein schiefes Licht. Erst Quälen und dann Erlösen?

Da halte ich es lieber mit der Polarität als Rechtfertigung der Negativseite des Seins. Und wenn ich denn einen Schöpfergott mir zurechtbasteln sollte oder wollte, dann müsste dieser eine Art »polar strukturierter« Gott sein, der zu allem, im Guten wie im Bösen fähig ist. Wir Menschen, laut Schöpfungsmythos »Ebenbilder Gottes«, sind ja auch »zu allem fähig«.

Wenn Gott die »absolute Freiheit« hat, warum gestehen Sie nicht auch ihm die Fähigkeit und »Freiheit zum Bösen« zu? Ist das sogenannte Böse für ihn verbotenes Terrain, das er fast schon neidvoll nur seinen Geschöpfen überlassen kann oder darf? Manches Furchtbare oder Böse, was gerade auch in der außermenschlichen Natur geschieht, ließe sich mit einem solchen polaren Gottesbild leichter erklären.

Ich vermute mal, Sie schauen sich nicht viele Naturfilme an. Sie sollten das. Das Geschehen in der Natur würde Ihnen einiges über den tatsächlichen oder vermeintlichen Schöpfergott verraten. Wenn Sie unvoreingenommen, d.h. nicht durch die rosarote Brille (»Naturparadiese«) hinschauen, werden Sie feststellen, dass der große »Kreator« zugleich der große »Destruktor« ist.

Im Bereich des Lebendigen wird jedes *kreative* Geschehen neben dem elementaren Prinzip: »Töte, um zu überleben!« spätestens durch den einprogrammierten *destruktiven* Prozess des Alterns und Verfalls egalisiert. *Kreativität* und *Destruktivität* – auch so eine Polarität, die man eher einem »polaren« als einem »guten« Gott zuschreiben könnte. Trotzig und gewagt erscheint mir, nach der *ersten*, ursprünglichen Schöpfung auf eine *zweite*, »bessere« Neuschöpfung zu hoffen!

Auch bei der von Ihnen betonten »Freiheit des Menschen« rate ich zu einem gewissen Maß an Skepsis und Zurückhaltung. Bekanntlich sind die Menschen zuerst einmal »Gefangene« ihrer Gene und Geschichte, d.h. ihrer genetischen Anlagen und ihrer Sozialisation, z.B. ihrer per »Gewissen« eingepflanzten Wertvorstellungen – bestimmende Faktoren ihres Handelns. Die von Ihnen angeführte »befreiende Distanz« per Reflexion und Selbstreflexion ist, fürchte ich, nur einer Minderheit der Menschen »in vollem Maße« gegeben.

Die Zunahme an Bewusstsein und kritischer Selbstreflexion scheint mir eher ein zukunftsorientierter Prozess der Evolution auf dem Weg zu Homo »sapiens« zu sein. Da müssen wir elitären »Weltverbesserer« mit einem hohen Reflexionsgrad, d.h. mit einem reflektierten Weltbild, Geduld haben. Mit Blick auf den Konflikt zwischen Mandelkern und Präfrontalem Cortex, zwischen Unbewusstem und Bewusstsein, zwischen elementaren Trieben und bewussten Moralvorstellungen, spreche ich deshalb auch lieber von einem »Hauch« Freiheit.

Da wir uns bei unseren Entscheidungen immer in einem Kraftfeld möglicher »Verlockungen« befinden, also irgendwie beeinflusst sind, halte ich einen absoluten Freiheitsbegriff für sinnlos. Immer winkt eine »Belohnung« als Motivation unserer Entscheidungen, ob im Diesseits oder im Jenseits. Womit wir beim Thema *Moral* oder *Ethik* wären. Was ist gut oder böse, was moralisch oder unmoralisch?

Über die Möglichkeit einer »natürlichen Moral«, ohne Angst vor einem »Jüngsten Gericht«, können wir gerne ein andermal sprechen. Für heute sollten meine Anmerkungen zu Ihrem Artikel genügen. Vermutlich werden Sie mich in die Kategorie »frommer Agnostiker« einreihen.

Ich fürchte, mit »Frömmigkeit« alleine – in Ihrem Sinn mit der Suche nach dem »letzten Grund« und der Sehnsucht nach einem »guten Ende« in einem Jenseits – kommen wir bei unserem Versuch, das Diesseits »human«, d.h. »lebenswert« zu gestalten, nicht weiter. Schließlich sind wir bei aller Lust auf mögliche transzendentale Welten zuerst einmal »verdammt« zu einem Leben auf dieser unserer Erde, das menschenwürdig sein sollte.

Bekanntlich führen jedoch viele Wege nach Rom. Wenn diese – die säkularen oder die transzendentalen – den gleichen positiven Effekt haben, umso besser.

Mit den besten Wünschen

8. Humanisten

Helmut Fink

21.05.2020

Lieber Herr Fink,

meine Kritik Ihres Buchs »Der neue Humanismus« kann ich tatsächlich relativ kurz fassen. Warum? Mit den meisten Beiträgen bin ich einverstanden. Besonders gelungen fand ich »Das Janusgesicht der Religion« und »Ist der Atheismus auch eine Religion?«.

Nur auf zwei Themen möchte ich einigermaßen »kurz« eingehen: *Epikur* und *Transhumanismus.*

Zu *Epikur:*

Ich verstehe ja, dass die Philosophen Epikur gerne zum Vorbild nehmen. Epikur war ein wohlhabender Mann. Er besaß Ländereien und ließ die Arbeit vermutlich von Sklaven verrichten. Er war offensichtlich nicht in die Niederungen dessen, was man »Überlebenskampf« nennt, verstrickt. Der Begriff »Überlebenskampf« war für ihn ein Fremdwort.

Diesen für alle Lebewesen existenziellen Begriff habe ich noch bei keinem Humanisten gefunden. Da geht es immer nur um einen »aufgeklärten Hedonismus«, um »Glück« und »Ataraxie«, um die »Freiheit von körperlichem Schmerz und seelischer Unruhe«... »Epikureische Abgehobenheit« nenne ich das.

Und genau diese Abgehobenheit macht die humanistische Botschaft fragwürdig. Ja, Wohlstandsbürgern westlicher Prägung gefällt die Suche nach Lust und Glück, obwohl die ja kein Dauerzustand sein können, höchstens Momente. Dem Großteil der Menschen, die im wahrsten Sinne des Wortes »ums Überleben kämpfen«, dürfte diese Definition von Leben

239

jedoch fremd sein, versagt bleiben. Vielleicht sollte man das »eurozentrische« Denken etwas ausweiten und die Realitäten jenseits der Inseln der Seligen etwas mehr in den Fokus nehmen.

Mit dem vage formulierten Grundsatz, »das Leid zu mindern«, das für Philosophen meist ein ziemlich »fernes Leid« ist, kann man die hedonistische Grundhaltung, Predigt nicht wirklich kompensieren oder sagen wir: korrigieren. »Leben« ist mehr als Glück, Lust, Vernunft, Autonomie und Seelenruhe. Ohne deren »natürliche« Gegenspieler wäre es überdies, s. »Kontrastprinzip«, von tödlicher Langeweile.

Hinter der hedonistischen Ablehnung der »Negativseite der Wirklichkeit« verbirgt sich neben der mangelnden existenziellen Nähe zur »harten« Wirklichkeit das fehlende Gespür für den Sinn der Polarität, verbunden mit dem naiv monistischen Versuch, diese Wirklichkeit positiv zu »bereinigen«, das sog. Positive zu verabsolutieren. Die Einsicht fällt nicht leicht, aber einem logisch denkenden Menschen sollte die logische Notwendigkeit, das »Existenzrecht des Negativen« einleuchten.

In der Physik kommen Sie ja auch nicht auf die Idee, negative Ladungen, Anti-Teilchen, dunkle Energie... infrage zu stellen. Von der »ewigen Glückseligkeit« in einem Jenseits mag mancher träumen. Diesen transzendentalen Hedonismus jedoch zu säkularisieren und im Diesseits anzustreben?

Der Beitrag »Irdische Freuden« ist eine typisch akademisch wissenschaftliche Fleißarbeit. Am Ende weiß man nicht mehr, um welche »irdischen Freuden« es eigentlich geht. Das beginnt mit der »Freude als Lebensziel«, geht über allerlei »ethische Basisaxiome« und den Ratschlag, »seine Leidenschaften

240

mit Weitsicht und Vernunft zu steuern« und das Lob einer »abgeklärten Empfindungslosigkeit, die die Trias von Liebe, Lust und Leidenschaft längst hinter sich gelassen hat« und landet schließlich beim Individualismus, Utilitarismus als der »Glücksoptimierung aller Menschen« (zum Utilitarismus und Fairnessprinzip s. »Urknall«, s. S.66) und bei der Selbstbestimmung und Autonomie.

Mehr kann man in die »Irdischen Freuden« nicht hineinpacken. Dass diese genannten »Freuden« teilweise illusorisch sind und ihre Kehrseiten haben, darauf wird nicht eingegangen.

Zum *Transhumanismus:*

Was da an Möglichkeiten, nach Meinung des Autors »Wahrscheinlichkeiten«, konstruiert wird, erinnert an die Grundlagen der Religion. Zum einen ist es der Heilsmythos, die »Erlösung von allem Übel« dank Wissenschaft und Technik, zum andern der Traum vom ewigen Leben – oder sagen wir, von der Unsterblichkeit.

Als Krönung des digitalen Fortschritts gilt der »Upload« meines Ichs, meiner »Informationen«, auf ein postbiologisches Trägermaterial, das mir (meinen Informationen) erlaubt, nach dem Erlöschen des biologischen Lebens auf der Erde im Weltall umherzufliegen, um, ja was? zu suchen oder zu tun?

Der gute Mann merkt anscheinend nicht, dass er mit seinem auf die künstliche Intelligenz reduzierten, posthumanen Wesen – »Sinnlichkeit« ade!, ach ja, »Emotionen« und »Moral« kann man diesem Superwesen aus Plastik, Metall, Silizium und seltenen Erden auch beibringen –, dass er sowohl den biblischen Schöpfungsmythos als auch den Gottesmythos in säkularisierter Variante predigt. »Und Gott sprach: Lasset uns...« – in diesem Fall: »Und der Mensch sprach: Lasset uns ein Geschöpf nach unserem Ebenbild erschaffen...«

Ist dieses postbiologische Wesen – jeglicher Sinnenfreude beraubt, reduziert auf seine Superintelligenz und dazu noch unsterblich – nicht die Karikatur jenes »reinen Geistes«, ehemals »Gott« genannt? Ist das nicht der perverse Endpunkt dessen, was ich im »Vom Urknall zum Gottesmythos« als »säkulare Aneignung des Gottesmythos« beschreibe?

Wenn der *Trans*humanismus die *trans*zendente Vollendung des Humanismus sein soll, nein danke! Wenn man daran glaubt, dann kann man auch an »richtige« Götter oder einen »richtigen« Gott glauben. Wenn man davon träumt, all das, was den Menschen ausmacht, hinter sich zu lassen, dann kann man sich auch den (religiösen) Träumen von einem rein geistigen »Jenseits« hingeben, jenseits der Erde, jenseits des Universums, von allen materiellen, sprich biologischen, Beschränkungen befreit.

Vielleicht sollte man sich in Transhumanistenkreisen mit dem »Übel der Unvollkommenheit« menschlicher Existenz, mit der Endlichkeit, mit der Sterblichkeit (im Sinne Epikurs) abfinden oder, besser noch, anfreunden? Damals, vor dreißig Jahren, habe ich im »Abschied...« die geheime Sehnsucht, die hinter dem Transhumanismus steckt, ironisierend beschrieben (s. S.18 »Schade nur, dass das Trägermaterial für Geist ausgerechnet diese wabernde gallertige Biomasse Hirn ist! Um wie viel würdiger...«) Dass sich Leute eines Tages tatsächlich an die Verwirklichung dieser bizarren Phantasien machen oder daran glauben würden, das hätte ich nicht für möglich gehalten.

Dass bei diesen Science-Fiction-Projektionen der Begriff »Trans*humanismus*« verwendet und von den Humanisten geduldet wird, das ist mehr als verwunderlich. Damit wird das »Humanum«, für das ja der Humanismus steht, pervertiert. Auch die harmlose Variante transhumanistischer Ziele – von allen Problemen und Konflikten erlöste, paradiesische Zustände auf Erden, verbunden mit einem »möglichst langen Leben« – wird zumindest für den Großteil der Menschen niemals Wirklichkeit werden, dafür wird die »Natur«, das behaupte ich mal keck, sorgen. Daran erinnert uns übrigens auch die derzeitige Corona-Krise. Die »Naturalisten« unter den Humanisten sollten das, denke ich, verstanden haben.

Ihrem Buch wünschte ich eine »human begründete« Distanzierung, bzw. Absage an den Transhumanismus als eine Variante des »neuen Humanismus«. Dafür müsste man allerdings eine einigermaßen realitätsgerechte Vorstellung von dem »Humanum« haben, von dem, was uns Menschen und unser Leben in der gesamten Bandbreite ausmacht. Da darf man eben nicht nur von »Lust, Glück...« träumen. Da müsste auch Platz für z.B. Unglück, Krankheit, Trauer, Leid und Tod sein.

Lieber Herr Fink, jetzt sind es doch mehr als nur »Schlagworte« geworden, entschuldbar nur dadurch, dass ich mir nur zwei Themen vornehmen »musste«. Die anderen Themen werden, finde ich, in dem Buch gut bis sehr gut behandelt.

Forschen Sie weiter, bleiben Sie der »Natur« – auch jenseits der reinen Physik – auf der Spur. Dann sind Sie, denke ich, gegen alle Versuchungen gefeit, sich in phantastische Heilsutopien zu verrennen. Allerdings bleibt Ihnen dann auch der in Ihrem Buch

hervorragend beschriebene »Placebo-Effekt« – ich
nenne es den »süßen Duft der Illusion« – versagt.
Dann ist eine gewisse »Nüchternheit« angesagt, die
nicht unbedingt euphorisierend wirkt. Sie werden sich
auf das paradoxe Spiel »Akzeptanz und Widerstand«
einlassen müssen: philosophische Akzeptanz der *so*
(polar) gearteten Wirklichkeit und praktischer Widerstand, wo er nötig und möglich ist.
Viel Erfolg und Glück dabei und alles Gute für die
Zukunft...

Arek Platzek

6.1.2017
Sehr geehrter Herr Platzek,

mit Ihrem Thesenanschlag haben Sie eine originelle
Aktion zum Reformationsjubiläum gestartet. Da es
bei diesen Thesen »nur« um rechtliche Benachteili-
gungen der Konfessionslosen geht, frage ich mich allerdings, ob diese Aktion eine adäquate Reaktion auf
Luther und den derzeitigen Reformationshype ist. Inhaltlich erscheint mir die Aktion etwas dürftig, ein
wenig aufregender Protest und Hilferuf einer »unter-
drückten Minderheit«.

Wie wäre es mit einem Thesenanschlag, der auf
die Fragwürdigkeit der lutherischen bzw. allgemein
christlichen Glaubenslehren hinweist, etwa: »Zehn
Thesen wider die Glaubwürdigkeit der christlichen
Lehre«? Das könnte vielleicht noch Aufruhr und
Nachdenklichkeit erzeugen.

Eine Frage: Setzt man sich in Humanistenkreisen
überhaupt noch inhaltlich mit dem Christentum auseinander oder hat man argumentativ resigniert und

244

hofft statt dessen auf »Gleichstellung« im Sinne einer anerkannten »Körperschaft des öffentlichen Rechts«? Möchte man sich nur noch in den Reigen der Weltanschauungsgemeinschaften einreihen, um deren Privilegien »mitzunehmen«? Sollte man nicht daran arbeiten, im Sinne eines säkularen Staates gerade diese Privilegien für *alle* organisierten Weltanschauungen abzuschaffen?

Ich denke, bei der derzeit diagnostizierten oder behaupteten »Wiederkehr der Religion« geht es nicht nur um Rechte und Privilegien. Wenn wir den Religionen Paroli bieten wollen, kommen wir nicht umhin, uns mit ihren Glaubensinhalten auseinanderzusetzen oder sie zumindest in den Raum zu verbannen, wo sie hingehören, ins private »stille Kämmerlein«.

Die Forderung organisierter »Antireligionen« oder »Antikirchen« nach entsprechenden Privilegien halte ich für kontraproduktiv. Der säkular organisierte Staat sollte nicht die christlichen, muslimischen oder auch »humanistischen« Einrichtungen fördern, sondern dafür sorgen, dass genügend Kitas, Krankenhäuser, Pflegeheime etc. ohne jeglichen weltanschaulichen Hintergrund zur Verfügung stehen. Wenn die Kirchen oder andere Vereinigungen eigene Einrichtungen unterhalten wollen, dann bitte auf eigene Kosten.

Zum Reformationsjubiläum habe ich einen leicht provokanten Text mit dem Titel »Jubeljahr mit Bittertropfen« verfasst. Ich hänge ihn an die Mail an. Sie können ihn, wenn Sie wollen, auf »diesseits« veröffentlichen oder in anderer Weise, z.B. als »Flugblatt« benutzen. Die darin angedeuteten Zweifel an Glaubwürdigkeit, Wirkung und Zustand der christlichen Religionen habe ich in meinem Buch »Christentum adieu! – Das leise Sterben eines Mythos« aus der Innenansicht und Kenntnis der christlichen Religion als Exjesuit ausführlich dargelegt.

Vor längerer Zeit habe ich Ihnen das schmale Bändchen zugesandt, aber keinerlei Reaktion Ihrerseits bekommen. Das wundert mich. Zum einen – wäre es nicht menschlich, human, »humanistisch?« gewesen, mir wenigstens eine Empfangsbestätigung, notfalls mit einer frommen Ausrede verbunden, zu schicken? Zum andern – religionskritische Texte, die über die Softvariante *Kirchenkritik* hinausgehen, sind auf dem Büchermarkt ja nicht gerade üppig gesät. In einem humanistischen Presseorgan hätte so ein Text, denke ich, wenn nicht eine Rezension, so doch wenigstens einen bescheidenen Hinweis auf dessen Existenz verdient.

Noch mehr wundert mich Ihr »Totschweigen« meiner »Kritik des Manifests des evolutionären Humanismus – Brief an Michael Schmidt-Salomon«, eines ebenfalls schmalen Bändchens, das ich Ihnen damals zusammen mit »Christentum adieu!« zuschickte. Joachim Kahl hat den Text positiv beurteilt, so »völlig daneben« kann er also nicht sein.

Wer, wie die Humanisten, Kritik an der Weltanschauung anderer übt, sollte doch wohl auch kritische Anmerkungen – in diesem Fall zu einigen in meinen Augen fragwürdigen Thesen Michael Schmidt-Salomons – ertragen oder sich damit auseinandersetzen können, selbst wenn es »nur« zur Schärfung der eigenen Position dient?

Das Denken wächst ja bekanntlich nicht im Weihrauch, sondern am Widerspruch. Oder haben die Humanisten schon alles zu Ende gedacht und als Heilige Schrift in Stein gemeißelt? Verschließen sie kritische, »ketzerische« Texte im »Giftschrank« wie seinerzeit

246

die römische Papstkirche? Das wäre ja wohl eine fatale Analogie.

Bevor ich weitere Vermutungen anstelle – vielleicht können Sie, Herr Plazek, mir eine Antwort auf meine Fragen geben.

Mit freundlichen Grüßen eines »Frei- und Selbstdenkers«

Michael Schmidt-Salomom

4. Mai, 2016

Sehr geehrter Herr Schmidt-Salomon,

Sie werden überrascht sein über meine Bücher, die Ihnen, unbekannt und nicht bestellt, ins Haus »flattern«. Nun, die Vorgeschichte ist folgende: Seit einiger Zeit führe ich einen Briefwechsel mit Uwe Lehnert (»Warum ich kein Christ sein will«). Mit ihm kam ich durch den Büchertausch unserer religionskritischen Bücher in Kontakt. Uwe Lehnert empfahl mir Ihr »Manifest des evolutionären Humanismus«. Ich habe es gelesen, mich kritisch damit auseinandergesetzt. Meine Anmerkungen in Form eines »offenen Briefs« an Sie wurden derart umfangreich, dass ich es zu schade fände, wenn sie womöglich ungelesen im Papierkorb verschwinden würden. Ich stelle sie deshalb in Buchform öffentlich zur Diskussion. Wie viel kontroverse Diskussion in Humanistenkreisen möglich oder erwünscht ist, weiß ich nicht – man wird sehen.

An Kritik sind Sie ja laut Schlussbemerkung in Ihrem Manifest interessiert. Dass meine Anmerkungen nicht nur im »Streichelmodus« geschrieben sind, dürfte Sie als streitbaren Geist nicht aus der Fassung bringen. Unsere Differenzen liegen ohnehin eher im theoretischen, spekulativen Bereich als in der praktischen Ausrichtung unseres säkularen Weltbilds.

Kurz zu meinen Büchern. Wenn Sie sich mit meiner Religionskritik vertraut machen wollen, beginnen Sie mit dem schmalen Bändchen »Christentum adieu!«. Es könnte Ihre Bewertung des Christentums und der Mythen etwas korrigieren. Wenn Sie philosophisch tiefer einsteigen möchten, schauen Sie in den »Abschied vom Absoluten«. Das würde auch dem besseren Verständnis meiner Argumentation in den kritischen Anmerkungen zu Ihrem Manifest dienen.

Und wenn Sie dann noch Zeit und Lust haben auf ein Lesevergnügen mit einem Rundumschlag nach Art der 68er, zu denen ich gehöre, schicke ich Ihnen gerne »Zarte Stachel – Süße Ohrfeigen, Ein Kulturstrip ohne Scham und Traurigkeit« (im Tausch gegen Ihr Buch »Hoffnung Mensch«?). Sie werden dort sehen, dass wir als Autoren mit Lust an Polemik und Provokation stilistisch einander nicht ganz unähnlich sind.

Vielleicht bringt Ihnen der etwas andere Blickwinkel mit der etwas anderen philosophischen Begründung etwas. Vielleicht finden Sie auch ein paar Anregungen, die Sie nachdenklich, »unsicher« machen oder zum Widerspruch reizen, für Ihr »Ackern« auf diesem steinigen Feld. Bei aller Kritik an einigen Thesen Ihres Manifests schätze ich Ihr Engagement für die Sache.

Erwarten Sie jedoch nicht nur Applaus! Nicht im Weihrauch wächst das Denken, sondern am Widerspruch. Kampfgeist ist nicht nur im Angesicht des Feindes gefragt, sondern auch gegenüber dem einschläfernden Gefühl, man habe schon alles zu Ende gedacht. In diesem Sinne grüße ich Sie

Lieber Michael Schmidt-Salomon,

fast zwei Jahre Zeit habe ich Ihnen gegeben, Ihr »versprochen!« (s.u. Ihre Mail) einzulösen. Ich darf nun annehmen, dass da Ihrerseits ungefragt nichts mehr kommt. Keine Reaktion (außer der Kurzmail s.u.) auf den vermutlich längsten und sicher nicht unintelligentesten Brief, den Sie je erhalten haben – ist das nicht etwas wenig, dürftig?

Nicht, dass ich eine detaillierte Gegenrede oder Rechtfertigung Ihrer von mir infrage gestellten Thesen erwartet hätte. Sie sind, denke ich, ein vielbeschäftigter Mann und haben vielleicht auch schlichtweg keine Lust, auf meine Kritik einzugehen. Auch wenn Sie in den Nachfolgewerken des Manifests einiges in etwas milderem Tonfall oder differenzierter dargestellt haben mögen, so nehme ich doch an, dass Sie dort an Ihren Grundthesen nicht gerüttelt haben.

Diese Thesen – z.B. über das Universum und die Evolution (Zufall, Sinnleere, Ziellosigkeit...), über Ihre »obersten Prinzipien« (Eigennutz, Hedonismus...), über den »freien Willen«, über Ihre Tierempathie (und den Vergleich zwischen ausgewachsenem Schwein und Neugeborenem...), über die Sexualität (Polygamie und Homosexualität...), über Ihr ambivalentes Verhältnis zur Natur (hier die »Affenartigen«, dort Ihre Ethik »nicht aus der Natur...«) usw. usw. – diese Thesen, bilde ich mir ein, habe ich recht gut verstanden.

Im Nachhinein womöglich »Missverständnisse« zu konstruieren, nach dem Motto: Wenn du mich richtig verstanden (und meine späteren Werke gelesen) hättest, gäbe es keinen Grund, meine Argumente zu kritisieren oder infrage zu stellen – das wäre, denke ich, wohlfeil. Nein, man sollte die Unterschiede nicht mit dem Hinweis auf »Missverständnisse« glattbügeln.

Es geht ja nicht darum, darüber zu streiten, wer »Recht hat«. Es geht um die Gegenüberstellung von Positionen und um deren Abwägung. Natürlich interessiert es mich, ob Sie bei der Lektüre an einigen Punkten »ins Grübeln geraten« sind, ohne gleich in den Verteidigungs- oder Abwehrmodus zu verfallen. Sie betrachten Kritik ja als »Geschenk«.

Ein »Geschenk« macht nur Sinn, wenn der »Beschenkte« etwas davon hat. Direkte Frage: »Hatten Sie etwas von meiner Kritik?« Hat sich Ihnen ein neuer Blickwinkel eröffnet, ein Argument erschlossen oder wurden Sie »nur« in Ihren Auffassungen bestärkt?

Ich hätte mir auch gewünscht, dass die »evolutionär denkenden« Leser des *hpd* von der Existenz dieses Büchleins erfahren hätten, um sich selbst ein Bild machen, ein eigenes Urteil fällen zu können. Beide humanistischen Presseorgane, *hpd* und *diesseits*, haben sich bisher standhaft geweigert, die »Kritik...« auch nur mit einem einzigen Wort zu erwähnen, sie ist dort schlichtweg nicht existent.

Ich frage mich, warum? Es erinnert mich schon fast an den katholischen »Index der verbotenen Bücher«. Hat man das in Humanistenkreisen nötig? Das wäre wahrlich ein Armutszeugnis. Natürlich ist »Totschweigen« die effizienteste Methode, einen Text abzuwehren, effizienter noch als ein Verriss.

Wovor hat man Angst? Vor einem möglichen Imageverlust des »gbs-Vorstandssprechers« oder »Vordenkers«? Ist die humanistische »reine« Lehre schon dogmatisch für alle Zeiten festgezurrt? Ist Kritik nur im inneren elitären Zirkel (Kahl, Engel...) erlaubt, »von außen« jedoch unerwünscht? Diese Abwehrhaltung kann ich nicht nachvollziehen. Mein Text ist ja kein bösartiges Antihumanismus-Pamphlet. Und oft genug habe ich Ihnen darin lobend zugestimmt und daran erinnert, dass wir beide im Grunde ja das gleiche Ziel verfolgen und uns eher im »spekulativen Bereich« unterscheiden.

Hundertprozentig hat das »Totschweigen« nicht geklappt. Ohne jede öffentliche Erwähnung hat das Büchlein nur durch Mund-zu-Mund-Propaganda seine Kreise gezogen. Offensichtlich konnten sich viele Leser mit dem Inhalt identifizieren oder ihn wenigstens als Anregung zum »Weiterdenken« betrachten. Vermutlich interessiert manchen dieser Leser auch, was Sie zu meiner Kritik zu sagen haben, ob Sie unbeirrt auf Ihren Thesen beharren oder an diesem oder jenem Punkt sagen: »Ja, so könnte man das auch sehen.«

Mit dem Stichwort »Weiterdenken« komme ich zu Ihrem in Ihrer Mail empfohlenen Interview. Zum Schluss dieses Interviews sagen Sie, dass Sie nach der »Tortur« Ihres Buchs »Hoffnung Mensch« nichts wesentlich Neues mehr zu sagen, dass Sie mit dem Thema sozusagen abgeschlossen hätten. Das klingt aus dem Mund eines noch relativ jungen »evolutionären« Humanisten und »Philosophen« schon merkwürdig.

Lieber Michael Schmidt-Salomon, haben Sie also alles zu Ende gedacht? Ist »Evolution« in Ihrem Denken aus und vorbei? Ein für alle Mal? Ja, da sind in der Tat einige Fragen offen, die zu allerlei Spekulationen verführen könnten. Ich verzichte mal darauf und grüße Sie, wie gehabt, »von Aufklärer zu Aufklärer«, »im Auftrag Ihrer Majestät der Evolution«.

Lieber Michael Schmidt-Salomon,

vielleicht sträuben sich bei Ihnen die Nackenhaare, wenn Sie meinen Namen lesen. Und ich weiß nicht, ob Sie sich neben Ihren diversen Tätigkeiten noch um das Thema *Humanismus* kümmern. Dennoch – per Zufall, im Verlauf einer Korrespondenz mit Helmut Fink, schickte dieser mir das Buch »Der neue Humanismus«.

Im Großen und Ganzen bin ich mit den Beiträgen einverstanden. Ihr Beitrag jedoch reizte mich neben dem Transhumanismus-Beitrag zur Kritik. Und da Sie Kritik als »Geschenk« ansehen, möchte ich Ihnen mein »Geschenk« nicht vorenthalten, auch wenn Sie manchen der Gedanken schon kennen. Ich zitiere also aus dem Brief:

»Ethik für nackte Affen« – bei aller Polemik, schon im Titel steckt ein Widerspruch. Affen brauchen keine Ethik, ihr »ethisches« Gruppenverhalten, die Regeln des Zusammenlebens sind instinktiv einprogrammiert, einschließlich der Bestrafung bei gruppenwidrigem Verhalten. Affen schreiben keine Verfassung und kein Bürgerliches Gesetzbuch. Affen lachen, wenn sie es könnten, über »Demokratie und Menschenrechte«. Dort stehen Wunsch und Wirklichkeit bekanntlich in makabrem Widerspruch. Hat Kultur und speziell die Ethik etwas mit »Natur« zu tun?

Womit wir beim geächteten »Sozialdarwinismus« wären, bei dem gebetsmühlenhaft vom »Recht des Stärkeren« schwadroniert wird. Ja, die Natur, speziell das Leben unserer Vorfahren und biologischen Artgenossen, ist »hierarchisch« aufgebaut. Die Stärkeren, Besseren, Intelligenteren ergattern sich mittels des

Konkurrenztriebs, dem Verursacher aller »Ungleichheit«, die Macht, die Privilegien, das beste Terrain, das beste Futter, die attraktivsten Weibchen. Es geht hier nicht um ein »Recht«, sondern um eine »Folge« aus den unterschiedlichen »Begabungen«. Dass der Konkurrenztrieb einen polaren Gegenspieler, die Kooperationsbereitschaft, hat, vergessen die Kritiker des Sozialdarwinismus...

Und wenn wir uns in der Menschenwelt umsehen, entdecken wir Ähnliches, eine ähnlich hierarchische Struktur, in allen Bereichen bis hinein in die Demokratie. Ich möchte den Universitätsprofessor sehen, der freiwillig auf seine diversen Privilegien verzichtet und das gleiche Gehalt wie der Hausmeister erwartet. »Naturalisten« sollte dieses »Ungleichheitsprinzip« nicht verwundern oder gar ärgern, sondern, im Sinne eines erwünschten Ausgleichs von zu großer Ungleichheit, es eher als Antrieb betrachten, die ebenfalls »natürliche« Kooperationsbereitschaft gerade in Zeiten eines ungebremsten Kapitalismus zu betonen und gegenüber dem von ihnen gepredigten »Eigennutz« ins Spiel zu bringen. Entweder nimmt man als »Naturalist« die Natur zum Vorbild oder man erdenkt sich eine bessere, höhere, edlere »Übernatur«. Dann allerdings befindet man sich in ziemlicher Nähe zu den Transzendentalen, die man doch eigentlich »entzaubern« wollte.

Warum also eine Ethik entwerfen, einen Verhaltenscodex? Und wenn die Ethik nur aus dem Verzicht auf »Gut und Böse« besteht, weil ja die Menschen »eigentlich« gut sind und nur unterschiedliche »Interessen« haben, die man »vernünftig« regeln kann, warum der ganze Aufwand der Strafverfolgung oder Resozialisierung? Wäre es da nicht besser, Ethiker auf die Straßen zu schicken und die potentiell skrupellos eigennützigen »Bösen« mittels guten und vernünftigen Zuredens davon zu überzeugen, dass ihre Untaten zu vermeiden wären, wenn sie nur...

Sorry, daraus spricht so viel Naivität und mangelnder Sensus für die Realität, dass es fast schon weh tut. Solche Gedankengänge kann sich nur leisten, wer in geschützten Räumen lebt und mit dem sog. »Bösen« noch nicht in Berührung gekommen ist oder trotz gepredigter Empathie ziemlich empathielos auf das kriminelle Geschehen blickt. Dort von »Interessenkonflikten« zu sprechen, klingt mehr als verharmlosend. Ich empfehle als einführende Auseinandersetzung mit dem »Bösen« die Sendung »Aktenzeichen XY... ungelöst.«, wo regelmäßig harmlose Bürger, meist ältere Herrschaften, im Würgegriff skrupelloser Einbrecher um ihr Leben bangen. Die Morde lasse ich hier einmal aus, um nicht noch mehr Verwirrung und Unruhe zu stiften. Und das kalt planende organisierte Verbrechen, das »nicht anders kann«, weil es ja keinen »freien Willen« hat, als »unschuldigen« – »Schuld« ist ja ein Phantom – Kontrahenten in »Interessenkonflikten« zu betrachten...?

Zur, nach MSS, old fashioned, obsoleten »Willensfreiheit«, wo doch seiner Meinung nach im Menschen alles wie in einem Räderwerk deterministisch abläuft. Hier könnte man sich über Kreativität und Determinismus, über Mutationen und Determinismus, über Quantensprünge und Determinismus Gedanken machen.

Wenn man, wie MSS und andere, das Problem »Willensfreiheit« nicht sauber definiert – als ein Zusammenspiel von Präfrontalem Cortex und limbischem System – und auch noch einen *absoluten* Frei-

254

heitsbegriff verwendet und zwangsläufig bei einem radikalen Entweder-Oder landet – entweder absolute Freiheit oder absolute Unfreiheit –, dann allerdings kann man sich leicht »monistisch« verrennen. Die einfache Lösung erscheint dem einfachen Gemüt immer attraktiver als die komplexere, ambivalente.

Die Wirklichkeit sieht leider anders als »einfach« aus. Immer bewegen wir uns in polaren Spannungsfeldern. Die Gegenpole sind meist unerreichbare Grenzwerte. Vielleicht sollte sich MSS einmal Gedanken über den Begriff »Spielraum« machen (s. »Vom Urknall...«, S.57/58).

Wenn der »neue Humanismus« dem Menschen keinen Spielraum, nicht einmal einen »Hauch Freiheit« zugesteht, dann *erscheint* er nicht nur »inhuman«, dann *ist* er es auch. Die geistigen Vorgänge immer nur neurobiologisch »funktional« zu erklären und dabei ihren Eigenwert, die »Inhalte«, außer Acht zu lassen, scheint mir etwas »zu dünn«. Aber wie anders könnte man den »monistischen« Materialismus retten?

Und dass, lt. MSS, »nach dem Gut/Böse-Muster... böse stets die »Anderen« waren«, das ist eine haarsträubend schiefe Interpretation des klassischen Gut/Böse-Schemas. Natürlich kann der Andere, der mich um mein Terrain, meinen Besitz, mein Leben bringen will, der »Böse«, der »Feind« sein. Und es ist oder war auch nicht selten, dass der »Andere« von außerhalb der eigenen Gruppe kommt oder kam. Dieser »Böse« oder »Feind« kann aber ebenso gut aus meiner eigenen Gruppe stammen.

Feindschaft gibt es bekanntlich auch in der Natur. Auch Schimpansen führen Kriege, wenn es um die Eroberung oder Verteidigung des Terrains geht. Gegen diese Art von Feindschaft helfen keine vernünftigen Verhandlungen und Verträge. Verträge nach einer kriegerischen Auseinandersetzung sind immer nur der letzte Ausweg. Sie werden dem Verlierer aufoktroyiert oder es sind Kompromisse, um nicht ewig weiter Krieg führen zu müssen.

Und gegen den »Feind von innerhalb der eigenen Gruppe« gibt es bekanntlich das Strafgesetzbuch als Drohung. So einfach ist das mit der Ethik als Regelwerk des Zusammenlebens, als Abwehr des »Bösen«. Bei »Gut und Böse« geht es nicht um »absolute metaphysische Größen«. Schön, wenn MSS davon träumt, dass Trump, Putin, der Oberchinese und all die anderen machtbesessenen Popanze dieser Welt eines Tages Freunde werden und ein gemeinsames »Reich des ewigen Friedens« gründen. Nein, lieber MSS, als nackter Affe solltest Du Dir vielleicht doch noch einen Hauch von Realismus aneignen und Deinen Naturalismus etwas ernster nehmen. So schlimm, wie Du glaubst, ist die Natur nicht.

Sie ist aber auch nicht so auf Harmonie programmiert, dass sie nach des Menschen »Erkenntnis der Nichtigkeit von Gut und Böse« eines Tages nur noch »freundliche, kreative, humorvolle Menschen« (»kluge und freundliche Tiere«) hervorzaubert.

Auch über den Begriff »Klugheit« in Verbindung mit ethischen Entscheidungen sollte sich MSS Gedanken machen. Kluges Abwägen, aber dann doch in die unweigerliche Determinismusfalle tappen? Welchen Nutzen hat Klugheit für einen im wahrsten Sinne des Wortes »Getriebenen«, für ein Rädchen im Räderwerk? Welchen Nutzen haben überhaupt all die ethischen »Imperative«, die sich mit ihrem Appell »Du sollst...« an den (»unfreien«) Willen richten?

Für die Mythen hat MSS ebenfalls kein Gespür. Der Mythos vom »Sündenfall« beschreibt doch nur – wie alle Mythen ahnend, nicht wissend – die Bewusst- und Selbstbewusstwerdung des frühen Menschen. Nachdem sie vom »Baum der Erkenntnis« gegessen hatten, »sahen sie, dass sie nackt waren«. Sie schämten sich, d.h. sie sahen sich »von außen«, ein Zeichen von Selbstbewusstsein.

Damit verließen sie die Tierwelt und das scheinbare Paradies, wo alles irgendwie instinktiv und »wie von selbst« vor sich geht. Statt der Instinkte mussten sie nun Regeln aufstellen, d.h. den Unterschied von »Gut und Böse« für ihr Zusammenleben erkennen und definieren. Das war der Beginn von Ethik oder Moral. Damit waren sie tatsächlich näher am »Gottsein« als zuvor. Sie waren nicht mehr nur natürlichen Gesetzmäßigkeiten »unterworfen«, sondern selbst gestaltend und bestimmend.

Bewusstsein, Geist, Kultur – das kennzeichnet den Weg »vom Tier zum Gott«. »Ihr werdet sein wir Gott«, das hat der Mythos vorausahnend beschrieben. Und ja, der Planet Erde ist etwas Besonderes, das mit Zufall alleine kaum zu erklären ist (s. »Evolution – Zufall oder Notwendigkeit«, »Vom Urknall...«, S.22), und ja, Homo sapiens kann man durchaus am Ende der Evolutionskette als zumindest vorläufige »Krone der Schöpfung« betrachten und seine Leistungen bewundern.

Seine unbestreitbare Dominanz hat zum derzeit vielzitierten »Anthropozän« geführt. Auch das hat der Mythos – »Macht euch die Erde untertan!« – vorausgeahnt. Nicht falsche Bescheidenheit und Verdammung des »hochmütigen« Homo sapiens, sondern der richtige Umgang mit der Dominanz ist angesagt.

Apropos falsche Bescheidenheit. »...als unbeabsichtigte, rein zufällig entstandene Primatenart, die sich nicht zu viel darauf einbilden sollte...(S. 28)« Das klingt provokant und cool zugleich. Man kann die Bescheidenheit aber auch übertreiben. Konsequenterweise könnte sich MSS als nackter Affe darauf beschränken, ein paar urige Affenlaute von sich zu geben, um seine zoologische Nähe zu den Affen zu dokumentieren. Die zoologische Einordnung scheint ja für MSS das entscheidende Kriterium zu sein.

Unter diesem Aspekt kann er dann allerdings auch auf seine »Denkerei« und »Schreiberei« verzichten. Wozu der ganze Aufwand geistiger Aktivitäten!? Wenn ohnehin alles nach einem gnadenlosen Determinismus abläuft?

Mit dem gleichen Recht könnte man Homo sapiens statt des »nackten Affen« auch als einen »komplizierten Materieklumpen« bezeichnen – aus »physikalischer Einordnung« natürlich. Das wäre dann noch bescheidener, würde noch »cooler« und provokanter klingen.

Das ist das Problem der Materialisten und ihrer Ablehnung des Geistes als immateriellen Gegenpols der Materie. Sie kommen aus dem Käfig der physikalisch-chemischen und zoologischen Einordnung nicht heraus. Sie müssen Bewusstsein und Geist als Funktion oder »Verzierung« der Materie betrachten und dürfen sich nicht die Frage stellen: Warum schreibt »Materie pur« Bücher, komponiert Symphonien, warum philosophiert sie über (Gott und) die Welt? Hat Materie dadurch irgendeinen »evolutionären Vorteil«, ist sie mit der Funktion Geist »besser angepasst«? Wäre ohne den Geist (und ohne Homo sapiens) nicht alles einfacher geblieben?

258

Den Geist und seine Leistungen auf Materie zu reduzieren, tut mir leid, damit kann der »neue Humanismus« keinen oder nur einfach (monistisch) strukturierte Menschen hinter dem Ofen hervorlocken. Sorry, Polemik verleitet zu Polemik.« (Brief-Zitat Ende)

Zu Ihrem Buch »Hoffnung Mensch«, das ich zwischenzeitlich gelesen habe und in dem Sie etwas mildere Töne anschlagen, habe ich nur einen kurzen Kritikpunkt angeführt. Zitat aus einem Brief an Helmut Fink:

»Bei der Verabsolutierung eines positiven Aspekts, z.B. des Glücks in der Zukunftserwartung, geht es um das *gemeinsame Denkmuster* des transzendentalen und säkularen Weltbilds. Die einen träumen vom Jenseitsparadies, die anderen vom hedonistischen Diesseitsparadies. In Ihrer äußerst wohlwollenden Rezension von MSS »Hoffnung Mensch« kritisieren Sie zu Recht das »Amen« am Schluss des Buchs. Der euphorische Hymnus vor diesem Amen – das apostolische Credo wirkt demgegenüber geradezu spröde, nüchtern sachlich – mit Bekenntnissen, wie z.B. »Ich glaube an den Sieg der Wahrheit über die Lüge... «, das zeugt mit seiner naiven Verabsolutierung positiver Aspekte von einer in meinen Augen, mit Verlaub, gewissen »Einfalt des Denkens«. Genau diese Art von »Erlösung« oder »Froher Botschaft« lässt die polar strukturierte Wirklichkeit nicht zu, s. den derzeitigen Erfolg von »Fake News« – von Kriegen und Bürgerkriegen ganz zu schweigen.« (Zitat Ende)

Genug der »Geschenke«! Wenn Sie, lieber Michael Schmidt-Salomon, sich mit den angesprochenen Themen noch einmal auseinandersetzen und an Ihrem Weltbild feilen wollen, schauen Sie doch mal in mein neues Büchlein »Vom Urknall zum Gottesmythos, Utopie und Evolution«. Da kommen Sie »indirekt« (»manche Humanisten«) vor. Vielleicht finden Sie auch ein paar neue Aspekte für Ihren »evolutionären Humanismus«.

Bleiben Sie neugierig und – in Zeiten des Coronavirus – »gesund, geduldig und kreativ«,

15.08.2020

Lieber Michael Schmidt-Salomon,

zuerst einmal: in Ihrem Interview im DLF haben Sie sich gut geschlagen. Sie haben also ein Lob verdient. Dass dies keine reine Lobeshymne wird, liegt an einigen Ihrer Äußerungen, die ich kritisch sehe. Aber, betrachten Sie meine Kritik nicht als feindliche Attacke – wir kämpfen ja an der gleichen Front und auf der gleichen Seite –, sondern als Anregung, die Dinge vielleicht ein bisschen anders zu sehen und zu beurteilen.

Auch wenn Sie wie alle Menschen in Ihrer »Filterblase« leben, sollte diese Sie nicht total kritikresistent machen – oder? Bekommen Sie beim Lesen meines Namen eine Allergie?

»Der evolutionäre Humanismus hat eine wunderbare Eigenschaft: Er ist eben evolutionär, das heißt, er ist auf einen Wandel ausgelegt. Er erhebt den Wandel zum Programm, es gibt also keine absoluten Dogmen, keine heiligen Schriften, keine unfehlbaren Propheten, die den Zugang zur absoluten Wahrheit haben...«

Lieber MSS, der evolutionäre Wandel beginnt nicht erst mit dem Humanismus, sondern mit dem Beginn der Bewusstwerdung von Homo sapiens, mit dem Beginn seiner Gedanken und Phantasien über die

Welt, über deren Entstehung, über die Lösung der Daseinsprobleme, über eine vielleicht »bessere« Zukunft. Das ist die gemeinsame Wurzel aller Utopien, von der Ahnenverehrung bis zum Humanismus. Nachsicht über Fehlinterpretationen unserer Vorfahren ist angesagt.

Und, bestehen nicht auch Sie auf »Dogmen«? Statt des Dogmas des »guten Gottes« glauben Sie an den »(eigentlich) guten Menschen«. Gut und Böse gibt es ja für Sie definitiv nicht. Statt des »freien Willens« inklusive Schuld und Sühne verkünden Sie das Dogma des »unfreien Willens«. Wie Sie allerdings unter dem Dogma eines absoluten Determinismus noch einen Spielraum für Ihr Denken, Handeln und Phantasieren finden wollen, bleibt Ihr Geheimnis.

»Wir müssen falsche Ideen sterben lassen, bevor Menschen für falsche Ideen sterben müssen. Und das ist in der Geschichte leider allzu selten geschehen.«

Die meisten Menschen sind vermutlich nicht für »falsche Ideen« gestorben, sondern für die Machtgelüste der politischen und sonstigen Eliten. Diese haben die Ideen immer nur als Mäntelchen benutzt, instrumentalisiert. Die Religionskriege z.B. waren den deutschen Fürsten geschuldet, nicht der Lehre jenes Wanderpredigers Jesus. Ich vermisse beim Humanismus eine klare Kritik der Eliten, der Verursacher des meisten menschlichen Leids.

»... wenn das mit einer Heilsgeschichte verbunden ist, die mit dem, was wir über die Welt wissen, schwerlich in Einklang zu bringen ist.«

Ist Ihre humanistische Zukunftsperspektive nicht auch eine »Heilsgeschichte«? Was unterscheidet Ihr hedonistisches Paradies auf Erden vom Jenseitsparadies? Ist das nicht ebenso »schwerlich in Einklang zu bringen mit dem, was wir über die Welt wissen«? Haben Sie sich einmal neben der Menschenwelt auch in der Natur umgeschaut? Wenn Sie den Menschen als »nackten Affen« bezeichnen, sollten Sie das.

Diese Welt, die Natur, ist kein Ort für Paradiese. Die menschliche Kultur als evolutionäre Fortführung von »Natur« ist ebenso wenig ein Ort für ein Paradies. Das hat etwas mit der polaren Struktur der Wirklichkeit zu tun. Aber als »Monist« glauben natürlich auch Sie, wie der »monistische« Theismus (Monotheismus), an den Sieg des Guten, Wahren, Schönen. Realitätssinn ist nicht jedermanns Sache, schon gar nicht von Gläubigen jedweder Couleur. »Ich glaube an...«, mit diesem Satz sind Sie fernab Ihrer geforderten wissenschaftsbezogenen Rationalität, der nüchternen Erkenntnis dieser Welt.

Was übrigens den Schöpfungsbericht, s. den Anfang des Interviews, betrifft, der ist nicht »widerlegt«. Er ist eine Erzählung, die den Verlauf der Evolution überraschend gut beschreibt, bis hin zum Anthropozän (»Macht euch die Erde untertan!«). Das ist mythische Vorausahnung.

Sie, lieber MSS, haben ein Problem mit den Mythen. Diese sind nicht Wissenschaft, sie sind Dichtung mit einer nicht immer zimperlichen Bildsprache, s. Ihr Zitat von den »sadistischen Strafandrohungen«, über die Sie sich empören. Diese Art von Dichtung ist in der Tat nichts für handzahme, emotionsgedämpfte Gemüter. Schauen Sie sich mal im Theater um, wo sich nackte, blutverschmierte Akteure die Seele aus dem Leib schreien. Das steht dem Stil der Mythen in nichts nach. Dass unsere Vorfahren wissensmäßig noch nicht so weit waren wie wir, ist nicht ihre Schuld.

Nein, vom Gilgamesch-Epos über die Ilias, die Göttersagen bis hin zum Alten Testament – da stecken überall die Lebenserfahrungen und das Wissen um das »Humanum« drin und der Versuch, Antworten auf existentielle Fragen zu finden und das Menschenmögliche zu verwirklichen. Das sind zwar entsprechend der Bewusstseinsentwicklung zum Teil noch kindliche Wunsch- und Angstprojektionen, verbunden mit der Hoffnung auf Hilfsmächte, Supermenschen, Götter, aber da ist nicht nur Dummheit oder Bosheit im Spiel. Wenn Sie die positive Essenz der Mythen besser realisieren und definieren würden, dann würde Ihre Rede »Ich sehe Religion tatsächlich an als kulturelle Schatzkammer der Menschheit« überzeugender klingen. Nennen Sie doch die »Schätze der Religion« ruhig einmal konkret! Ihre Beispiele im Folgenden erscheinen mir sehr »speziell«:

»Beispielsweise große Übereinstimmungen mit Meister Eckhart im Christentum, dem Advaita-Hinduismus, dem Zen-Buddhismus, mit manchen Sufi-Strömungen im Islam...«

Darauf kann ich mir beim besten Willen keinen Reim machen. Ist Ihre Schwäche oder Sympathie für die »transzendenzlastige« Mystik, für die Vereinigungsphantasien mit dem Universum oder dem kosmischen Bewusstsein, für die Befreiung vom Ich ein Restbestand kindlicher Geborgenheitswünsche? Passt das noch zu Ihrer skeptischen Einstellung gegenüber der Religion? Oder wollen Sie einfach nur dem Verdacht banal materialistischer Gesinnung entkommen und einen Sinn für Höheres, Geistiges, für »Transzendentales« beweisen? Darf die ominöse »Spiritualität«, ein von Religion und Esoterik gepachteter Begriff, in Ihrem Konzept nicht fehlen? Der »Spiritus«, zu deutsch »Geist«, ist uns gegeben, nicht um in »andere, höhere Welten« abzudriften, sondern um uns in dieser Welt zurechtzufinden und erfolgreiche Überlebensstrategien zu entwickeln. Jene numinose »Spiritualität« sollten Sie den Religiösen, den Mystikern überlassen. Ansonsten ist es um Ihre vielbeschworene Rationalität geschehen.

»Würden die Menschen das gleiche Maß an Rationalität an ihre Weltanschauung anlegen, das sie beispielsweise zeigen, wenn sie ein Smartphone auswählen, dann sähe die Welt schon deutlich besser aus.«

Einen schieferen Vergleich kann man sich nicht ausdenken. Weltanschauung und Smartphone – ein geistiges Konstrukt und ein technisches Produkt. Dieser Vergleich ist unter Niveau und degradiert Rationalität zu einer bescheidenen, beschränkten Fähigkeit. Dahinter versteckt sich natürlich der beschränkte Blickwinkel der Wissenschaften, der auf ihr jeweiliges Thema bezogen ja berechtigt ist, der aber den Blick auf Themen vermeidet, die dem Wissen verborgen bleiben und spekulierendes Denken erfordern. Nicht umsonst stellt sich der Humanismus nicht den Fragen nach dem »letzten« Woher, Warum und Wohin.

Und wenn er dann doch apodiktische Aussagen über Spekulationsobjekte macht und z.B. einen dezidierten Atheismus verkündet, verlässt er seine wissenschaftliche Basis und schlittert ungewollt in den Glauben, in den Bereich der Spekulation hinein. Würde er sich doch mit dem agnostischen »Ich weiß nicht« begnügen. Das wäre konsequenter und überzeugender.

»... weiterentwickelt haben, von Wesen, die ursprünglich nur in den Grenzen der eigenen Horde gedacht haben, später vielleicht in den Grenzen der eigenen Religionsgemeinschaft oder der eigenen Nation bis hin zur Formulierung universeller Menschenrechte...«

So schön das wäre, haben wir das? Ist das Hordenbewusstsein überwunden, vom Fußball bis..., lässt es sich überhaupt überwinden?

»Es gibt beispielsweise diese Konzentration auf die eigene Gruppe. Das eigentliche ethische Problem besteht ja nicht in der Nächstenliebe, sondern im »Fernstenhass«. Nächstenliebe und Fernstenhass gehen leider, in der Regel, Hand in Hand. Die Religionen haben ja nicht eine Ethik, sie haben immer zwei Ethiken: eine Ethik für die Mitglieder der eigenen Religion und eine ganz andere für die Außenstehenden.«

»Zwei Ethiken«? Sorry, religiöse Ethik hat normalerweise einen universalen Anspruch. Sie meinen wohl das unterschiedliche Verhalten gegenüber der eigenen Gruppe und Außenstehenden. Ja, die eigene und die fremde Gruppe oder Horde – da sind wir wieder beim »nackten Affen«, den Sie so gerne zitieren und den Sie dann doch wieder nicht wahrhaben wollen. Schimpansen führen Krieg gegen Außenstehende, verteidigen oder erobern ihr Terrain. Und Sie, lieber MSS, rufen die Polizei, wenn Außenstehende in Ihr Häuschen oder Ihren Garten eindringen. Daraus einen »Fernstenhass« zu konstruieren erscheint mir etwas überinterpretiert.

Der »Fernstenhass«, Hand in Hand mit der Nächstenliebe, der ist, sorry, eine Marotte von Ihnen, den nimmt Ihnen kein Gläubiger, zumindest im christlichen Kulturkreis, ab. Wo er in Form der vielzitierten »Fremdenfeindlichkeit« auftritt, gründet er auf atavistischen Instinkten des nackten Affen, der aus gutem

Grund allem Fremden gegenüber skeptisch, ängstlich und, wenn es denn sein musste, aggressiv auftrat.

Womit wir wieder bei der »Natur« des Menschen wären, die Ihnen als »Naturalisten« eigentlich nicht fremd sein dürfte und die Ihren Idealen immer wieder einen Strich durch die Rechnung macht. Ja, die Frage stellt sich: Was ist »evolutionsmäßig« erwünscht, was ist möglich, wo hört »Natur« auf und wo beginnt die »Übernatur«? Merken Sie eigentlich, wie Sie bei Ihrer Ethik und Zukunftsutopie auf die Schiene der Religion, der Übernatur geraten?

»Wer aber trotz der Belehrung sich nicht daran hält, für den ist das ewige Höllenfeuer vorgesehen.«

Frage: Sind die säkularen apokalyptischen Drohszenarien, z.B. der Klimakatastrophe oder eines möglichen Atomkriegs harmloser als die Apokalypse des Johannes?

»Jesu Erlösungstat ist ohne Hölle und Teufel so spannend wie Elfmeterschießen ohne gegnerische Mannschaft.«

Lieber MSS, die humanistische Botschaft der Weltverbesserung und Rettung der Menschheit ist ohne die genannten Drohszenarien an die Unbelehrbaren ebenso wenig spannend. Zuckerbrot und Peitsche – ohne Wünsche und Ängste, ohne Belohnung und Drohung läuft auf dieser Welt nichts. Das sind nun einmal die beiden »polaren« Motivationskräfte menschlichen Handelns, übrigens auch des tierischen, womit wir wieder bei der »Natur« wären.

»Und das ist ja eigentlich das, was Religionen ausmacht: Sie schaffen einen Zusammenhalt in der eigenen Gruppe unter Abgrenzung von den anderen. Das ist die Wurzel von gruppenbezogener Menschenfeindlichkeit.«

»Menschenfeindlichkeit«? Oder meinen Sie »Fremdenfeindlichkeit«? Das ist ja wohl ein Unterschied. Der Andere oder Fremde – und das passiert ja wohl bisweilen – kann tatsächlich ein Feind sein. Gewöhnlich spricht man von »Freund und Feind«, auch eine dieser »Polaritäten«, die Ihnen zu schaffen machen. »Alle Menschen werden Brüder« – ja, das rührt an, es wird aber, das behaupte ich mal keck, nie Wirklichkeit. Es widerspricht dem Konzept der Natur.

Die unheilige Kombination von Weltanschauung und Nationalismus zeigt ja gerade die eigentliche Wurzel des Problems, den Hordentrieb. Jede Weltanschauung, auch der evolutionäre Humanismus, schafft einen Zusammenhalt der eigenen Gruppe, eine Identität, die automatisch zur Abgrenzung der anderen führt.

Diese Identität basiert auf einem eigenen Gründungsmythos, auf der Besonderheit, dem Auserwähltsein der eigenen Gruppe durch eine höhere Macht oder besondere Erkenntnis bis hin zur erlösenden Zukunfts-, bzw. Heilsutopie.

Davon ist auch der evolutionäre Humanismus nicht ausgenommen. Erst das Ende von definierten Weltanschauungen, das sich übrigens am Horizont abzeichnet – die Gläubigen treten aus ihrer Kirche aus, wechseln aber nicht mehr zu einer anderen Weltanschauungsgemeinschaft –, könnte die überstarke gegenseitige Abgrenzung verhindern und dafür sorgen, dass Probleme nicht mehr ideologisch »weltanschaulich«, sondern pragmatisch »sachgerecht« gelöst werden.

»Und wir können dem, meines Erachtens, nur entgehen, wenn wir diesem identitären Diskurs entgehen…«

Ist der humanistische Diskurs nicht auch ein »identitärer Diskurs« für wenige Auserwählte, für eine »Avantgarde«, wie Sie sagen?

»Ich fürchte, dass diese Form der liberalen, aufgeklärten Religion so etwas wie eine absterbende Kulturerscheinung ist... Das ist natürlich gefährlich, denn diese liberalen Gläubigen haben das Interface geliefert zwischen den fundamentalistischen Gläubigen auf der einen und den rein säkularen Menschen auf der anderen Seite. Wenn das nun wegschmilzt, ist das ein gefährlicher Prozess. Ich denke, dass wir genau das auf der Welt derzeit beobachten können, diese Polarisierung in Lager, die kaum noch Gemeinsamkeiten haben.«

Warum brauchen Sie dieses »Interface«? Es geht hier doch um ein Überblendverfahren von religiös nach säkular, das kann doch nur in Ihrem (unserem) Interesse sein. Die liberalen, »aufgeklärten« Gläubigen fahren ja auf »zwei Gleisen«, nach dem Motto: »Im Diesseits alles mitnehmen, das Jenseits für alle Fälle in petto halten«. Gemäß der Pascal'schen Wette sind sie immer auf der Siegerseite. Wenn Sie die brauchen und den Säkularen keine Überzeugungskraft zutrauen, dann können Sie einpacken. Die echten Hardcoregläubigen, wie z.B. die Evangelikalen, werden Sie nie los. Warum? Und wo ist deren Terrain? Abgesehen von einer reaktionär konservativen Bevölkerung in den USA haben sie in unterentwickelten Kontinenten Erfolg, in Afrika, in Südamerika – jenseits der Inseln des westlichen Wohlstands, jenseits auch der »Inseln der Aufklärung«.

An wen richtet sich der evolutionäre Humanismus? Wo hat *er* die besten Chancen? Schauen Sie sich Ihr Konterfei auf der DLF-Website an:

Da sehen wir einen fröhlichen, mit sich und der Welt zufriedenen, hübsch aufgemachten Philosophen unter einer Palme, sozusagen auf der Sonnenseite des Lebens. Das sei Ihnen gegönnt. Mit diesem Foto repräsentieren Sie gewiss nicht das »Humanum« in seiner ganzen Bandbreite. Es schimmert die klassische Abgehobenheit des Philosophen in gesicherter, privilegierter Position durch, der sich zwar empathisch über alle Übel der Welt Gedanken machen mag, aber von diesen selbst nicht betroffen ist. Er kann genüsslich von einer »freieren, gerechteren Welt« in irgendeiner Zukunft reden.

Was nützt das aber den »armen Teufeln« auf dieser Welt, die diese wunderbare Zukunft nicht erleben werden, denen nur die vage Hoffnung auf finale Gerechtigkeit, auf Befreiung und Erlösung von ihren Übeln in einer »anderen Welt« bleibt? Sollen wir ihnen diese Hoffnung nehmen? Sind sie mit ihrer tröstlichen »Illusion«, wenn es denn eine ist, nicht besser bedient?

Das ist doch das Problem aller säkularen Utopien. Für Wohlstandsbürger sind sie attraktiv, den Menschen auf der Schattenseite des Lebens bringen sie rein gar nichts. Diese ernüchternde Einsicht bleibt einem ehrlichen Humanisten nicht erspart.

»Wenn ein Theist sich dadurch auszeichnet, dass er an Gott glaubt, so zeichnet sich ein Humanist dadurch aus, dass er an den Menschen glaubt. Das heißt nicht, dass Humanistinnen und Humanisten den Menschen für ein gottgleiches Wesen halten, aber es bedeutet sehr wohl, dass sie darauf vertrauen, dass wir bessere, freiere, gerechtere Lebensverhältnisse schaffen können, als wir sie heute vorfinden. Wer daran partout nicht glauben kann, an die Weiterentwicklung unserer Spezies, der ist eben kein Humanist, sondern Zyniker.«

Ja, Homo sapiens entwickelt sich und seine Möglichkeiten weiter. Er ist dabei, den Gottesmythos zu säkularisieren. Er strebt nach Allwissenheit, Allmacht, Allgegenwart und mancher auch nach Unsterblichkeit (s. die Transhumanisten). Jedoch, an *den* Menschen zu glauben, ist naiv. *Den* Menschen gibt es nicht.

Es gibt nur *die* Menschen in äußerst unterschiedlichen Varianten. Es gibt den »Gutmenschen«, von dem Sie vermutlich ausgehen, und es gibt den Verbrecher oder Mafioso, mit dem Sie wahrscheinlich noch nicht in Berührung gekommen sind – auch so eine »Polarität«, die Sie nicht überwinden oder gar abschaffen können.

Gut ohne Böse, Positiv ohne Negativ ist auf dieser Welt nicht zu haben. Weiterentwicklung, Verbesserung der Lebensverhältnisse ja! Wer aber die Unmöglichkeit der »Erlösung von allem Übel« aufgrund der anti-utopischen, polaren Struktur dieser Welt anerkennt, ist kein Zyniker, sondern Realist.

»Ich meine, dass eine evolutionäre Perspektive, die auch die gewaltigen Dimensionen unseres Universums viel stärker bedient als die sehr anthropozentrischen religiösen Erzählungen, die wir kennen. Wer empfindlich geworden ist für den realen Zauber des Kosmos, der wird sich mit dem faulen Zauber der um den Menschen konzentrierten Schöpfungsgeschichten nicht so leicht abspeisen lassen.«

»Um den Menschen konzentrierte Schöpfungsgeschichte«? Ist die Evolution nicht eine auf den Menschen fokussierte Entwicklungsgeschichte? Wurde mit Homo sapiens nicht das phantastische Potential,

das in jenem Urplasma schlummerte, namens »Geist«
verwirklicht, das Ihnen als monistischem Materialisten soviel Probleme bereitet?

Den »reinen Geist« fürchten Sie, an die »reine Materie« (auch ein Humanisten-Dogma) glauben Sie.
Wie wäre es mit einer »Materie-Geist-Polarität«? Mit
den Dimensionen *Leben* und *Geist* ist im Lauf der
Evolution eine Hierarchie entstanden, mit Homo sapiens an der Spitze.

Ich weiß, Sie verachten den Begriff »Krone der
Schöpfung«, weil Sie anthropozentrischen Hochmut
damit verbinden. Dass Homo sapiens aufgrund von
Geist und Bewusstsein das dominante Lebewesen auf
der Erde ist, können Sie kaum leugnen.

Und dass man dem »König« gerne eine »Krone«
verpasst, ist Ihnen bekannt. Dieses Bild sollte Sie
nicht allzu sehr irritieren. Ein gewisser, manchmal
nicht unberechtigter Stolz muss auch nicht unbedingt
»Sünde« sein. Der Begriff »Humanismus« verrät übrigens auch eine gewisse »Anthropozentrik«.

Und wenn Sie das Universum wissenschaftlich rational betrachten, dann entdecken Sie nicht den »Zauber des Kosmos« mit artigem Sternengefunkel nach
Art: »Weißt du, wie viel Sternlein stehen?«, sondern
ein wenig zauberhaftes Geschehen zwischen Gluthölle und Kältetod. Explodierende Sterne, Staub- und
Eiswolken, gierige Schwarze Löcher und dergleichen
mehr. Dann kehren Ihre Blicke reumütig auf unseren
Planeten zurück und bewundern das wesentlich »zau-
berhaftere«, allerdings auch das der Polarität geschul-
dete schreckliche Geschehen der Menschenwelt. Damit kann kein Kosmos, auch wenn er noch so gigan-
tisch ist, mithalten. »Masse« und »Energie« sind nicht
alles.

»Das ist das Eigentliche: Es geht um einen neuen Humanismus, es geht um eine evidenzbasierte, rationale Betrachtung der Welt.«

Ja, schauen Sie sich diese Welt, ihre Struktur und ihr Potential an. Und wägen Sie ab, was möglich und was unmöglich ist. Versuchen Sie, die Zustände zu verbessern, aber verzichten Sie auf die große Heilsutopie. Diese müssen Sie den Transzendentalen überlassen. Die dürfen in ihren Erwartungen maßlos sein.

Und endlich zum Schluss:»Alle leben in Filterblasen. Kein Mensch hat jemals außerhalb von Filterblasen existiert. Dennoch ist Filterblase nicht gleich Filterblase. Es gibt Filterblasen, die den Kriterien der Rationalität einigermaßen genügen und solche, die grob dagegen verstoßen.«

Lieber MSS, ich bin gespannt, wie durchlässig Ihre »Filterblase« für meine Kritik und Anregungen ist. Mit einer Antwort Ihrerseits darf ich nach den Erfahrungen mit meinen Briefen an Sie nicht rechnen. Das »Dankeschön« für mein »Geschenk der Kritik« an Sie lässt noch auf sich warten. Manchmal erlebt man aber auch Überraschungen.

Bleiben Sie – in Zeiten von Corona – weiterhin gesund, geduldig und kreativ!

Beste Grüße

Frieder Wolf

28.09.2016

Sehr geehrter Herr Wolf,

neulich in der Gesprächsreihe des Deutschlandradios mit dem Thema »Religionskritik« verzichteten Sie zu Recht auf die Kritik an Menschen, die eine transzendentale Orientierung haben, und beschränkten sie auf die Formen und praktischen Folgerungen aus deren Glauben.

Da Sie dann aber doch den Begriff »Wahrheit« ins Gespräch brachten, denke ich, sollte man zwar nicht die Tatsache, *dass* Menschen glauben, jedoch *was* sie glauben, durchaus infrage stellen, sofern diese Glaubensinhalte in sich nicht stimmig erscheinen und der Conditio humana widersprechen. Genau dies habe ich – als Exjesuit aus der Sicht eines ehemaligen Insiders – in »Christentum adieu! Das leise Sterben eines Mthos« versucht.

Ich bin mir bewusst, dass man einen »echten Gläubigen« mit solchen Argumenten kaum beeindrucken kann, denke jedoch, dass eine Menge Leute, die sich quasi instinktiv von ihrem Glauben abgewandt haben, sich wünschen, diese *instinktive* in eine *reflektierte* Haltung umwandeln zu können – nicht mehr glauben und das mit »guten Gründen« und »guten Gewissens«!

»Religionskritik«, wie in der Gesprächsreihe geschehen, nur auf eine innerkirchliche Kritik an z.B. Zölibat, Umgang mit Homosexuellen, Geschiedenen etc. festzumachen, erscheint mir doch ziemlich oberflächlich und fast »am Thema vorbei«.

Die Fundamente des Christentums – Offenbarung, Erbsünde, Opfertod, Paradies... – kritisch zu beleuchten, ist zwar nicht mehr »Mode«, aber ohne diese Auseinandersetzung werden sich die Kirchen weiterhin »fest im Sattel« fühlen und die kritischen Gläubigen mit einigen formalen Zugeständnissen abspeisen.

Da der Büchermarkt mit religionskritischen Werken nicht gerade gesegnet ist, wundere ich mich, dass das humanistische Presseorgan »diesseits« mein

»Christentum adieu!«, das ich ihm vor längerer Zeit schickte, in seiner Bücherliste nicht einmal mit einem bescheidenen Hinweis erwähnt. Woran liegt es?

Noch mehr wundere ich mich, dass meine »Kritik des Manifests des evolutionären Humanismus« in beiden Presseorganen, dem des *hpd* und des *hvd*, ebenfalls »totgeschwiegen« wird. Es ist ja kein Antihumanismus-Pamphlet, sondern setzt sich nur mit einigen Thesen des Manifests kritisch auseinander. Und wenn ein Mann wie Joachim Kahl privat dafür Reklame macht, kann es so schlecht nicht geschrieben sein.

Weicht man in Humanistenkreisen der Kritik aus? Und was ist gewonnen, wenn man sich nur in den eigenen, geschlossenen elitären Zirkeln bewegt?

Vielleicht können Sie mir eine Antwort auf diese Fragen geben, wenn Sie in die beiden Texte geschaut und sich selbst ein Bild gemacht haben. Meine Summa philosophica »Abschied vom Absoluten«, das Plädoyer für ein polar-plurales Weltbild, das sich sowohl mit dem Monotheismus als auch mit dem Kapitalismus als Formen verabsolutierenden Denkens auseinandersetzt und auf jegliche Heilsutopien verzichtet, könnte für Sie als Philosoph interessant sein, könnte…?

Mit den besten Wünschen für Ihr Projekt und Ihr Engagement für ein säkulares Weltbild
grüßt Sie

Vom gleichen Autor erschienen:

Thomas Ebersberg
Abschied vom ABSOLUTEN
Wider die Einfalt des Denkens

ISBN 987-3-926607-01-0, 217 S., geb., € 9,90

Thomas Ebersberg
Vom Urknall zum Gottesmythos
Utopie und Evolution

ISBN-13: 978-3-7504-4173-6, 96 S., kart., € 4,99
E-Book € 3,49

Thomas Ebersberg
Christentum *adieu!*
Das Leise Sterben eines Mythos

ISBN 987-3-7357-5697-8, 116 S., kart., € 7,90
E-Book € 4,49

Thomas Ebersberg
Zarte Stachel – Süße Ohrfeigen
Ein Kulturstrip ohne Scham und Traurigkeit

ISBN 987-3-926607-00-3, 267 S., kart., € 6,90

Thomas Ebersberg
Kritik des »Manifests des evolutionären Humanismus«
Brief an Michael Schmidt-Salomon

ISBN 978-3-8391-2770-4, 83 S., kart., € 4.99
E-Book € 3,49

Infos und Leseproben: www.abschied-vom-absoluten.de

****

»Im Auftrag
Ihrer Majestät,
der Evolution!«

****